这才是孩子爱读的
古诗词 上

方木鱼—编著

马尔克斯文创—绘

北京理工大学出版社
BEIJING INSTITUTE OF TECHNOLOGY PRESS

版权专有　侵权必究

图书在版编目（CIP）数据

这才是孩子爱读的古诗词：全3册 / 方木鱼编著；马尔克斯文创绘. -- 北京：北京理工大学出版社，2023.8（2025.4重印）

ISBN 978-7-5763-2379-5

Ⅰ. ①这… Ⅱ. ①方… ②马… Ⅲ. ①古典诗歌—中国—小学—教学参考资料 Ⅳ. ① G624.203

中国国家版本馆 CIP 数据核字（2023）第 087108 号

责任编辑：李慧智　　文案编辑：李慧智
责任校对：王雅静　　责任印制：施胜娟

出版发行	/ 北京理工大学出版社有限责任公司
社　　址	/ 北京市丰台区四合庄路 6 号
邮　　编	/ 100070
电　　话	/ （010）68944451（大众售后服务热线）
	（010）68912824（大众售后服务热线）
网　　址	/ http://www.bitpress.com.cn
版 印 次	/ 2025 年 4 月第 1 版第 2 次印刷
印　　刷	/ 武汉林瑞升包装科技有限公司
开　　本	/ 710 mm × 1000 mm　1/16
印　　张	/ 24
字　　数	/ 400 千字
定　　价	/ 138.80 元（全 3 册）

图书出现印装质量问题，请拨打售后服务热线，负责调换

序 PREFACE

你知道吗？惊艳了时光的最美《诗经》其实是先秦古人的流行歌词本。

你知道吗？《敕勒歌》背后隐藏着一场"兵来将挡，水来土掩"的惨烈厮杀。

南宋年间，有一位刚烈的女词人，当她听说自己的丈夫弃城逃跑时，就写了一首诗讽刺丈夫和那些投降派。你知道是哪首诗吗？

……

《毛诗序》里说："诗者，志之所之也。在心为志，发言为诗，情动于中而形于言。言之不足，故嗟叹之；嗟叹之不足，故咏歌之；咏歌之不足，不知手之舞之足之蹈之也。"诗是人的情感所在，在心中就是"志"，说出来就是"诗"。心中动了感情，就会通过言语表达出来。如果言语不足以表达，就会感叹；如果感叹不足以表达，就会通过吟咏歌唱来表达；如果吟咏歌唱还不足以表达，就会情不自禁地手舞足蹈了。

我一直想为孩子们写一些东西。常常想，课本或史书上的某个名字、某段话、某篇文章，它们的背后到底隐藏了什么？如何让一个个名字、一篇篇文章活过来？

就从诗歌说起吧。很多小学生在背古诗词的时候，经常会犯的通病，就是要么忘了背题目，要么把作者和朝代张冠李戴。即便将诗词本身背得滚瓜烂熟，却对里面的内容一知半解。这种生吞活剥地学习古诗词的方式，未免有些暴殄天物。

文学离不开人，诗词也是，探寻熠熠生辉的中国古典诗词背后的故事，让诗词背后的人活起来，帮助中小学生摆脱死记硬背的固有模式，让他们走进古诗词的故事中去，自然而然地将古诗词融入记忆之中，便是这套《这才是孩子爱读的古诗词》出版的初衷。

一首诗，从酝酿到诞生，再到流传，最终摆在我们的案头，历经千百年。一首诗诞生于何时何地，何人何事，何感何悟？一位伟大的诗人，从呱呱坠地到寒窗苦读，在人世中历

经沉浮，直至油尽灯枯，究竟经历了怎样的喜怒哀乐、悲欢离合的一生？当代的孩子们究竟要走多远的路程，经过多少年，才能读懂这些呕心沥血的诗篇？我们试图从尘封的文字中勾勒还原出当时的细节，力图呈献给大家一个个清晰、立体、有生命感的画面。但这又谈何容易？

南宋淳熙二年（1175年），苏轼逝世七十多年后，诗人陆游和范成大都在四川做官，两个人经常聚在一起喝酒。范成大多次建议陆游给苏轼的诗写注解，陆游都以自己能力不够为由谢绝了。范成大觉得是陆游过于自谦了，陆游便随口提起苏轼的两首诗，一首是"五亩渐成终老计，九重新扫旧巢痕"，另一首是"遥知叔孙子，已致鲁诸生"，问范成大应该怎么解释。

范成大不以为意，想了想说："东坡来到黄州以后，考虑着不会被朝廷起用了，于是说'新扫旧巢痕'。后来，建中初年，朝廷又召回元祐旧臣，所以说'已致鲁诸生'。大概是这样吧。"

陆游摇了摇头，说："这正是我不敢从命的原因啊。以前的时候，朝廷以昭文馆、史馆、集贤院三馆养士，储备将相之才，苏轼便曾在史馆任职。然而，王安石变法时，撤销三馆，史馆没了，苏轼的史官职务自然就没了。所以才说'九重新扫旧巢痕'。再说'遥知叔孙子，已致鲁诸生'，两句诗写于苏轼生命中的最后一年。诗里引用了一个典故：汉朝初年，叔孙通奉命制朝仪，征召鲁国诸生三十余人到中央，有两个鲁生说什么也不肯应召，被叔孙通笑骂为'鄙儒'。苏轼为什么引用这个典故呢？因为这会儿元祐旧臣都被重用了，只有他和弟弟苏辙领一份干俸，挂个闲职，不是和'鄙儒'差不多吗？如果不知道这背后的情况和心境，是不可能真正读懂这两首诗的。"自此，"陆游不注东坡诗"成为文坛一大憾事。

时过境迁，许多诗作的线索已经不甚清晰，包括写作时间、写作地点已俱不可考，甚至不乏一些在学术上存在争议的观点。尽管反复修改、小心考证，但治学犹如登山，码字犹如码砖，障目之叶难免，我们只能通过阅读并参考大量史料，尽全力去揭开冰山之一角，以期给孩子的阅读和学习带来一缕阳光、一方助力。而更多真相，还有待孩子们去探讨、挖掘！

方木鱼

癸卯年初春于古运河畔临清

目录 CONTENTS

第 1 章　先秦古诗

01 采薇
"唱"出来的诗 …………………… 2

02 离骚
一个梦引发的惊世之作 …………… 5

第 2 章　两汉古诗

01 江南 | 长歌行
酷爱音乐的大汉天子 …………… 10

02 迢迢牵牛星
代父出家的太子 ………………… 15

第 3 章　魏晋南北朝诗歌

01 七步诗
七步成诗的天才 ………………… 20

02 敕勒歌
民歌背后的惨烈厮杀 …………… 23

第 4 章　初唐诗歌

01 蝉
写诗自夸的倔老头儿 …………… 28

02 咏鹅
七岁神童的传世之作 …………… 31

03 风
风"吹"出来的灵感 …………… 34

04 咏柳
家乡的柳树格外美 ……………… 37

05 回乡偶书
"小粉丝"不认识真偶像 ……… 40

第 5 章　盛唐诗歌

01 凉州词
富家公子的万丈豪情 …………… 44

02 登鹳雀楼
鹳雀楼的最牛"广告" ………… 47

03 凉州词
热门打卡地——凉州 …………… 50

目录 CONTENTS

04 春晓
睁开眼的第一首诗 ········· 53

05 宿建德江
惆怅的江上之夜 ········· 56

06 过故人庄
难得的乡间欢乐时光 ········· 59

07 出塞
真的不想打仗了 ········· 63

08 从军行
望台上孤零零的小兵 ········· 66

09 芙蓉楼送辛渐
我还是曾经的我 ········· 69

10 采莲曲
宛若仙女的采莲姑娘 ········· 72

11 九月九日忆山东兄弟
想念我的山东兄弟 ········· 75

12 鸟鸣涧
内心的宁静才是真的静 ········· 78

13 山居秋暝
山中的"私人别墅" ········· 81

14 鹿柴｜画
王维的"世外桃源" ········· 84

15 送元二使安西
大唐最流行的送别曲 ········· 89

16 夜宿山寺
上摘星楼去摘星星 ········· 92

17 望庐山瀑布
到庐山打个卡 ········· 95

18 望天门山
我要终老天门山 ········· 98

19 静夜思
夜深人静最想家 ········· 101

20 黄鹤楼送孟浩然之广陵
最开心的一次送别 ········· 104

21 独坐敬亭山
知己竟然是座山 ········· 107

22 古朗月行
我眼中的月亮 ········· 110

23 赠汪伦
最隆重的送别 ········· 113

24 早发白帝城
劫后余生的喜悦 ········· 116

附录 ········· 119

第 1 章

先秦古诗

  诗歌在我国源远流长，绵延数千年。它最早起源于劳动人民干活时不自觉地喊出来的号子。起初这些号子只有曲调，渐渐地加入了内容丰富的唱词，形成民歌。西周时期，周天子为了解民情，派采诗官将这些民歌收集起来，唱给自己听。后来，这些民歌被孔子整理成最早的诗集——《诗》，分为"风""雅""颂"三部分，收录了上至商朝末年下至春秋中叶约六百年的诗歌作品305篇，也称"诗三百"，后改名为《诗经》。

  战国时，屈原在楚歌的基础上创制了全新的诗体——骚体，其句式长短参差不齐，以六言、七言为主，多用"兮"字。

  《诗经》开创了我国古代诗歌现实主义的先河，而《离骚》是我国古代文学浪漫主义的源头。

01 采薇

诗词有故事 / "唱"出来的诗

"叮当，叮当……""哇，采诗官来了。"古代有很多有趣的职业，采诗官就是其中一种。当时的王公贵族没有电视、互联网、手机，生活有些枯燥。为了给王室增加新的娱乐，同时也想探听一下民间有没有对自己的怨言和差评，周天子雇了一些无儿无女的老年人——"采诗官"，去各诸侯国采集一种叫"风"的民间歌曲，俗称"采风"。

采诗官就像飞散的蜜蜂一样，摇着木铃采集来具有各地特色的民歌，再由乐工配上音乐，唱给周天子和王公大臣们听。从商朝末年一直到西周灭亡，六百多年积攒下来的民歌数量非常庞大。到孔子生活的时代，已经采集了两万多首民歌。据说，孔子翻完厚厚的竹简，累得胳膊疼。他对这些民歌是又爱又恨：爱的是它来源广泛、取材丰富、真挚泼辣；恨的是它龙蛇混杂、良莠不齐。

"不行，得改。"孔子决定以周文王的礼乐制度为准绳，对这些民歌进行大刀阔斧的删减。太粗俗的，删；不合礼乐的，删；重复的，删、删、删。这样删来删去，最后只剩下了三百零五首，孔子将其整理成了一本书，叫作《诗》，又叫《诗三百》。其中就包括非常著名的诗歌《采薇》。

后来，秦始皇焚书坑儒，《诗》被列为第一位。凡是私下谈论《诗》的，一律在闹市问斩。一个月内不交不烧的，抓起来做苦役，修长城，守城门，值夜班。

这时，有两个人出现了。我们知道，战国时期有个拥有三寸不烂之舌的毛遂，就是"毛遂自荐"的毛遂，他有个侄子叫毛亨，还有个孙子叫毛苌。毛亨和毛苌叔侄俩都很喜欢读《诗》，秦始皇焚书坑儒的时候，叔侄二人冒着生命危险硬是把《诗》藏了起来。直到西汉时期，河间献王广求天下善书，并命毛亨和毛苌叔侄俩在招贤馆讲授《诗》，《诗》才得以重见天日。西汉时，《诗》被奉为儒家经典，始称《诗经》。

采薇（节选）

佚名[1]

昔[2]我往矣[3]，杨柳依依[4]。
今我来思[5]，雨雪霏霏[6]。
行道迟迟，载渴载饥。
我心伤悲，莫知我哀！

【注释】

[1] 佚名：也称无名氏，多指因年代久远而无法确认身份或姓名的人。
[2] 昔：从前。
[3] 矣：语气助词。
[4] 依依：形容枝条柔弱、随风摇摆的样子。
[5] 思：语气助词。
[6] 霏霏：形容雨雪纷飞的样子。

译文赏析

当初我离开家的时候还是杨柳依依的春天。如今我返回家乡，已是大雪纷飞的冬天。回家的路曲折漫长，泥泞难行，可怜我又渴又饿。我心中不觉悲痛起来，却没有人懂得我的痛苦。

《采薇》是选自《诗经》的一首长诗，写一位戍边士兵出征归来的情形，诗中充满了厌战思归的情绪。全诗主要描写士兵服役的时间一再延长，他们的口粮都吃光了，不得不采摘那些薇菜（野豌豆苗）充饥。

这里选取了全诗的最后一节，通过"今"与"昔"、"来"与"往"、"雨雪霏霏"与"杨柳依依"的对比，表达对时间流逝、生命虚耗和战争无情的无奈和哀伤。

声律启蒙

这首诗选自《诗经》。《诗经》的句式以四言为主，也有二言至八言不等。四言句的节奏为二节拍，节奏鲜明而略显短促，重章叠句和双声叠韵读来又显得回环往复，节奏舒卷徐缓。这首诗的叠音词"依依""霏霏""迟迟"等不仅适合反复咏唱，在意义表达和修辞上，也具有增强效果。

直击考点

《采薇》这首诗中运用了多个叠词，请根据提示进行叠词填空：昔我往矣，杨柳_____。今我来思，雨雪_____。行道_____，载渴载饥。另外，你还想到哪些包含叠词的诗句，请写下来：_____。

02 离骚

诗词有故事 / 一个梦引发的惊世之作

有一天，屈原做了一个长长的梦——人间黑暗，屈原作为颛顼部落的后人决定到天上走一遭。他骑着白马，遇到了九天玄女。九天玄女给他戴上香草，斟满美酒，又为他唱了一曲《九歌》。屈原醉了，醒来的时候，他已经坐在了羲和的六龙神车上。他想到舜帝葬身的地方去看看，于是让羲和把他拉到苍梧山。一路上风驰电掣，屈原高喊着："路曼曼其修远兮，吾将上下而求索！"

半路，屈原又看见月亮神望舒在向他招手。于是，屈原改去天宫。昊天大帝设宴款待屈原，一时间，仙乐飘飘。喝着喝着，屈原低叹一声："举世皆浊我独清，众人皆醉我独醒！"说罢，屈原驾白马而去。转眼，屈原又回到了最开始的芳草地，那是人间最后的一片净土。梦醒之后，屈原老泪纵横，他要把这个梦记下来，于是一篇《离骚》就此诞生。

屈原是楚国贵族，他的出生地现为湖北省秭归县乐平里。那时，正处于战国末年，楚国已从强大的国家变成落魄的待宰羔羊。

屈原从小嗜书成癖，很有谋略。传说他为了安心读书，选择去石洞中学习，并因此感动上天的神明，神明化身巴山野老给他送来了珍贵书籍。

周显王四十八年（前321年），屈原因为组织民众英勇抵抗秦军的进犯，受到楚怀王的关注。屈原从小小的县丞做起，仅用一年的时间就被升为左徒，成了楚怀王的左膀右臂。

就在屈原满怀雄心壮志准备大展拳脚的时候，却因为触碰了旧贵族的利益，而且楚怀王也越来越不信任他，最终屈原不仅被贬职，还被流放了。屈原之后的命运可以说是大起大落，当国家需要的时候，朝廷就把他喊回来重用；形势一旦好转，就又把他流放出去。最后一次流放，使得屈原在长江及沅江、湘江流域流浪了二十多年。在屈原人生中的最后二十多年，他广泛接触底层的人民群众，了解了丰富生动的民间歌谣。他把自己对国家的满腔热血注入富有生命力的楚歌之中，并创作出一种全新的诗体——骚体。

离骚（节选）

战国·屈原

朝发轫❶于苍梧❷兮，夕余至乎县圃❸。
欲少留此灵琐❹兮，日忽忽其将暮。
吾令羲和❺弭节❻兮，望崦嵫❼而勿迫。
路曼曼其修远❽兮，吾将上下而求索。

【注释】

❶发轫（rèn）：出发。
❷苍梧：古地名。
❸县圃（xuán pǔ）：即悬圃，又称玄圃，后泛指仙境。
❹灵琐：神人居住的宫门。
❺羲和：神话中给太阳驾车的神仙。也指太阳的母亲。
❻弭（mǐ）节：按节驾车。节，车行的节度。
❼崦嵫（yān zī）：山名，在甘肃省天水市西。古代神话中的日落之处。
❽修远：长远，辽远。修，长。

译文赏析

早晨从南方的苍梧出发，傍晚就到达了昆仑山巅的悬圃之上。我本想在宫门之外稍微休息一会儿，可转眼已夕阳西下，暮色苍茫。我命令羲和驾车慢行，不要让太阳靠近它即将落下的崦嵫山。前方的道路漫长又遥远，我将百折不挠、不遗余力地去追求理想。

《离骚》是一首著名的抒情长诗。《离骚》立足现实又富有浪漫主义色彩，诗人通过自己丰富的想象把现实、神话和历史交织在一起。节选部分一、二句的"苍梧"是舜帝南巡途中逝世的地方。诗人展开想象，从南方一直到达昆仑山顶的天宫。三、四句写想要休息，却又怕转眼天黑。于是只好在五、六句里让羲和走得慢一点儿，免得太阳早早落下。最后两句是被后世广为传诵的名句：路途遥远，我要积极地上下求索，不懈地追求理想。

整首诗是屈原抒发忧愤之作，全诗充满了爱国热情，而节选部分表达了诗人勇于追求真理和光明的决心。

声律启蒙

这是一首骚体的诗,这种体裁由屈原首创。骚体不仅打破了《诗经》的四言句式,还借鉴战国时散文的句法,采用了"日忽忽""路曼曼"等参差错落而节奏分明的句式,造就了跌宕起伏的节奏美感。

骚体的另一个特点是"兮"字的大量运用,兮作为一个语气助词,相当于现在的"啊",虽然没有实际意义,但是强化了情感,延长了音节,增强了诗歌的韵律美。

直击考点

《离骚》的作者是____时期___国的大诗人_____。它是一部极具_____色彩的作品,表达了诗人_____的决心。

第 2 章
两汉古诗

　　当采诗官摇着声声木铃消失在春秋战国的战火中之后，乐府，这一负责乐舞演唱、教习的官方机构在汉朝正式登上了历史舞台。

　　在南北文化的碰撞下，一种新的民谣形式——乐府诗应运而生。乐府诗经秦历汉，兼收了《诗经》与《楚辞》的双重优点，注重"叙事"与"写意"并进，大放异彩。它打破了《诗经》的四言体，融合了《楚辞》杂言的特点，渐渐向五言句式发展，并出现了六言、七言、杂言。如今保存的汉乐府民歌仅有五六十首，真实地反映了当时底层人民的生活。

01 江南 | 长歌行

诗词有故事 / 酷爱音乐的大汉天子

"其兴也勃焉,其亡也忽焉"的秦朝灭亡了。两个牛人刘邦和项羽横空出世,他们以整个中国大地为棋盘,围绕着楚河汉界下了盘大棋。双方征战杀伐近四年,最后以楚霸王项羽的悲情失败告终。

项羽英雄气短,刘邦却意气风发。从一袭布衣逆袭到西汉开国皇帝,刘邦仅仅用了不到十年的时间。汉高祖十二年(前195年)十月,刘邦平定英布叛乱后回朝的途中,路过老家沛县,邀请故人聚会饮酒。众人大口吃肉、大碗喝酒,好不痛快。衣锦还乡的刘邦情绪有些激动,情之所至,忍不住在家乡父老面前引吭高歌,作了一首《大风歌》:

大风起兮云飞扬，威加海内兮归故乡，安得猛士兮守四方！

唱完，汉高祖又下令让人挑选了一百二十个儿童演唱这首曲子。后来，汉孝惠帝将沛地官殿作为家庙的原庙，又令"儿童合唱团"配乐演奏《大风歌》，并定下一百二十人的编制。

汉武帝元封年间，狗监李延年遛狗之余，在汉武帝面前演唱了一曲《佳人曲》。狗监就是给皇帝养狗的，主要是猎犬。

北方有佳人，绝世而独立。一顾倾人城，再顾倾人国。宁不知倾城与倾国，佳人难再得。

汉武帝听完以后，感叹良久，神往地说："太动人了！世上果真有如此美人？"一旁的平阳长公主说："听说延年有个妹妹，能歌善舞，美若天仙，着实不错。"于是，汉武帝召见李延年的妹妹李氏。一见之下，惊为天人，自此，李氏开启了从歌舞艺人到夫人的逆袭之路。"一人得道，仙及鸡犬"，不久，李延年由贱而贵，获封协律都尉（负责谱曲演奏事宜的官），从狗监摇身一变成为宫廷乐师。

公元前112年，汉武帝决定重建古代文工团——乐府，命乐官采集赵、代、秦、楚等地民间歌谣，并任命他的大舅哥李延年为乐府的负责人，手底下有司马相如等大批文人负责创作诗词歌赋，再配上乐队演唱及演奏等。

汉代乐府收集并创作的诗歌，被后世称为"乐府诗"，简称"乐府"。其中，《江南》和《长歌行》是最具代表性的诗歌。

江南[1]

汉乐府

江南可采莲，莲叶何[2]田田[3]，
鱼戏莲叶间。
鱼戏莲叶东，鱼戏莲叶西，
鱼戏莲叶南，鱼戏莲叶北。

【注释】

[1] 江南：指长江下游以南的地区，包括江苏、安徽两省的南部和浙江省的北部。
[2] 何：多么。
[3] 田田：形容荷叶相连的样子。

译文赏析

到了江南采莲的季节，荷叶挨挨挤挤，重叠相连，多么茂盛。鱼儿在莲叶间嬉戏游玩。鱼儿一会儿在莲叶的东边游戏，一会儿在莲叶的西边游戏，一会儿在莲叶的南边游戏，一会儿在莲叶的北边游戏。鱼儿在莲叶间到处游戏，多么欢快自在啊！

这是一首汉乐府民歌，反映了采莲时的场景和采莲人欢快的心情。全诗没有一字是写人的，但我们仿佛如闻其声，如见其人，感受到了一股生机勃勃的青春与活力，领略到了采莲人内心的欢乐情绪。这就是这首民歌不朽的魅力所在。

声律启蒙

这首诗在乐府分类中属"相和歌辞"，所谓"相和歌"是指两人一唱一和，或一个唱、众人和的歌曲。故此诗的前三句可能为领唱，后四句为男女分组的对唱。诗中"东""西""南""北"并列，略显呆板，但作为歌，由男女分组对唱，就显得活泼生动了。

直击考点

《江南》中，表现鱼儿在莲叶间嬉戏的画面的句子是_____东，_____西，_____南，_____北。

长歌行①

汉乐府

青青园中葵②,朝露待日晞③。
阳春布德泽④,万物生光辉。
常恐秋节至,焜黄⑤华⑥叶衰。
百川东到海,何时复西归?
少壮⑦不努力,老大⑧徒⑨伤悲!

【注释】

① 歌行:汉乐府曲牌名,分为长歌行和短歌行。
② 葵:葵菜,蔬菜名。
③ 晞(xī):干。
④ 德泽:恩泽,恩惠。
⑤ 焜(kūn)黄:草木花叶枯黄凋落的样子。
⑥ 华:同"花"。
⑦ 少壮:年轻的时候。
⑧ 老大:指老年。
⑨ 徒:白白地。

译文赏析

清晨,园中的葵菜郁郁葱葱,叶子上的露珠晶莹剔透等待阳光照耀。春天给大地带来阳光雨露,散布生命的恩泽,世间万物欣欣向荣、生机盎然。常常害怕肃杀的秋天到来,草木枯黄,花叶凋零。百川奔腾向东流入大海,何时才能看见水往西流?年轻的时候不知道努力,老来一事无成徒留悲伤。

这是一首劝人珍惜时间的汉乐府民歌。诗中运用了比兴的手法。前六句通过大自然的生命节奏,来比拟人生。一个"恐"字,表现出人们对自然法则的无能为力。七、八句从时间的更替过渡到了空间的转移,用江河东流去这一基本的自然规律告诉人们,青春稍纵即逝,时光一去不回。最后两句由对宇宙的探寻转入对人生价值的思考,发聋振聩。

 直击考点

关于珍惜时间的诗句,除了"劝君莫惜金缕衣,劝君惜取少年时",你还学过《长歌行》中的"_____,_____"。

02 迢迢牵牛星

诗词有故事 / 代父出家的太子

江苏省江阴市顾山镇上有座"香山观音禅寺",简称"香山寺"。说起这香山寺,还有一段故事。

502年,西汉名相萧何的第二十五世孙萧衍成了南朝梁的开国皇帝。萧衍喜好佛法,在国内兴建了很多寺院,诗人杜牧"南朝四百八十寺,多少楼台烟雨中"说的就是他统治时期的情况。当时,在顾山兴建的就是"香山观音禅寺"。

萧衍当上皇帝后干了不少荒唐事。他五次三番脱下黄袍,穿上袈裟,去皇宫旁边的同泰寺讲经。国不可一日无君,大臣们就三番五次凑钱捐给寺庙,把皇帝给"赎"回来。

萧衍有个儿子叫萧统,他很聪明,两岁被立为太子,三岁会读《孝经》和《论语》,五岁能背诵"五经",十岁就可以头头是道地讲解《孝经》了。萧统很仁慈,有时候吃的饭里有小石子或小虫子也不言语,生怕厨人获罪受罚。不仅如此,他还常拿出太子府中的粮食和布帛,分发给穷苦人。萧统还很孝顺,母亲生病时,他从早到晚侍奉,睡觉都没脱过衣服。后来母亲死了,他数日没进一口汤水,几次哭晕过去。整个丧葬期间,他身体暴瘦,朝中人见了,没有一个不落泪的。

萧统知道父亲喜爱佛法,主动替父亲去香山寺上香,后来干脆代父出家,直接住在寺里。这样做除了体现他的孝心,还有两个好处,一来可以躲避朝廷争斗,二来可以安心读书。

萧统非常喜欢文学,他的太子东宫有藏书近三万卷,府中文人名士济济一堂。搬到香山寺后,他就在寺内建了一座"文选楼",大家常聚在一起商讨古今学问。萧统还和手下的人一起编了一本《文选》,选入了从先秦到南梁八九百年间一百多位作者的七百多篇文学作品。其中,有一批大概创作于东汉末年的诗歌,这些诗没有作者、没有题目但风格相近,萧统从中选了十九首,每首以第一句作为题目,统称"古诗",后人称之为《古诗十九首》,其中就包括最著名的《迢迢牵牛星》。

迢迢①牵牛星②

两汉·佚名

迢迢牵牛星，皎皎③河汉女④。
纤纤⑤擢⑥素⑦手，札札⑧弄机杼⑨。
终日不成章⑩，泣涕零如雨。
河汉清且浅，相去⑪复几许⑫。
盈盈⑬一水间⑭，脉脉⑮不得语。

【注释】

① 迢迢（tiáo tiáo）：遥远。
② 牵牛星：俗称"牛郎星"，隔银河和织女星相对。
③ 皎皎（jiǎo jiǎo）：明亮。
④ 河汉女：织女星。河汉，即银河。
⑤ 纤纤：小巧或细长而柔美的样子。
⑥ 擢（zhuó）：伸出。
⑦ 素：洁白。
⑧ 札札（zhá zhá）：拟声词，织机声。
⑨ 杼（zhù）：织机上的梭子。
⑩ 章：指布帛上的经纬纹理，这里指整幅的布帛。
⑪ 相去：相离，相隔。
⑫ 复几许：又能有多远。
⑬ 盈盈：清澈。一说形容织女举止、仪态美好。
⑭ 间：间隔。
⑮ 脉脉（mò mò）：含情相视的样子。

牵牛星和织女星高挂在天上，遥远、皎洁又明亮。织女伸出纤细又洁白的双手抚弄织机札札作响。一整天也织不出一匹完整的布帛，思念的泪水零落如雨。银河看上去清清浅浅，两岸相隔又能有多远呢？隔着这清澈晶莹的河水，只能含情脉脉相视无言。

这首诗借牛郎织女的故事抒发了夫妇相思离别之苦，是《古诗十九首》中最有名的一首。这首诗的一大特色是把写景和抒情融为一体，通篇写景，而情在其中。开头先写织女牛郎隔河相望。接下来写织女织布，却心不在焉，终日未织成一匹布，满怀相思却只能独自流泪，表达出织女因思念而饱受折磨。最后四句是诗人的慨叹，明明看着近在眼前，却相视不得语，是多么令人感伤啊！

　　全诗感情浓郁、真切动人，尤其后两句让一个饱含离愁的少妇形象跃然纸上，意蕴深沉，是难得的佳句。

声律启蒙

　　这是一首五言古诗，全诗共十句，包含六个叠音词，即"迢迢""皎皎""纤纤""札札""盈盈""脉脉"。这些叠音词使诗歌的音律和谐、质朴清丽，增强了诗歌的音乐美感。尤其是首尾处的叠词运用，遥相呼应，使得整首诗妙趣横生，平添了几分文字的情趣。

直击考点

2021年浙江省杭州市小升初考试

"_____，_____"这两句诗再现了牛郎织女隔着一条银河相视无言的情景。

2021年安徽省合肥市小升初考试

《迢迢牵牛星》这首诗选自《_____》。

下面对这首诗的鉴赏不正确的一项是（　　）。

A. 这首诗借牛郎和织女被银河相隔而不得相会的神话传说，表达了夫妇之间的离情别意。

B. 整首诗从牛郎的角度来写织女劳动的情景、勤劳的形象及其孤寂苦闷的心情，最后两句突出地表达了牛郎织女的缠绵情意。

C. 此诗情与景融合无间，写景自然清秀，抒情委婉含蓄，言有尽而意无穷。

D. 诗中六个叠音词"迢迢""皎皎""纤纤""札札""盈盈""脉脉"，或写景，或写人，或抒情，生动传神，增加了诗歌的韵律美。

第 3 章 魏晋南北朝诗歌

汉乐府民歌有很多是以五言形式创作的,受其影响,魏晋时期,五言诗开始兴盛。这一时期,出现了两大文学流派:一个是以三曹(曹操、曹丕、曹植)和建安七子为代表的建安文学流派,他们的作品多表达想要建功立业的心情;另一个文学流派是以陶渊明和谢灵运为代表的山水田园诗派,他们的诗多写山水风光和田园生活。

魏晋之后,南北朝就踏歌而来了。民间百姓传唱的诗歌,自然没有文人诗那么讲究,却照样具有不输文人诗的生命力。南朝和北朝划江而治,两地文化多有不同,相比江南水乡的儿女情长,北朝民歌中更多的是战争和厮杀。即使歌颂爱情,北朝人也表现出敢爱敢恨的干脆,而不像南朝民歌那样你侬我侬、情意绵绵。

01 七步诗

诗词有故事 / 七步成诗的天才

作为东汉末年曹魏势力的掌权者,曹操一共有二十五个儿子。曹操老了以后,虽然"壮心不已",但也得为自己物色接班人。一开始,曹昂是曹操立嗣的不二人选,不过后来,曹昂死了。曹操就把目光转向了曹冲,没错,就是称象的神童曹冲。可惜,曹冲十三岁时得了一种怪病,怎么也治不好,夭折了。曹操的目光在儿子们中间转啊转,就是没有停留在曹丕身上。这一次,他看上了曹植。

曹植,字子建,和曹丕都是卞夫人生的。曹植十几岁的时候就会背诵《诗经》《论语》等总计数十万字的文章。十六岁的时候,曹植随父亲北征,写下名诗《白马篇》。

曹操虽然很看好曹植,但曹植爱喝酒,加上浪漫不羁的性情,常常任性而为,不注意约束自己,让曹操越来越失望。东汉建安二十二年(217年)的一天,曹植喝得有些高兴,私自坐着王室的车马,在只有帝王举行典礼才能行走的禁道上纵情驰骋。事后,曹操虽然没有惩罚曹植,却很快立曹丕为世子,让曹植在世子之争中惨败而归。

220年,曹操去世,曹丕承袭相位。十月,汉献帝刘协禅位,曹丕当上了皇帝,改国号为魏,定都洛阳。当上皇帝的曹丕,心里并不安稳,晚上经常失眠。他要时刻提防着一个人,那就是他的弟弟曹植。曹植虽然失去了继承的资格,威胁却一直存在。就说曹植的崇拜者吧,人数很多不说,而且不是士族,就是大地主。他们要是集结在一起,可够曹丕受的。

曹丕很不放心曹植,好几次要除掉他。这一天,曹丕召见曹植,曹植醉醺醺地上殿了。曹丕一看,怒不可遏,说:"整天饮酒误事,留你何用?天下人不都说你出口成章吗?朕现在命你七步之内作出一首诗来,否则,命不保矣。"

曹植似乎早就知道会有这一天的到来,他走在大殿中央,一步一摇,还没走出七步,一首千古佳作《七步诗》便脱口而出。曹丕听了之后,深受触动,又想起他和曹植小时候相处的种种,最终放弃了杀掉曹植的念头。

七步诗

三国·曹植

煮豆持①作羹，漉②豉③以为汁。
萁④在釜⑤下燃，豆在釜中泣。
本自同根生，相煎⑥何太急？

【注释】

① 持：用来，用作。
② 漉（lù）：过滤。
③ 豉（chǐ）：用煮熟后发酵过的豆子制作的食品，这里指豆子的残渣。一作"菽"，豆的总称。
④ 萁：豆茎，豆秸秆。
⑤ 釜（fǔ）：古代的锅。
⑥ 煎：煎熬，此处指迫害。

译文赏析

煮熟了豆子做豆花汤，过滤掉豆腐渣熬一碗热豆浆。豆秸秆在锅底下噼里啪啦地燃烧，豆子在锅里上下翻腾着哭泣。豆秸秆和豆子是从同一条根上长出来的不同部分，又何必要这么急迫地煎熬逼迫、自相残杀呢？

这是一首五言古诗，运用比喻、拟人的手法，反映了统治阶级内部为了利益而手足相残的现实。前四句写燃烧豆秸秆煮豆子的场景，诗人以"萁"和"豆"来比喻亲如手足的兄弟，以"萁"煎"豆"寓意哥哥曹丕对自己的迫害。一个"泣"字表达了曹植内心的悲愤与痛苦。最后两句是悲愤的质问，表现了诗人对兄弟相逼、骨肉相残的不满和厌恶之情。"本自同根生，相煎何太急"已成为劝诫人们切勿手足相残的警句。

直击考点

《七步诗》的作者是_____时期的_____，他与_____、_____被称为"三曹"。同一时期，还有七位成就突出的文学家被称为_____。

02 敕勒歌

诗词有故事 / 民歌背后的惨烈厮杀

534年，北魏分裂为东魏和西魏，分别由鲜卑化的汉人高欢和鲜卑人宇文泰掌握实权。东魏和西魏势不两立，一场大战一触即发。

542年初冬，东魏高欢率先攻打西魏要塞玉壁，也就是今天的山西稷山一带。守城大将是他的老对手王思政，高欢想劝降王思政，可王思政不吃这一套。于是高欢下令攻城，一连打了九天。结果天降大雪，东魏士卒饿死冻死不计其数，高欢只好下令撤军。

546年秋，高欢率十万大军卷土重来。西魏守城的换成军事家韦孝宽，城中守军不足万人。这一次，两军打了一场跌宕起伏的攻守大战。高欢让人在城外堆土筑山，想居高攻城，韦孝宽就命人在城楼上绑木头，高过土山；高欢让人在城南挖地道，想从地下进城，韦孝宽就命人一边挖土坑拦截，一边准备风箱柴火，用烟火熏退敌人；高欢命人将汾河水改道，想切断城内水源，韦孝宽就命人在城内掘地凿井……

高欢苦苦攻打了两个多月，战死七万大军，却没攻下玉壁。天气越来越冷，高欢只得撤军。常年征战，加上心情抑郁，高欢病倒了。韦孝宽一看，机会来了。这一夜，眼看着一颗流星从空中划过，韦孝宽微微一笑，命人散布谣言，"高欢鼠子，亲犯玉壁，剑弩一发，元凶自毙"，意思是高欢已经中箭身亡。

高欢气得吐口血，强撑着病体巡视军营，大宴将士，以表示自己活得好好的。宴会上，为了鼓舞士气，高欢命令手下大将斛律金为大家唱歌助兴。斛律金是敕勒族人，从小生活在草原上。大军溃败之际，斛律金想起家乡的天空、高山、草原和牛羊，记忆中的一切都美如画，忍不住唱起来："敕勒川，阴山下。天似穹庐，笼盖四野。天苍苍，野茫茫，风吹草低见牛羊。"想想年轻时的豪气干云，想想埋骨他乡的七万将士，斛律金动情地用鲜卑语一连唱了好几遍。高欢也跟着轻轻和，老泪纵横。很快，这首言辞简单、旋律优美的《敕勒歌》传遍军营，将士们都哭了。

敕勒歌

北朝民歌

敕勒川[1]，阴山下。
天似穹庐[2]，
笼盖四野。
天苍苍，
野茫茫，
风吹草低见[3]牛羊。

【注释】

[1] 敕勒（chì lè）川：南北朝时期敕勒族人生活的地方，在今山西、内蒙古一带。川，平地，原野。

[2] 穹（qióng）庐：古代游牧民族居住的毡帐。

[3] 见：同"现"，显现。

译文赏析

　　敕勒族人生活的敕勒川平原，在阴山脚下。天空就像牧民们居住的毡帐，笼盖着整个原野。蓝天苍苍，碧草茫茫，阵风吹过，牧草低伏，成群的牛羊时隐时现。

　　这是一首脍炙人口、流传甚广的北朝民歌，意境粗犷雄浑，彪悍豪迈，用语质朴简洁，明白如话。

　　开头"敕勒川，阴山下"，六个字交代出北方游牧民族生活的自然特点，境界开阔。紧接着"天似穹庐，笼盖四野"，画面壮阔，天野恢宏。"天苍苍，野茫茫"，极力突出天空的苍茫辽远，原野的碧绿无垠。最后一句是全诗的点睛之笔，描绘出游牧民族殷实富足、物阜年丰的生活画面。这首诗之所以流传广，除了短小精悍外，强烈的画面感也是重要的原因。

声律启蒙

这首诗属于乐府诗里的北朝民歌。在语言风格上,北朝民歌以质朴刚健、富有力感见长,没有南方民歌那样华美的文辞、精致的手法,更不用双关隐语的技巧。在诗歌形式上,北朝民歌以五言四句体式为主,其余多为整齐的七言、四言诗,杂言体较少。

这里要指出一点,北朝民歌很多是由鲜卑语翻译成汉语的,属于二次创作,因此有些诗不符合乐府诗的特点,纯属翻译过程中出现的不足。

直击考点

说到北朝民歌,我们学过一首《_____》。它描绘了_____平原_____山下的草原上的情景。其中,"穹庐"是指_____;"风吹草低见牛羊"的"见"同_____,意思是_____。

第 4 章
初唐诗歌

如果说，唐朝以前的文人写诗是出于兴趣爱好，那么唐朝的文人写诗，就增添了一些功利性。因为唐朝时，选拔人才的科举制度明确把"诗"作为必考内容，所以，很多文人投身到诗歌的创作当中，或多或少是为了做官。这一时期创作的诗歌数量超越了其余所有朝代，诗歌的品质和诗人的数量也是前所未有的。唐诗不仅继承了汉魏民歌、乐府传统，还大大发展了歌行体的样式；不仅扩展了五言、七言形式的运用，还创造了风格特别、优美整齐的近体诗（绝句和律诗）。

01 蝉

诗词有故事 / 写诗自夸的倔老头儿

李世民登基后,有一天,邀请弘文馆的学士们谈诗论画。李世民想作宫体诗,并让大臣们和。宫体诗是一种专门描写宫廷生活和男女之情的诗。结果,虞世南颤巍巍地从人群中走出来,起身行礼,道:"俗话说:上有所好,下必甚焉。陛下写这种诗的事情一旦传出去,惹得天下人效仿,恐怕会把社会风气带歪了啊。"

李世民听了,有些脸红。虞世南不管这些,又自顾自说道:"前些日子,老臣在书房里温书,看见古树上有一只蝉一边鸣叫,一边吸取树叶上的露珠。臣心有所感,于是作了一首诗,名为《蝉》,请诸位批评指正。"说罢,虞世南捋捋胡子,吟起诗来:"垂緌饮清露,流响出疏桐。居高声自远,非是藉秋风。"

"好!虞爱卿洁身自好,实在是我大唐之幸啊。"李世民第一个鼓掌。他听出来虞世南是在拿蝉自比,连连点头,还赏赐虞世南五十匹布帛。此后,李世民对虞世南更加敬重了。

虞世南是浙江慈溪人,出身名门世家,不仅博览群书,且记忆力超好。据说李世民出门,随从要带着书,李世民说:"不用,带着虞世南就够了,都在他的肚子里装着呢!"

少年时期,虞世南跟着哥哥虞世基先后拜文字训诂学家、史学家顾野王,文学家徐陵,以及王羲之七世孙智永禅师为师,跟着他们读书习字。长大以后,虞世南兄弟俩先后在陈朝、隋朝为官。陈朝亡国后,杨广把兄弟二人招致麾下。后来,虞世基权倾朝野,生活奢侈。而虞世南不改本色,清贫如故。隋朝灭亡后,虞世基被抓,虞世南想代替哥哥去死,没有获得允许。再后来,虞世南被窦建德掳走,并被迫接受官职。

有本事的人到哪儿都了不起。这不,秦王李世民又把虞世南笼络到自己麾下。这时候,虞世南已是个六十多岁的老头儿了,他多次上书,要回家养老,但李世民始终舍不得放走他。李世民曾称赞虞世南有超世之才,身兼五绝:忠谠(忠诚正直)、友悌(与兄弟相亲相爱)、博文(通晓古代文献)、辞藻(写诗作赋)、书翰(书法)。

蝉

唐·虞世南

垂緌①饮清露②,
流响③出疏桐④。
居高声自远,
非是藉⑤秋风。

【注释】

① 垂緌(ruí):古代官帽打结下垂的部分,此处代指蝉的触须。
② 清露:纯净的露水。
③ 流响:指连续不断的蝉鸣声。
④ 疏桐:疏朗高大的梧桐树。疏,开阔,稀疏。
⑤ 藉(jiè):凭借,依靠。

译文赏析

蝉垂着像帽缨一样的触角吸吮清澈的露水，连续不断的鸣叫声从疏朗高大的梧桐树间传出来。蝉的鸣叫声之所以传得很远，是因为栖息在高处，而不是凭借着秋风的力量。

这是一首托物言志的咏物诗。首句表面写蝉的形态与食性，实际上借"垂缕"和"清露"写人的地位显贵、品性高洁。二、三句写蝉的鸣叫声传播远，栖身的树也高，是说做人做官身居高位要德行高洁。最后两句"居高声自远，非是藉秋风"是全篇的点睛之笔。意思是一个品格高洁的人，并不需要借助身份、地位、财富等外在的东西，也能声名远扬。

全诗语言凝练传神，巧妙地运用了比兴手法，以秋蝉高洁傲世的品格自况，读来耐人寻味。

声律启蒙

这是一首五言古体诗，属于唐代以前就有的诗歌体裁。五言诗是指每句五个字的诗，相对于四言诗，每句增加一个字，句子的节奏就增加一拍，形成二二一或二一二的节拍群。比如这首诗就属于二一二的节拍群，"垂缕/饮/清露"。当然，有的诗并不是整首诗都属于同一个节拍群，而不同节拍群在诗中交错运用，会使得句式更富于变化，也具有乐感。

直击考点

《蝉》的作者是_____，以"_____，非是藉秋风"自比，表明自己品格高洁。这首诗与骆宾王的《在狱咏蝉》和李商隐的《蝉》，并称为_____。

02 咏鹅

诗词有故事 / 七岁神童的传世之作

以《咏鹅》被世人所熟知的骆宾王,是婺州义乌人,故里在今浙江义乌骆家桥旁边。骆家是书香门第,骆宾王的名字是他的祖父起的,源于《易经》中的观卦:"观国之光,利用宾于王。""宾于王",就是"王之座上宾"的意思,起这个名字,是希望他未来能够效忠朝廷,成为国家的栋梁。

骆宾王从小就聪明好学。当同龄的小朋友整天沉迷于嬉戏打闹的时候,骆宾王却像个小大人似的,喜欢听祖父和朋友们谈论文学呀、诗歌创作什么的。在祖父的教导下,骆宾王很小的时候就能背诵上百篇诗文。

骆宾王生活的村子旁边有一个池塘,相传叫骆家塘,骆宾王小时候常去池塘边玩耍。骆宾王七岁那年的一天,祖父的一个朋友到骆家做客。路过骆家塘时,他看到骆宾王正在和几个伙伴做游戏。早就听说骆宾王很聪明,还很喜欢诗文,这位朋友就想考考他:"你能现场作诗一首吗?"小骆宾王毫不怯场,他抬抬头,自信地说:"这有何难?"当看到正在池塘里游泳的鹅,他一下子有了主意,开始仔细观察起鹅来。这时,鹅突然大叫了几声:鹅,鹅,鹅……好像在唱歌。骆宾王灵机一动,干脆把这叫声作为诗的第一句。"唱歌"的时候,鹅弯着脖子,头朝着天空,于是骆宾王写下第二句:曲项向天歌。然后他看到鹅披着白色的羽毛漂浮在碧绿的湖水上,就来了一句:白毛浮绿水。他又发现,清澈见底的湖里,它那红色的大掌像两支桨一样,拨弄出一圈圈的水波,于是,最后一句有了:红掌拨清波。就这样,骆宾王仅用十八个字,就勾勒出一个生动、鲜活的大白鹅形象。在场的人无不拍手叫绝,他的祖父更是得意至极。

自此,骆宾王凭借一首《咏鹅》,成为家喻户晓的神童。

咏鹅

唐·骆宾王

鹅，鹅，鹅，
曲❶项❷向天歌。
白毛浮绿水，
红掌拨❸清波。

【注释】

❶曲：弯曲。
❷项：脖子。
❸拨：划动。

译文赏析

鹅，鹅，鹅，弯着脖子对天高歌。洁白的羽毛浮在碧绿的水面上，红色的脚掌划拨着清澈的碧波。

这是一首咏物诗，相传是诗人七岁的时候所作。首句描写鹅的叫声，三个"鹅"字连用，既可以理解为三声鹅叫，也可以理解为儿童连喊三声"鹅"，表达了诗人对鹅的喜爱之情。第二句描写鹅叫时的神态：弯曲着脖子，朝向天空唱歌。三、四句描写鹅的动作：洁白的羽毛漂浮在碧绿的水面上，红红的脚掌拨动着清清水波。白毛、红掌、绿水、清波，颜色对比鲜明，展现了诗人敏锐的观察力。

全诗给我们展示了一幅鹅儿戏水图，有形、有声、有动作，一只栩栩如生的大白鹅犹如出现在眼前，给人十分真切自然的感受。

声律启蒙

这首诗是古体诗，古体诗要求押韵。押韵，也叫压韵，就是把相同韵部的字放在规定的位置上，使音调和谐优美，有回旋反复之感。一般押韵的字是每句最后一个字，这个字叫"韵脚"。比如这首《咏鹅》的韵脚是鹅、歌、波，属于平水韵的五歌韵（五代表排序，歌代表对应的韵部）。

直击考点

《咏鹅》的作者是_____代诗人_____，通过描写鹅的_____、_____和_____，展现了一幅鹅儿戏水图。他与王勃、杨炯、卢照邻并称为_____。

03 风

> 诗词有故事 / 风"吹"出来的灵感

李峤出生于唐太宗贞观十八年（644年）前后，赵郡赞皇（今河北赞皇）人。李峤的祖上可不得了，是战国四大名将之一的李牧。

李峤家共有兄弟五人，他的兄弟都不到三十岁就去世了。传说，李母担心李峤活不长，就找当时有名的相士袁天罡给李峤看相。袁天罡曾给幼年的武则天看相，并预言她"可为天下主"，后来果然应验。袁天罡来到李峤家看了看，也觉得李峤活不长，三十岁前必死。李母再三恳求袁天罡救救自己的儿子。无奈，袁天罡这晚就在李家住下了，和李峤同榻而睡。半夜，袁天罡发现李峤已经没气了。袁天罡大惊，赶紧查找原因，这才发现"其出入息乃在耳中"，原来，李峤是用耳朵呼吸的。道家将这种特殊的呼吸吐纳法称为龟息功，又叫龟息大法。袁天罡心中有了底，第二天，他对李母说："放心吧，你儿子没事。他是龟息贵寿，只是不富而已。"

李峤第一次参加科考，就考了个甲等的好成绩。他从长安城的县尉（相当于现在的公安局局长）做起，其间因为替狄仁杰申冤，说了几句好话被贬。在基层摸爬滚打了三十多年后，李峤在武则天当政时期爬到了宰相的位子。

李峤在官场起起伏伏，在文学界却一直稳定发挥，因为文采斐然，与苏味道、杜审言、崔融合称"文章四友"。这杜审言和苏味道也不是别人，杜审言是杜甫的爷爷，而苏味道是苏轼的祖先。有一年春天，李峤和崔融、苏味道一起去游泸峰山。山上风景秀美，花草葱郁。三人来到峰顶，进入鸟语花香的世界。一阵清风吹来，李峤诗兴大发，随口吟出了一首《风》。

李峤写诗非常喜欢以一个字为题目，除了《风》，还有《日》《月》《星》《云》《雪》《雨》《霜》《露》《山》《石》《原》《野》，等等，足足有一百多首。最厉害的是，李峤这些作品在当时就流传到了日本，成为那个时候日本诸多贵族小朋友的启蒙读物。

风（其一）

唐·李峤

解❶落三秋❷叶，
能开二月花。
过江千尺浪，
入竹万竿斜。

【注释】

❶解：能够。　　❷三秋：秋季。一说指秋季的第三个月。

译文赏析

风能吹落晚秋的树叶，能催开早春二月的鲜花。风吹过江河时能掀起千尺巨浪，刮进竹林时可吹歪万棵翠竹。

这是一首咏物诗。如果不看题目，这首诗完全可以看作一则谜语。全诗没有出现一个"风"字，却处处充满了风之形、风之韵、风的作用和力量，让人真切地感受到风的存在。诗人通过"叶、花、浪、竹"这四种事物和"三、二、千、万"这几个数字的巧妙组合，使看不见、摸不着的风变得具象可感。

声律启蒙

这是一首五言绝句。这首诗最大的特点是，上下句互为对偶句。所谓对偶句，就是两个句子分别用字数相等、结构相同、平仄相对的语句表达相反或相关的意思。例如，这首诗的一、二句中"解落"与"能开"，"三秋叶"与"二月花"，三、四句中"过江"与"入竹"，"千尺浪"与"万竿斜"，都体现了对偶句的特点。

直击考点

初唐诗人李峤、苏味道、崔融和杜审言被称为"_____"。其中我们学过李峤的诗《___》，是一首_____诗。

04 咏柳

诗词有故事 / 家乡的柳树格外美

唐天宝三载（744年）正月，京城长安，东门广场正在举行一场盛大的退休仪式。仪式的主持人是大太监高力士，出席领导有唐玄宗李隆基、太子李亨，宾客有文武百官。这场退休仪式的主角不是别人，正是在大唐从政五十年"全身而退"的贺知章。

"赐御酒，赠御诗——"高力士的声音又细又长。

已经八十六岁高龄的贺知章，在别人的搀扶下缓缓接过御酒，一饮而尽。唐玄宗开始念诗："遗荣期入道，辞老竟抽簪。岂不惜贤达，其如高尚心。寰中得秘要，方外散幽襟。独有青门饯，群僚怅别深。"吟诵完毕，唐玄宗已经是泪眼婆娑，拉着贺知章的手，问他还有何遗憾。贺知章想了想，指指身边的幼儿，说："只是这小儿子还不曾起名。"

唐玄宗想了想，说："人生在世，诚信二字，就叫贺孚吧。孚者，信也。"这样的荣誉，纵观整个唐朝也找不出几个。

不过，贺知章属于大器晚成型，二十多年的时间，也只是从九品国子监四门博士（在国子监里教书）升到从七品太常博士。但是金子总会发光的。这不，因为在协助编纂《六典》和《文纂》时表现出色，贺知章这块金子终于在唐玄宗手底下开始发光了。六十多岁的时候，贺知章荣升为礼部侍郎，快八十岁的时候又获得了一大串官衔：太子宾客、银青光禄大夫兼正授秘书监，人称"贺监"。

正在风光得意之时，八十五岁的贺知章得了一场大病，差点儿丢了老命。侥幸活过来的他终于明白，该走了，再不走，恐怕就再也走不了了。

回乡的路上，贺知章先乘驴车、马车，再换大船走水路，经金陵、临安，再到越州。二月的江南，春意盎然，微风拂面。离家越来越近，离京的愁绪烟消云散。坐在马车里的贺知章看到岸边一棵高大的柳树，柳条随风摇摆，诗兴大发，命人拿过纸笔，挥手写下了《咏柳》一诗。

咏柳

唐·贺知章

碧玉❶妆❷成一树高，
万条垂下绿丝绦❸。
不知细叶谁裁出，
二月春风似剪刀。

【注释】

❶碧玉：青绿色的玉。这里比喻春天嫩绿的柳叶。
❷妆：装饰，打扮。
❸绿丝绦（tāo）：绿色的丝带，此处代指轻柔婀娜的柳条。绦，用丝线编织成的绳带。

译文赏析

高高的柳树上长满了嫩绿的柳叶，像一位梳妆打扮过的亭亭玉立的美人。成千上万条柳枝垂下来，像美人衣服上轻轻飘动的绿丝带。这又细又嫩的柳叶是谁裁剪出来的呢？原来是二月的春风，它就像一把神奇灵巧的剪刀。

这是一首咏物诗，写的是早春二月的杨柳。第一句将树拟人化，"碧玉"在此处既指柳树的颜色碧绿，又似一位梳妆打扮过的亭亭玉立的美人。三、四句把比喻和设问相结合，用拟人手法刻画春天的美好和大自然的神奇。

这首诗运用了由小及大的写作手法，先整体写柳树，再写条条柳枝，最后写柳叶嫩芽，越写越小，越写越细，栩栩如生，形象传神，既是咏柳，又是咏春，更是咏自然，表达了诗人对大自然、对春天的喜爱与赞叹之情。

声律启蒙

绝句是一种古诗体裁，要求每首四句，且偶句押韵，首句可押可不押。绝句分为五言绝句和七言绝句，即每句五个字或七个字。这首诗是典型的七言绝句，首句的高，和偶句的绦、刀都有同一个韵部ao，押了平水韵的四豪韵（四代表排序，豪代表对应的韵部）。

直击考点

《咏柳》的作者是____代____，人称____。"咏柳"中的"咏"的意思是____。"丝绦"一词的本意是_____，在诗中指_____。诗人把"二月春风"比作_____。

05 回乡偶书

― 诗词有故事 / "小粉丝"不认识真偶像

近了,更近了。唐天宝三载(744年),浙东大地的乡间小路上,出现了一匹瘦驴拉着的小车,车上坐着一老一小两个人,老的是位八十多岁的老头儿,小的是个几岁的男童。这个老人不是别人,正是退休还乡的贺知章,男童是他最小的儿子贺孚。

这一路走了好久,由水路换成陆路,再由马车换成驴车,一路奔波,终于看到了越州镜湖的那一汪春水。尘土和汗水布满他斑白的双鬓,但回家的喜悦还是让他有些兴奋。

他们来到会稽山下,这是贺知章小时候经常玩耍的地方。可眼前的一切,让贺知章感到有些熟悉又陌生。毕竟,他这一走,就是五十年,半个世纪的光阴。驴车再往前走,停在一块"大唐状元贺知章故里"的石碑前。贺知章颤巍巍地从驴车上下来,手抚石碑,眼含热泪。

远处,一群玩耍的小孩子看到有陌生人来到,纷纷凑上来,围在贺知章身边。

"老爷爷,您从哪里来啊?您知道吗,你手底下这块碑是为我们会稽郡第一位状元贺知章立的,他可厉害了。"

是啊,想当年,贺知章披红挂彩入京的那一天,父老乡亲送他到大路口。那时,他是全村,不,全会稽的骄傲。临走时,他挥着手,向母亲、向乡亲们信誓旦旦地说:"放心吧,我一定会回来的。"只不过,连贺知章自己都没想到,这一走,就是五十年。年轻时,他曾经那么渴望远方;年老了,他才发现人这一生,怎么也走不出自己的故乡。

见老头儿愣在原地,孩子们又叽叽喳喳起来:"老爷爷,看样子,您一定是外地人吧,您是从哪里来的呢?"

贺知章心中感慨万千,他摇摇头,什么也没说就回到了车上。在车上,他的情感进一步迸发,于是挥笔写下了两首《回乡偶书》。五十年在外漂泊,不变的是他的口音和性格,同样没有变化的,还有家门前的那片镜湖碧波。

回乡偶书[1]（其一）

唐·贺知章

少小[2]离家老大[3]回，
乡音无改鬓毛[4]衰[5]。
儿童相见不相识，
笑问客从何处来。

【注释】

[1]偶书：偶然写的诗。
[2]少小：年少的时候。
[3]老大：年老，年纪大了。
[4]鬓（bìn）毛：鬓角的头发。
[5]衰：减少，稀疏。

译文赏析

我年少时离开家乡，直到老了才回来。我的乡音不曾改变，鬓角毛发却早已斑白稀疏。家乡的儿童见了我，没有一个认识我。他们把我当成客人，笑着问我是从哪里来的。

这首诗运用对比的手法写出诗人久居他乡重返故乡的无限感慨和喜悦。首句中"少小"和"老大"、"离"和"回"是时间和空间的两组对比，突出诗人离乡的时间之久、空间之远，也衬托出诗人落叶归根的喜悦之情。次句又用了一个对比，"乡音无改"与"鬓毛衰"，既有无法抗拒时间的无力感，又表达了历久弥深的乡土之情。三、四句从充满感慨的自画像，转为富有戏剧性的儿童笑问的场面，正应了那句"说者无心，听者有意"，说不清是悲哀还是喜悦。全诗就在这样的有问无答中戛然而止，留给读者无尽的回味。

直击考点

《回乡偶书（其一）》中"_____"一句通过对_____和_____的描写，写出了岁月的流逝以及诗人内心历久弥深的乡土之情。

第5章
盛唐诗歌

当政治、经济相继达到一定的高度之后，文化的光芒开始照亮盛唐。这一时期，诗歌的作者从文人士大夫扩展到一般寒士，诗歌题材也从宫廷台阁走向了关山边塞。以王维、孟浩然等为代表的山水田园诗派和以高适、岑参、王昌龄、王之涣为代表的边塞诗派交映成趣，展现出一派截然不同的大唐气象。随着千年不遇的诗坛双子星座——伟大的浪漫主义诗人、"诗仙"李白和伟大的现实主义诗人、"诗圣"杜甫横空出世，唐诗进入了极盛时期。

01 凉州词

诗词有故事 / 富家公子的万丈豪情

唐睿宗垂拱三年（687年），山西太原王氏家喜添男丁，取名为王翰，字子羽。根据史书记载，"是岁，天下大饥，山东、关内尤甚"。这一年，全国大饥荒，山东和关内的山西尤其厉害。但这丝毫影响不到王家。王家家大业大，足以让王翰过上丰衣足食的生活。

年轻时的王翰是个十足的富家公子，他为人放荡不羁，喜欢饮酒、交友、养马，身上豪气与狂妄并存。他每日和一帮意气相投的弟兄击鼓打猎，过着鲜衣怒马、仗剑天涯的日子。

景云年间，王翰第一次参加科考就得中。然而，王翰根本就不屑一顾，考上却不去当官，只想证明下自己的实力。狂妄的他甚至在发榜的大墙对面贴了一张天下文人排行榜。排在第一位的，赫然是他王翰。排在第二位的，则是对他有知遇之恩、主导文坛的当朝宰相张说。排第三的，是当朝大儒、书法家李邕。李邕不仅字写得好，脾气也挺好，尤其是在提拔青年才俊方面，很受人们称赞。崔颢、杜甫和高适等人，都受过李邕的帮助和鼓励。唯有李白，在李邕门下碰了钉子。

这份排行榜一出，王翰可捅了马蜂窝，惹得天下举子大怒，纷纷骂他狂妄无礼，走在大街上甚至有人朝他身上扔臭鸡蛋。

后来，在宰相张说的劝说下，王翰还是当了个小官，不久又升为驾部员外郎，这是一个隶属兵部的武官。这期间，王翰得到一个去边塞的机会，负责往前线运送马匹粮草等军需物资。

经过一番长途跋涉，王翰来到了边塞军营。因为他的诗名在外，所以他受到了戍边将士的热情款待。王翰看到满席充满异域风情的美酒佳肴，听着富有西域特色的琵琶胡曲，联想到一路的艰辛跋涉和苍凉空旷的塞外风光，还有将士们粗犷爽朗的豪气，不禁豪情万丈，挥笔写下了两首《凉州词》。其一被后人誉为"气格俱胜，盛唐绝作"。

凉州词[1]（其一）

唐·王翰

葡萄美酒夜光杯[2]，
欲饮琵琶[3]马上催。
醉卧沙场[4]君莫笑，
古来征战几人回？

【注释】

[1] 凉州词：唐曲调名，属《近代曲辞》，是《凉州曲》的唱词。
[2] 夜光杯：用玉石雕制成的酒杯。因倒入酒后，酒杯在月光下反光发亮，故名夜光杯。
[3] 琵琶：一种四弦乐器，弹奏如吉他，此处用途类似作战用的号角。
[4] 沙场：战场。

译文赏析

葡萄美酒斟满了夜光杯，正想畅饮却听得琵琶声急，马蹄声脆，催着快点儿喝酒。即使醉卧在沙场上，也请你不要笑话。从古至今，征战沙场的有几个人能回来？

这是一首边塞诗，更是一首曾经打动无数热血男儿的千古绝唱，甚至有人把它推为唐代七绝的压卷之作。

首句以欢宴写战争，让人倍感神伤。这不是庆功宴，而是壮行酒。葡萄酒、夜光杯和琵琶都是西域特产，地方色彩浓郁。次句的"催"字，历来有不同解读，有人认为是催着将士出征，增添了战争的紧迫感；也有人说，琵琶本就是西域胡人在马上弹奏的乐器，此处意在助兴，催人快点儿喝酒。后两句写战事即将来临，最后的诘问句运用夸张的手法，充满豪放的情绪和视死如归的勇气。全诗明快的语言、跳动的节奏，极具异域风情的边地特色，千百年来传唱不衰，一直激励着人们积极进取。

直击考点

"葡萄美酒夜光杯，_____"出自诗人_____的《凉州词》，描述了战前短暂的美好。"_____，_____"两句抒发了将士们置生死于度外的豪放气概。

02 登鹳雀楼

诗词有故事 / 鹳雀楼的最牛"广告"

王之涣的祖上是太原王氏,这可不是一般的家族,而是汉朝至隋唐时期的著名大族,六位祖先曾位列三公,两晋时期出了十一位宰相。后来,王氏家族因为做官的原因移居绛州,也就是今天的山西新绛。不过到了王之涣爷爷和他父亲时期,家道中落,只做到县令一类的小官。

王之涣在兄弟四个中排行老四,从小就很聪明。再大一些,王之涣心中渐渐有了英雄梦,长成了一个喜欢舞刀弄剑、打抱不平的翩翩少年。

才华横溢的王之涣有些叛逆,不肯参加科考,而是到处拜谒公卿,为人出谋划策。

唐玄宗开元十年(722年),已经三十五岁的王之涣在冀州衡水县令李涤手底下做主簿。李涤的三女儿年方十八,对已婚的才子王之涣仰慕已久,不顾父亲的反对和世俗的眼光,毅然决然地嫁给了王之涣。当然,也有人说是李县令看上了王之涣,将千金许配给这个不得志的年轻人。总之,王之涣和县令的女儿成亲了,两个人过起了虽清苦却恩爱的日子。

不知道是谁眼红或者忌妒王之涣,开始无故诽谤王之涣。726年,不堪忍受污名的王之涣辞去了官职,回到山西,开启了居家十五年的赋闲生活。

每天黄昏,王之涣都会到黄河边走一走,有时候一个人,有时候和几位关系好的诗友一起。一天,王之涣不觉来到了鹳雀楼。鹳雀楼是北周宇文护为了镇守蒲州,在对面的黄河东岸建造的。因为经常有鹳雀栖息,所以取名叫鹳雀楼,又名鹳鹊楼。

孔子说"君子登高必赋"。文人远游,往往会以写诗作赋的方式打卡当地名胜,而不是只大喊"太美了"。王之涣看着楼上文人们题刻的诗,自己也陷入苦苦思索之中。暮色四垂,夕阳西下,大河奔流,高楼巍峨。那天的太阳有些白得耀眼,突然间,他灵感迸发,一首《登鹳雀楼》喷薄而出。短短二十个字,却胜似千言万语。此诗一出,天下皆惊。

登鹳雀楼[1]

唐·王之涣

白日[2]依山尽，
黄河入海流。
欲[3]穷[4]千里目，
更[5]上一层楼。

【注释】

[1] 鹳雀楼：位于山西永济市，下临黄河。传说常有鹳雀在此停留，故名。
[2] 白日：太阳。
[3] 欲：想要，希望。
[4] 穷：尽，使达到极点。
[5] 更：再。

译文赏析

夕阳傍着山峦西沉，黄河向着大海东流。想要看到千里以外的风景，要再往上登一层楼。

这是一首著名的登楼诗，语言朴素浅显，反映了诗人积极向上的进取精神。前两句写景。"白日依山尽"是远景，远处夕阳依着山而落下。"黄河入海流"是近景，近处的黄河流向大海，景象壮观，气势磅礴。后两句写诗人心中所想，"欲穷千里目"写诗人追求更高更远的境界的愿望，而实现愿望的唯一方法，就是"更上一层楼"。"站得高才能看得远"这一朴素真理将整首诗推向更高的境界，也展现了诗人蓬勃向上的探索精神和高瞻远瞩的胸襟。

直击考点

《登鹳雀楼》前两句"_____，黄河入海流"描绘了气势磅礴的_____与_____的景色，后两句"欲穷千里目，_____"是饱含朴素哲理的议论。

03 凉州词

诗词有故事／热门打卡地——凉州

相传，《登鹳雀楼》这首诗传到女皇武则天耳中，武则天非常喜欢，就问身边的人这么美的绝句是谁写的。这时，刚好李峤在一旁，他站出来说："这是御史朱佐日的诗。"朱佐日是李峤的好友。武则天听了李峤的奏报之后，将朱佐日召来，不仅赏赐彩绸百匹，还给他封了御史的官衔，顺便告诉天下的才子，朝廷还是很重视人才的。只可惜《登鹳雀楼》真正的作者王之涣却没感受到这样的待遇。

话说才高气盛的王之涣辞了衡水主簿的官职，带着县令之女返回太原老家，过着穷困潦倒的生活。在老家的这段时间，王之涣有时候也会来个自助游，起初只是在老家周围的半日游、一日游。后来他开始沿着黄河跨省游，经山西、陕西、甘肃等省，向北赴河陇、出玉门、漫游西北边塞，一路走，一路还要写写诗，发个朋友圈。这天，走着走着，王之涣来到了陇右道的凉州地界，也就是今天的甘肃省武威市境内。

黄河汹涌澎湃、群山雄阔苍凉、孤城昂然挺立，王之涣被凉州的景象震撼到了。很多诗人都到凉州打过卡，并在朋友圈里留下了游后感言，王之涣也不例外。王之涣正在酝酿如何下笔的时候，远处传来戍边士兵充满哀怨离愁的羌笛声，一下子激发了王之涣的灵感，一首《凉州词》伴着笛声横空出世。

这首诗大火之后，还诞生了一个"旗亭画壁"的故事。说唐玄宗开元年间的一个冬天，三位边塞诗人王昌龄、高适和王之涣在一家酒楼喝酒，遇见梨园伶人唱曲宴乐，三人便私下里约定以伶人所唱自己诗篇数目多少来排定诗名高下。结果压轴的、最漂亮的那位女子，一开口便是"黄河远上白云间"，所唱正是王之涣的《凉州词》。这让王之涣一举拔得头筹。

在老家待了十五年后，在好友的劝说下，王之涣再次出来做官，担任文安郡的文安县尉，这一职位类似公安局局长。这期间，王之涣因为智审黄狗巧抓凶犯而名声大振。只可惜，王之涣当文安县尉不久就染病身亡了。

凉州词

唐·王之涣

黄河远上白云间,
一片孤城万仞[1]山。
羌笛[2]何须怨杨柳[3],
春风不度玉门关[4]。

【注释】

[1] 仞(rèn):古代长度单位,八尺为一仞。万仞,是说山极高。
[2] 羌(qiāng)笛:羌族乐器,属横吹式管乐。
[3] 杨柳:此处指笛曲《折杨柳》。
[4] 玉门关:故址在今甘肃敦煌西北小方盘城。

黄河就像从白云间奔流而来,孤零零的城堡耸立在万仞高山之中。何必拿羌笛吹起那思乡的《折杨柳》呢,春风是吹不到玉门关的啊!

这是一首边塞诗,诉说了边疆将士的怀乡之情。首句以自下而上、由近及远的顺序眺望黄河,神思飞越,气象开阔。次句以夸张的手法写塞上孤城。孤城之外,在黄河和白云、万仞山的背景之下,越发凸显城之"孤"之"险",为后两句描述将士们的心理做好了铺垫。第三句转入羌笛之声,却是思乡之曲《折杨柳》,不由得勾起了思乡的离愁。"何须怨"不是说不怨或者不能怨,而是说怨了也没用,深化了诗意。末句"春风"一语双关,既指自然界的"春风",更指朝廷的关怀。"春风不度玉门关"说明边关将士完全享受不到朝廷的关怀。后两句表达了边疆将士的思乡之情和无奈的感慨。

全诗格调悲壮、哀怨,却不颓废,而是慷慨激昂,意境开阔,充分表现了盛唐边塞诗人的广阔胸怀。

直击考点

下列诗句中"春风"的含义与其他组不同的是（　　）。

A.迟日江山丽,春风花草香。
B.春风又绿江南岸,明月何时照我还。
C.不知细叶谁裁出,二月春风似剪刀。
D.羌笛何须怨杨柳,春风不度玉门关。

04 春晓

诗词有故事 / 睁开眼的第一首诗

唐睿宗永昌元年（689年）的一天，湖北襄阳涧南园里诞生了一个男婴，饱读诗书的孟老爷给儿子起名叫孟浩然。名字的寓意来源于孟子的"我善养吾浩然之气"，孟老爷希望儿子可以做个像孟子那样一身浩然正气的男人，光宗耀祖。没错，孟浩然的祖上正是"亚圣"孟子。

孟浩然的父亲是个尊崇孔孟之道的儒生，他觉得武则天一介女流却掌权称帝，有违孔孟之道，于是一直没参加科考，只一门心思躲在涧南园里教孟浩然读书习字。大约十岁的时候，孟浩然和弟弟一起读书学剑，并和同是襄阳人的张子容成为好朋友。

孟家虽然不是大富大贵之家，却也衣食无忧。有时候碰到饥寒交迫的乡亲们，孟家还会出手相助，因此名声很好。孟浩然在这里度过了人生中的大半时光，世称"孟襄阳"。

705年正月，襄阳籍的宰相张柬之联合桓彦范等人发动"神龙政变"，赶武则天下台，唐中宗李显复位。第二年，张柬之受到武则天侄子武三思排挤，被罢了宰相职务。张柬之以养病为由，回到襄阳，任襄州刺史。

这一年，在襄阳参加乡试的孟浩然金榜题名，并受到张柬之的宴请。孟浩然和好友张子容一同赴宴，张柬之鼓励两个年轻人好好学、好好干。谁知好景不长，朝廷动荡波及襄阳，张柬之进一步遭贬，被流放泷州，也就是今天的广东罗定，结果忧愤而亡。这件事极大地刺激了孟浩然：这样一个受人尊敬的同乡前辈却遭到如此对待，这样的朝廷，值得自己为之效力吗？唐睿宗景云二年（711年），孟浩然和张子容决定放弃科考，到鹿门山去过隐居生活。

转眼冬去春来，山上的桃花都盛开了。一天晚上，孟浩然看书看到很晚，甚至连隆隆的春雷声都没有听到。次日清晨，花香伴着雨后泥土的气息飘进屋内，窗户边上群鸟叽叽喳喳叫个不停。孟浩然从睡梦中醒来，揉揉眼，看着满院的花瓣，才明白发生了什么。一首《春晓》就在这样的清晨诞生了。

春晓[1]

唐·孟浩然

春眠不觉晓，
处处闻啼鸟[2]。
夜来风雨声，
花落知多少。

【注释】

[1] 晓：天明。
[2] 啼鸟：鸟的啼叫声。

春日沉沉，不知不觉就睡到天亮，处处都可以听到鸟叫声。昨夜隐隐听到风雨声，不知道吹落多少花儿。

这首诗通过联想描绘了一幅春日早晨的绚丽图景，表达了诗人对春天的喜爱和珍惜之情。

首句破题，一个"春"字即点明时间是春天。次句写景，抓住春天悦耳动听的鸟叫声，从听觉上带给人一种舒适感。"处处"二字，说明春满大地，处处皆春。第三句回忆昨晚风雨交加的情景。末句是想象的画面，"花落知多少"写出春天的勃勃生气，花儿竞相开放。全诗平白如话，然而意境深远，耐人寻味。

声律启蒙

这是一首五言绝句，也是为数不多的押仄韵的诗。这首诗的韵脚晓、鸟、少都属于仄声，第三句的尾字反而用了平声字"声"。目前已知的古诗大多属于平声韵，而仄声韵的格律是在平声韵的基础上反推出来的，作品比较少。所以，有时候对于要不要把这类诗归类到绝句，会存在一定争议。

直击考点

《春晓》的作者是_____，号_____，诗中"_____，_____"描述了春夜里风雨交加的画面，表达了诗人_____的情感。

05 宿建德江

> 诗词有故事 / 惆怅的江上之夜

孟浩然在鹿门山逍遥自在的隐居生活，一直到他的父亲去世才宣告结束。孟浩然回到襄阳，守孝三年。眼看着身边的朋友先后都博取了功名，想到父亲生前一直希望他能功成名就，孟浩然的心情不再平静。他开始广交朋友，同时拿着自己的诗作四处求见公卿名流，希望能得到推荐出仕。然而官运不畅的孟浩然，几次被推荐都没成功。

在三十八岁前后，孟浩然游扬州，路过武昌时遇到了出蜀壮游的诗人李白。大概是受到李白的激励，孟浩然前往长安，决定参加科举考试。在长安，孟浩然和王维因诗文风格相近，结成了莫逆之交。王维带着孟浩然参加各种诗会，积累了不少名气。尤其那句"微云淡河汉，疏雨滴梧桐"，更是技惊四座，名动公卿。然而，名气虽响，却没有给这次科考任何助力——孟浩然落榜了。

孟浩然还不放弃，留在长安继续寻找机会，结果天不遂人愿。据说，有一次王维把孟浩然带到了办公的地方，正好遇到唐玄宗来视察工作。孟浩然因为害怕竟躲到了床底下。王维不敢欺君，如实禀告。唐玄宗命孟浩然现身并向他问诗。结果，孟浩然吟了一首落第之作，当吟到那句"不才明主弃"时，唐玄宗明显有些不高兴，说了句："卿不求仕而朕未尝弃卿，奈何诬我？"意思是，你说你根本不求当官，可不是我嫌弃你，为何诬陷我啊？说完，唐玄宗拂袖而去。就这样，孟浩然错过了千载难逢的良机。

不过自此之后，孟浩然彻底断了当官的念头。无颜见家乡父老的孟浩然决定去漫游四方：登蓟门，赴洛阳，游太湖，走桐庐……

游览完桐庐，孟浩然乘船顺江而下。过了七里滩，就是建德江了。此时，黄昏的落日染红江面，江上烟水蒙蒙。天色越来越暗，建德城还遥不可见，眼见江中有个小洲，孟浩然决定把船停在那里暂且凑合一晚。

在这样一个孤寂又有些微凉的夜晚，孟浩然不免思绪万千。想到自己四十多岁了，文名武功都没混出个名堂，只能纵情于游山玩水，饮酒作乐，他表面潇洒自在，实际上内心不免孤寂失落，此时此刻，更是思念久别的家乡。孟浩然不由得铺好纸，研好墨，怅然若失地写下了《宿建德江》。

宿建德江①

唐·孟浩然

移舟泊②烟渚③，
日暮客④愁新。
野旷天低树，
江清月近人。

【注释】

① 建德江：新安江流经建德城境内的一段水路。
② 泊：停船靠岸。
③ 烟渚（zhǔ）：水中雾气笼罩的沙洲。渚，水中小块陆地。
④ 客：羁旅的游客，此处指诗人自己。

译文赏析

　　把小船停泊在雾气弥漫的沙洲上，日暮时分新愁又涌上游子的心头。旷野无边无际，远处的天空比树还要低。江水清澈，天上的明月似乎也与人更加近了。

　　这是一首羁旅诗。全诗情景相生、思与境谐。首句交代了移舟近岸、停船夜宿的背景，一面点题，一面为下面的抒情做好准备。在江上漂了一天，终于可以休息了，然而，环顾四周的景色，"烟渚""日暮"引来旅客的无限愁思。三、四句写景，"野旷天低"和"江清月近"这样的景色，相互映衬，这是坐在江中小舟上才能看到的独特风景。

　　全诗虽然只有一个"愁"字，但诗中的愁绪却绵绵不断，诗人内心的忧愁与苦闷尽显无遗。

直击考点

　　《宿建德江》的作者是_____，我们还学过他的《_____》。他是一位山水田园派诗人，而《宿建德江》是一首羁旅诗，从"_____，_____"两句可以感受到诗人的思乡之情。

06 过故人庄

诗词有故事 / 难得的乡间欢乐时光

　　唐玄宗开元二十三年（735年），襄阳刺史韩朝宗因为十分欣赏孟浩然，想要向朝廷推荐他。结果，韩朝宗和孟浩然约定一起赴京的那天，孟浩然却和友人在岘山吃喝游乐，喝多了。友人劝他："浩然啊，别忘了，你和韩公约好了，今天要赴京呢。"谁知，孟浩然不理那一套："来来来，喝酒喝酒。"结果可想而知。

　　好运偶尔也会来。737年，张九龄被贬为荆州长史，孟浩然带着一首《望洞庭湖赠张丞相》前往荆州投奔张九龄。一般人前去拜见，可能会说："哎呀，张丞相，您看，我也老大不小的了，空有一腔报国之志，每天闲着，您现在位高权重的，能不能提拔提拔我？"可孟浩然不，他说："张丞相，您看您那么会钓鱼，能不能教教我？"

　　好在张九龄是个爱才之人，便留下了孟浩然。孟浩然在张九龄手下干了一段时间幕宾，但过惯了散淡日子的他终究不适应官场生活，很快又回到襄阳老家。

　　这次回来之后，孟浩然真的放弃了给朝廷打工的念头，心态平和了许多。他没事就在园子里读读书，养养鱼，修剪下果树，彻底过上了"千株橘树唯沽酒，十顷莲塘不买鱼"的生活。这天，孟浩然接到友人的消息，说家里的庄稼丰收了，诚邀他去做客。秋后的襄阳，到处弥漫着作物成熟的味道。孟浩然出了城，又穿过几条弯弯曲曲的山路，看见路边两排高大的绿树，前面有几间整齐的房舍，主人已经等在门口了。

　　进门，坐好，主人一家早已准备好了香喷喷的鸡肉和米饭，还有新酿的米酒。大家频频举杯畅饮，孟浩然喝得高兴，一首《过故人庄》就着酒意喷薄而出。

　　五十多岁的时候，孟浩然的身体开始添毛病，背上长了个疮，医生让他静养、忌口。结果，王昌龄遇赦北归路过襄阳的那一年，五十二岁的孟浩然全然不顾医生的嘱咐，和王昌龄大碗饮酒，大口吃肉，又吃了不少江鲜、海鲜，结果背上毒疮复发，不幸离世。

过①故人②庄

唐·孟浩然

故人具③鸡黍④,邀我至田家。
绿树村边合,青山郭⑤外斜。
开轩⑥面场圃⑦,把酒话桑麻⑧。
待到重阳日⑨,还来就菊花。

【注释】

① 过:拜访。
② 故人:老朋友。
③ 具:准备,置办。
④ 鸡黍(shǔ):代指农家待客的美食。黍,黄米。
⑤ 郭:古代城墙有内外两重,城是内城的墙,郭是外城的墙。此处指村庄外墙。
⑥ 轩:窗户。
⑦ 场圃:场,打谷场、稻场。圃,菜园。
⑧ 桑麻:桑树和麻。此处泛指庄稼。
⑨ 重阳日:指农历九月九日重阳节。

译文赏析

老朋友准备了丰盛的饭菜,邀请我到他的农庄去做客。村子周边都是翠绿的树木,一脉青山隐隐横斜在城外。推开窗户正好面对着谷场和菜园,举杯共饮,聊聊农事谈谈庄稼。等到九九重阳节,再来这里观赏菊花,共度佳节。

这是一首描写农家美丽风光和恬静闲适生活的田园诗,写的是诗人应邀到一位农村朋友家做客的经过。首联即前两句写老朋友间的邀约,简单随便、朴素自然。"具"和"邀"说明主人早有准备,表明了诗人和故友之间的真挚情感。"鸡黍"既显出田家风味,又见待客之简朴。颔联即三、四句对仗工整,描写了美丽的乡村风光,其中"合"与"斜"生动地表现出村边绿树之密、郭外青山之远。颈联描写宾主推杯换盏、尽话丰年之乐的场面,这两句和前两句相结合,绿树、青山、村舍、场圃、桑麻,既是一幅优美宁静的田园风景画,也是盛唐社会物阜年丰的现实写照。尾联诗人和主人约定重阳节再次相聚,主客关系的亲切融洽跃然纸上。

这首诗表达了诗人对恬淡宁静的田园生活的赞美和喜爱之情,以及对自然风光的留恋。全诗用语平白如话,叙事自然流畅,而感情真挚,诗意醇厚,不愧为田园诗中的佳作。

声律启蒙

　　这是一首五言律诗。律诗是近体诗的一种，因格律要求非常严格而得名。那么如何判断一首诗是不是律诗呢？首先，律诗的句式固定。通常为八句，超过八句的称为排律或长律。每句五言或七言，称五言律诗、七言律诗。其次，律诗的押韵严格。律诗通常押平声韵，而且必须按韵书中的字押韵。原则上只能用本韵，不能用邻韵。律诗还要求一韵到底，中间不得换韵。偶句押韵，首句可押可不押。第三，律诗讲究平仄。律诗每句的句式和字的平仄都有规定，不能随意更改。最后，律诗要求对仗。律诗的四联各有特定的名称，第一联叫首联，第二联叫颔联，第三联叫颈联，第四联叫尾联。通常颔联、颈联的上下句是对仗句，例如诗中的"绿树村边合，青山郭外斜"是颔联，"开轩面场圃，把酒话桑麻"是颈联，这两联的上下句都符合对仗的要求。

直击考点

2021年湖南省长沙市小升初考试

下列诗句中，描写乡村风光的一项是（　　）。
A. 日暮汉宫传蜡烛，轻烟散入五侯家。
B. 九曲黄河万里沙，浪淘风簸自天涯。
C. 绿树村边合，青山郭外斜。
D. 稚子金盆脱晓冰，彩丝穿取当银钲。

07 出塞

诗词有故事 / 真的不想打仗了

武则天圣历元年（698年），王昌龄出生在山西太原的一个贫苦农民家庭。都说山西太原王氏位列"七姓十家"，但这些荣耀和王昌龄没有任何关系。王昌龄是个妥妥的寒门子弟，用他自己的话说，过着"薄暮垂钓，平明去耕"的日子。

直到二十岁出头，没有背景也没有门路的王昌龄决定放下锄头和羊鞭，出去闯社会。他选了一条在当时非常时髦的路，当道士。因为道家的创始人老子李耳和唐朝的皇帝都姓李，所以道教成了唐朝的国教，很多王公贵族，包括玉真公主和李白等都是道教中人。

怀着满腔热情，王昌龄来到了洛阳东南部的道教圣地嵩山学道。不过，学了一段时间之后，王昌龄发现，自己并不是得道成仙的料。

到了二十五六岁的时候，史书上说王昌龄"客河东并州、潞州"，也就是在太原和长治的亲戚朋友家，白吃白喝闲晃了一年，眼看着就要混成一个游手好闲的无业青年。开元十一年（723年），唐玄宗进行了一场轰轰烈烈的军事改革，废除了沿用约两百年的府兵制，实行募兵制，将以前的强制农民打仗改为招募壮丁镇守边塞。

当时，全国上下掀起一股从军热，包括那些一心只读圣贤书的文人，都先后踏上了从军之路。次年，王昌龄选择从军，开启了他的军旅生涯。金戈铁马、大漠黄沙，还有死亡，进入了热血青年王昌龄的诗歌。他每天面对的都是刀光剑影和攻城略地："骝马新跨白玉鞍，战罢沙场月色寒。城头铁鼓声犹振，匣里金刀血未干。"

王昌龄把他的所见、所闻、所想，全都写进诗里。在前期的战斗中，因为唐军屡屡获胜，全民的信心爆棚、斗志昂扬。渐渐地，因为战事频繁，无休无止，人们越来越不堪重负，渴望和平的情绪也越来越浓厚。《出塞》就是王昌龄边塞诗的名作之一，表达了战士厌战、渴望结束战争的情绪。

出塞

唐·王昌龄

秦时明月汉时关，
万里长征人未还。
但使❶龙城飞将❷在，
不教胡马❸度阴山。

【注释】

❶但使：只要。
❷龙城飞将：英勇善战的将领。有人认为指代飞将军李广，李广曾在卢龙城（今河北省喜峰口一带）练兵。
❸胡马：指匈奴等外族骑兵。

译文赏析

明月仍然像秦汉时期那样一直照耀着广袤的边关，离家万里远征的士卒依然不能回家。如果像飞将军李广那样的名将在，一定不会让匈奴人的铁蹄跨过阴山。

这是一首有名的边塞诗。首句"秦时明月汉时关"运用了互文的写作手法，互文就是看似说的是两件事，实际却是互相呼应、补充的一件事。所以这一句应该翻译为秦汉时期的明月和边关。这句表面写明月照耀下的边疆关塞一派壮丽的景象，实际上在说战争从秦汉延续到了现在，突出了时间之长、战事之频繁。次句写无数男儿战死沙场，从空间上描写边塞战事惨烈。三、四句点出诗人的美好愿望，抒发了边防战士保卫国家的壮志，同时也暗含对朝廷用兵不当导致战火长燃的不满。

全诗语言凝练，意境雄浑，感情深沉，充满了爱国情怀。

直击考点

唐朝"边塞四大诗人"是指高适、＿＿＿＿、岑参和＿＿＿＿。其中我们学过的边塞诗《出塞》的作者是＿＿＿＿，还学过他的《＿＿＿＿＿＿＿》。

08 从军行

> 诗词有故事 / 望台上孤零零的小兵

这天,王昌龄一个人骑马巡边,也不知道走了多久,竟来到了青海湖旁。这里离唐军驻地已经很远了,王昌龄想掉转马头回去。忽然,一阵羌笛声传来,他听出来了,是乐府古曲《关山月》,这是一首"伤离别"的曲子,笛声呜咽,如泣如诉。循声望去,王昌龄看见前边有一座望台,一个穿着唐军战服的戍卒正孤零零地站在望台上,吹着笛子。

王昌龄觉得有些奇怪,他看过战报,前段时间,唐军在此吃了败仗,全军覆没,这块地方早已经失守了,怎么还会有唐兵出现?

王昌龄心中狐疑,待确认四周并无埋伏后,就走上前去,想和士兵攀谈几句。士兵的脸上满是泥沙,只露出两只眼睛,身上的甲胄早已千疮百孔。士兵见了王昌龄,连忙行礼。王昌龄双手扶起士兵。经过一番交谈，王昌龄才知道，不久前，唐军曾在此地与敌军有过一番激战，双方均损失惨重。这个士兵一直战斗到最后一刻，因体力不支昏倒在地，唐军和敌军都以为他已经死了。过了一天一夜，士兵苏醒过来，想起自己的任务，于是艰难地爬上望台，坚守岗位。交谈中，士兵说："当然想家了，但是，只要敌军不灭，我就决不回家。"

王昌龄的眼睛湿润了，他把自己身上的战甲脱了下来，给士兵穿上。他又向士兵保证，一定将这里的情况告知驻地守军，让士兵耐心等待。回去的路上，王昌龄心潮澎湃，写下了第四首《从军行》。

随着大唐国力强盛，边疆战事越来越少。开元十三年（725年）的秋冬时节，王昌龄东归返程。一天，他投宿扶风（今陕西宝鸡）一家客舍。旅店老板"扶风主人"是一位退伍老兵，老兵告诉王昌龄，自己十五岁参军，多次参战，三十万大军只有他一人活着回来。现在三边无事，年轻人还是要靠科举求取功名。王昌龄听了老兵的话，沉默不语，他知道，老兵是对的。

自此，王昌龄脱下战甲，放下兵器，开始了一番勤学苦读。两年后，王昌龄进士登第，得了个秘书省校书郎（中央机关里核对古文抄写典籍）的官职。

从军行（其四）

唐·王昌龄

青海❶长云❷暗雪山❸，
孤城遥望玉门关。
黄沙百战穿金甲，
不破楼兰❹终不还。

【注释】

❶青海：指青海湖，在今青海省。
❷长云：浓云。
❸雪山：即祁连山，山巅终年积雪。
❹楼兰：汉时西域古国，在今新疆维吾尔自治区鄯善县一带。

译文赏析

青海湖上乌云密布，使雪山变得暗淡。我站在茫茫戈壁的边塞古城，遥望玉门关。守边的将士身经百战，风沙和刀戈磨穿了铠甲。他们发誓，不打败来犯之敌誓不返乡。

这也是一首边塞诗。典型环境与人物情感高度统一是王昌龄诗歌的显著特点。前两句描绘了西北边陲的景象，"孤城"点出了重要的地势位置。同时又将战士们戍守边疆的自豪感、责任感，以及孤独感融入苍凉辽阔的边地环境之中。后两句直接抒情，"黄沙百战穿金甲"极言戍边时间之漫长，战事之频繁，战斗之艰苦，敌军之强悍；末句的誓言"不破楼兰终不还"铿锵有力、掷地有声，将边疆战士的豪情展现得淋漓尽致。大漠、明月、沙场、凉州、楼兰、玉门关，唐代的边塞就在这一首首诗歌的传唱中，深深印进人们的脑海。

直击考点

《从军行（其四）》是一首_____诗。前两句是_____描写，其中暗含了三个地点，分别是_____、_____、_____。后两句中"_____"表明战事频繁，"_____"表明战士坚定的决心与豪迈的气概。

09 芙蓉楼送辛渐

诗词有故事 / 我还是曾经的我

唐玄宗天宝元年（742年）秋，王昌龄任江宁（今江苏南京）县丞已经好几年了。什么是县丞？就是给县令当副手。

有一天，王昌龄听说好友辛渐要从润州（今江苏镇江）渡江，取道扬州，然后沿着大运河乘船前往洛阳。辛渐和王昌龄是老乡，也是少有的能说几句掏心窝子话的朋友。得知好友要回家乡，再想想自己漂泊无定的未来，王昌龄决定去送送辛渐。于是，他从江宁出发，来到润州。前一天晚上，王昌龄在芙蓉楼为辛渐设宴送行。芙蓉楼又叫西北楼，在今天的江苏镇江西北部，站在楼上可以俯瞰长江，遥望江北。当年，东晋的王恭为刺史时，将这里的西南楼改名为万岁楼，而将西北楼改为芙蓉楼。

两个人坐下来共饮美酒，喝了一杯又一杯，都有些动情。王昌龄想起自己的遭遇，不禁悲从中来。三年前他被贬至岭南，好在第二年就赶上朝廷大赦天下，他被派往江宁担任江宁丞。北归途中，路过襄阳，王昌龄去拜会好友孟浩然。没想到，这次聚会竟然让孟浩然命丧黄泉。对于这件事，王昌龄心中一直很过意不去，总觉得孟浩然的死和自己脱不了干系。

想到这里，王昌龄放下酒杯，摆摆手："算了，辛兄，明天你还要远行，今晚就少喝几杯吧。你这次去洛阳，如果碰到我老家的亲戚故交，一定带个口信，就说我王昌龄虽然过了这么多年，仕途坎坷，但从没有自甘堕落，我的心依旧光明磊落。"

后来，王昌龄写了一首诗描述当时的场景："丹阳城南秋海阴，丹阳城北楚云深。高楼送客不能醉，寂寂寒江明月心。"意思是说，这秋风秋雨愁煞人，咱们可都不能喝醉啊。

第二天一大早，王昌龄送辛渐到江边，忍不住又赋诗一首，就是《芙蓉楼送辛渐》。"一片冰心"也好，"寒江明月心"也罢，王昌龄都是在说自己不忘初心，就像歌曲里唱的那样——"我还是从前那个少年，没有一丝丝改变"。这首诗一经传出，名动江湖，人称"诗家夫子王江宁"。

芙蓉楼[1]送辛渐

唐·王昌龄

寒雨连江夜入吴[2]，
平明[3]送客楚山[4]孤。
洛阳亲友如相问，
一片冰心[5]在玉壶。

【注释】

[1] 芙蓉楼：在今江苏省镇江市西北。
[2] 吴：古国名。江苏镇江一带为春秋时吴国属地。
[3] 平明：天亮时。
[4] 楚山：（春秋战国时）楚地的山，泛指南京一带。
[5] 冰心：比喻纯洁的心。

译文赏析

深秋时节，雨水和江水连成一片，我连夜来到吴地。天明之后，送走好友，只留下楚山孤影一片。到了洛阳之后，如果有亲朋好友询问我的消息，请告诉他们，我的心仍旧像玉壶里的冰一样纯洁。

这是一首有名的送别诗。全诗即景生情，寓情于景。前两句写景，描绘出一幅寒意弥漫、秋雨萧瑟的吴江夜雨图，渲染了离别时悲凉孤寂的氛围。后两句直抒胸臆，用"一片冰心在玉壶"展示出诗人的高风亮节。当时，诗人屡遭非议，接连被贬。诗人以"玉壶冰"进行回击，并告慰亲朋好友，不必为自己担心，表现了诗人开阔的心胸、坚毅的性格和不肯妥协的精神。

直击考点

《芙蓉楼送辛渐》的作者是_____，这首诗的前两句描写了送别时_____氛围，后两句"_____，_____"既是对友人的嘱托，也是作者的自喻。

10 采莲曲

诗词有故事 / 宛若仙女的采莲姑娘

唐玄宗天宝七载（748年），当了将近十年的江宁县丞，五十岁的王昌龄又被贬官了，这一次的职位是连九品官都不如的龙标尉（唐朝官级里最小的官，与县丞一样，都是辅佐县令的），地点在今天的湖南怀化一带。这一次，王江宁变成了王龙标。至于原因嘛，无非就是他不拘小节，爱发牢骚，不招人待见，于是从繁华富庶的江南一路被赶到离京城三千多里的穷乡僻壤。

其实，龙标也没想象的那么差，虽然是蛮荒之地，但风景还不错。这天，处理完公务，王昌龄来到城外的一处荷花池采风，远远听见一阵歌声。循声而去，他看见几位妙龄少女正在莲舟上撑篙而歌。侍从告诉他，那是当地酋长的公主阿朵和侍女在采莲。

王昌龄顺着指点看过去，只见那阿朵姑娘面若秋月，眼若星辰，长得十分漂亮，而且能歌善舞，宛如仙女。这个见惯了大漠孤城、烽火狼烟的诗人一时呆住了。待他回过神来，想要打招呼，却见阿朵已经没入荷花池深处了。回到住处，王昌龄心中的豪情被柔情取代，他挥笔写下了一首《采莲曲》。后来，王昌龄派人将诗送给阿朵。阿朵很是感动，据说还邀请王昌龄去做客以示感谢呢。

　　在龙标待了十年左右，王昌龄挂念家中老母亲，于是告老还乡。当时正值安史之乱爆发之际，兵荒马乱。王昌龄路过亳州时，遇到了一生中最大的敌人——亳州刺史闾丘晓。这个人刻薄凶残、小肚鸡肠、性情暴戾，可能是太嫉妒王昌龄的诗名了，两个人话不投机，闾丘晓竟然一怒之下将王昌龄斩杀了。

　　不过，就在闾丘晓杀死王昌龄的同一年，闾丘晓因为出兵不及时导致城池被攻破，河南节度使张镐将闾丘晓问罪并下令处死。临死前，闾丘晓哭着哀求说："我上有八十老母，还望大人留我一条小命。"张镐毫不客气地说："你当初杀害王昌龄的时候，没想想他的老母亲吗？"就这样，王昌龄的杀身仇人终于得到了应有的惩罚，也算是告慰了他的在天之灵。

采莲曲

唐·王昌龄

荷叶罗裙❶一色裁，
芙蓉❷向脸两边开。
乱入池中看不见，
闻歌❸始觉❹有人来。

【注释】

❶ 罗裙：丝罗制的裙子，指女性的衣裙。
❷ 芙蓉：荷花。
❸ 闻歌：听到歌声。
❹ 始觉：才知道。

采莲女的绿罗裙和绿色的荷叶混为一体，少女的脸庞和盛开的荷花相互映照。转眼间，她们混入荷花池中不见了踪影，听到歌声才觉察到有人来了。

王昌龄号称"七绝圣手"，各种题材都能驾驭。这首诗生动活泼，是王昌龄不多的富含生活情趣的诗作。首句将采莲女的罗裙比作荷叶，次句将芙蓉花和女孩们的脸庞作比。前两句展现出一幅人与环境和谐统一的美丽画面。三、四句一个"乱"字，既突出了荷田的稠密，又增添了诗歌的活泼情趣，突出采莲少女嬉笑欢闹的场面。上一句还是"看不见"，下一句紧接着就"有人来"，不过诗中的主角采莲女没有再露面，只留下动人的歌声，既增添了画面的生动趣味，又留下了无限遐想的空间。

全诗清丽自然，运用映衬的手法，巧妙地赞美了采莲女和荷花的美丽，同时营造了一种引人遐想的优美意境。

直击考点

《采莲曲》将人与景色巧妙融合于一体，其中有两组对比，分别是荷叶与_____、芙蓉与_____。这首诗中对"莲花"出现了三种不同的叫法，分别是莲、_____和_____。

11 九月九日忆山东兄弟

诗词有故事 / 想念我的山东兄弟

武则天长安元年（701年），王维含着金钥匙出生了。他的父亲王处廉来自太原王氏，母亲崔氏来自博陵崔氏，都是当时的名门大户。

大户人家的一个显著特点就是兄弟姊妹多，王维是家中的长子。几年时间里，父母陆续给他添了四个兄弟王缙、王绅、王纮、王纭，还有两个妹妹。

眼看着王维到了上学的年龄，王处廉决定亲自教导儿子，他精选诗文经史，每日教授。而王母崔氏呢，画得一手好画，且精通佛学。小时候在母亲的诵经声中写写画画的日子，是王维最惬意的时光。

有一天，王维拿着一本经书问母亲，母亲接过一看，是《维摩诘经》，便说："维摩诘是得道高僧，也是不沾染尘垢的意思。"从此，王维有了字：摩诘。

王维和弟弟妹妹的关系很好。有时候，弟弟妹妹们哭闹，王维便会随手拿起一件乐器，奏出好听的旋律，吸引弟弟妹妹的注意力。王维的爷爷叫王胄，曾经当过朝廷的乐官，可能是遗传了爷爷的音乐细胞，王维小小年纪就在音乐方面表现出天赋。

王维九岁那年，父亲王处廉因病去世了。料理完丈夫的丧事，王母变卖了家产，带着孩子们回到娘家。王维家的日子开始变得艰难，王维和弟弟王缙很懂事，尤其是王维，一面用心读书，一面卖文作画、替人抄书，换几个钱贴补家用。

王维十五岁这年，决定离开家到京城长安闯荡。因为能诗会画，懂音律，通佛法，他在京城受到了达官贵族的青睐。他年轻、任性、春风得意，在长安，包括去洛阳闲游的日子都是惬意、快乐的。然而，繁华热闹过后，王维也难免会陷入孤独漂泊的情绪中。

717年的重阳节，王维和朋友们登高望远。王维吃着重阳糕，饮着菊花酒，虽然热闹非凡，心中却不由得有些想家。他情难自禁，写下了脍炙人口的《九月九日忆山东兄弟》。

九月九日①忆山东②兄弟

唐·王维

独在异乡为异客③，
每逢佳节倍思亲。
遥知兄弟登高处，
遍插茱萸④少一人。

【注释】

① 九月九日：即重阳节。
② 山东：指华山以东地区。
③ 异客：他乡的客人。
④ 茱萸（zhū yú）：又名"越椒""艾子"，芳香植物。古人认为重阳节插戴茱萸可避灾克邪。

译文赏析

　　我独自在帝京，作为外来的客人，每逢传统佳节、阖家团聚之时，就加倍思念亲人。遥想家乡的兄弟们在登高望远，他们遍插茱萸时会发现唯独少了我一人。

　　这是一首写游子思乡怀亲之情的七言绝句。王维家居蒲州（今山西永济），在华山以东，所以称"山东兄弟"。首句一个"独"字、两个"异"字，体现出诗人孤身在外的心境。次句一个"倍"字，点明思乡之情在"佳节"的时候集中爆发出来，真切地道出了天下游子的心声。后两句从亲人的角度来写，由此表现出诗人与亲人相隔两地、互相思念的情感。

　　全诗虚实相生，前两句写实，直抒自己思乡的情感；后两句虚写，通过想象亲人过重阳节的画面，深化"每逢佳节倍思亲"的主题。

直击考点

2021年湖北省黄冈市小升初考试

　　在六年的小学生活中，我们学过了不少与中国传统节日有关的诗句，如写＿＿＿＿节的"＿＿＿＿，寒食东风御柳斜"，写＿＿＿＿节的"今夜月明人尽望，＿＿＿＿"，写＿＿＿＿节的"＿＿＿＿，遍插茱萸少一人"。

12 鸟鸣涧

诗词有故事 / 内心的宁静才是真的静

十一岁那年,王维去参加科考。结果,举子们纷纷传言,说张九龄的弟弟张九皋才学过人,深得太平公主赏识,已经通过举荐的形式被内定为当朝状元。心高气傲的王维不服气,决定不参加科考,也走举荐的路子。王维找到自己的好友——唐玄宗的弟弟岐王李范,让他帮忙举荐自己。岐王不仅答应了,还给王维出了个主意,让他在玉真公主的宴会上打扮成唱戏的,吸引玉真公主的注意。王维不负所望,以一首琵琶曲《郁轮袍》博得了玉真公主的赏识。王维又趁机献上自己的诗集,更是锦上添花。就这样,王维在岐王和玉真公主共同的举荐下,打败了传言中的张九皋,一举夺魁。

之后,王维被任命为太乐丞,类似于中央乐团团长,也算是专业对口。然而,好景不长。有一次,王维的手下在皇帝未到场时擅自舞了黄狮子。舞黄狮可是专门给皇帝看的,这还了得?果然,王维被贬为济州司仓参军,相当于一个地方上的粮食局长兼城管。

开元十九年(731年),陪伴了王维十年的妻子因难产去世了。好友皇甫岳知道王维心里难过,于是邀请他到江南散心。王维答应了。一路上兜兜转转,他终于来到了绍兴。

皇甫岳的云溪别业就建在若耶溪畔。这里依山傍水,鸟语花香,实在是个静心的好地方。别业周边的每个地方都有一个雅致的名字,比如鸟鸣涧、莲花坞和萍池等。

这天傍晚,王维在园子里散步,走着走着就来到了鸟鸣涧,虽然已经是春天了,却还能感到一丝丝凉意。他的脚步声惊动了几只在此栖息的小鸟,小鸟扑棱扑棱翅膀,在月光中飞向半空。更多的鸟儿受到惊动,一时间,树枝在微风中摇曳,花瓣被片片振落,带来缕缕清香。王维被这景象吸引了。深山之中,鸟鸣声声,如果不是内心宁静、远离世俗之人,又怎能感受到一份真正的宁静?那一刻,他忽然记起深通佛法的母亲曾握着他小小的手写下的那个"空"字。一首《鸟鸣涧》就在这样一个春山月夜诞生了。

鸟鸣涧[1]

唐·王维

人闲桂花落，夜静春山空。
月出惊山鸟，时[2]鸣春涧中。

【注释】

[1] 鸟鸣涧：鸟儿在山涧中鸣叫。
[2] 时：不时。

译文赏析

山中的人悠闲自在，看桂花无声飘落，宁静的春日夜晚，山中一片空寂。月亮升起来，月光惊动了山中栖息的鸟儿，春天的溪涧中不时地响起鸟儿的啼鸣。

这首诗着力描写了春夜空山、鸟鸣涧中的图景，突出了山涧的"静"和"空"。

首句的"人闲"说明诗人并无人事烦扰，内心宁静。次句的春山用了一个"空"字，其实真正"空"的不只是夜里的山，还有诗人的心境，具有一定的禅意。后两句"月出惊山鸟，时鸣春涧中"是以动写静的典型，一"惊"一"鸣"，看似打破了山中的宁静，实则是用声音衬托山中寂静。

全诗最大的艺术特色便是以动衬静，寓静于动，花落、月出、鸟鸣，营造出一种迷人的静谧氛围，可见诗人创作的出奇之处。

声律启蒙

这是一首五言绝句，它最大的特点是三平尾。什么是三平尾呢？就是指某句诗的最后三个字，都是平声字。比如"夜静春山空"一句的平仄为：仄仄平平平，后三个字都是平声字，就是"三平尾"。"三平尾"与"孤平"（一句诗只有一个平声字）被认为是诗家"大忌"，主要是从诗歌的音律上考虑，如果犯了"忌"，在吟诵时，就会感觉不协调，破坏了诗歌的音律美。

当然，古代的诗人并不会刻意地规避"禁忌"，只要内容和意境是美好的，格律便只是锦上添花。

直击考点

《鸟鸣涧》的作者是_____代诗人_____，字_____，号_____，有"_____"之称。这首诗以画入诗，描写了_____、_____、_____、_____等景物，通过衬托的手法，突出了山涧的_____和_____。

13 山居秋暝

诗词有故事 / 山中的"私人别墅"

742年，唐玄宗李隆基有两个兄弟去世了。唐玄宗决定改元，一方面想去晦气，另一方面觉得自己功成名就，是时候享享福了。最终年号被确定为天宝。这年正月初一，唐玄宗接受文武百官的朝贺，大赦天下，并为群臣加官晋爵。四十多岁的王维也由原来的七品下御史升为七品上左补阙。二十一岁获状元，四十多岁还是个七品小官，王维这个官当得有些窝囊。渐渐地，王维有了隐居的想法。闲来无事，他就在终南山下转悠，想给自己找一处中意的院子。

功夫不负苦心人，有人告诉王维，武则天时期的诗人宋之问在蓝田辋川有一处很大的别业。别业就是在原有的住宅、家业之外，另外经营的庄园。宋之问死后，这个园子落在他弟弟宋之悌手中。最近，宋之悌也死了，他的家人正在出售这个园子。

辋川是秦岭北部一个风光秀丽的山谷。王维和好友裴迪离开长安城，沿着蓝田县城西南方向，穿过一段山路，进入山谷。谷中有个欹湖，几条小河从四面八方汇集到欹湖，看上去像一个车轮，所以叫辋川。走出山谷，豁然开朗，竟是一片宽阔的平野，远处峰峦秀美，近处良田美竹，房屋也很整齐。

王维一眼就相中了这个地方。他花钱买下之后，用心设计、修建，还雇了工匠把原来的一些景点进行改造，又按照自己的审美增添了很多新的景致，分别命名，如"白石滩""柳浪""临湖亭""金屑泉""茱萸沜""辛夷坞""竹里馆""文杏馆"等。在庄园的另一侧，他还修建了草堂精舍，专为母亲崔氏烧香诵经念佛用。裴迪也把自己终南山脚下的房屋卖掉，跟着王维一同来到辋川隐居。就这样边修边建，不知不觉就到秋天了，整个园子充满了自然之趣和诗情画意，还带着几分禅意。

这一天，下了一整天的雨。到了晚上，雨停了，王维坐在园子里，满意地欣赏着自己的杰作，看着美景，怎能没有诗？《山居秋暝》正是诞生在这样的诗情画意之下。

山居秋暝[1]

唐·王维

空山新雨后，天气晚来秋。
明月松间照，清泉石上流。
竹喧[2]归浣女[3]，莲动下渔舟。
随意[4]春芳[5]歇[6]，王孙[7]自可留。

【注释】

[1] 暝：日落，天色将晚。
[2] 竹喧：竹林中的笑语喧哗。
[3] 浣(huàn)女：洗衣服的姑娘。浣，洗涤衣物。
[4] 随意：任凭。
[5] 春芳：春天的花草。
[6] 歇：尽，消失。
[7] 王孙：泛指贵族子弟，这里指诗人自己。

译文赏析

刚下过雨的山野，一片空旷，早秋傍晚的天气格外凉爽。明月映照着幽静的松林，清泉在山石上淙淙流淌。竹林中响起喧闹的笑声，是洗衣姑娘要回家了。莲叶轻摇，是捕鱼的小船在游荡。春日的芳菲就让它消失吧，山中的秋景足以让人流连忘返。

这是一首五言律诗，是王维山水田园诗的代表作之一。诗的题目直接点出了时间和地点，说明描写的是秋天傍晚山居的景色。首联紧扣诗题，营造意境，名为空山，其实空山不空，只不过山太大了，人隐藏其中，不见踪影。颔联写景如画，动静结合，月下青松和石上清泉，其实正是诗人追求的理想与境界。颈联开始出现人，浣女和渔舟代表着纯洁和美好，以动衬静。尾联反用《楚辞·招隐士》"王孙兮归来，山中兮不可久留"之意，表达归隐之意。

全诗最大的特色就是通过自然美来表达诗人的人格美，表达了诗人对山水田园生活的热爱之情，以及希望远离官场、归隐山林之意。

直击考点

《山居秋暝》看似是在写山水，实际是在_____，以自然美来表现诗人的人格美和理想中的社会之美。其中_____、_____、_____、_____是诗人高尚情操的写照。

14 鹿柴 | 画

诗词有故事 / 王维的"世外桃源"

走进辋川别业,就像走进了陶渊明笔下的世外桃源。从山口进门,迎面便是"孟城坳"。"孟城坳"对面有一处山冈,名为"华子冈",这里山高林密,最适合看落日听松风。在"孟城坳"脚下是"辋口庄",这里有几间房舍,亭台楼阁错落有致。穿过"辋口庄",就是背对南岭、面对北湖的"文杏馆"。再往后走,是一片山岭,岭上长满了高大的竹子,名为"斤竹冈"。

沿山而下,顺着小溪一路来到开满山茱萸的"茱萸沜"。翻过"茱萸沜",来到谷底,再往山林深处走,又是一座山冈,便是"鹿柴"了。

这天,山风习习,隐隐带着一丝寒意,王维的好友储光羲早早来山中拜访王维。这个储光羲可不一般,江南储姓大多都是他的后代,他因此被尊为"江南储氏之祖"。不过,当时储光羲的官做得也不是很如意,于是早早地就隐居在终南山上,并认识了诗人王维。两人经历相似,志趣相投,尤其是都喜欢写山水田园诗。

可是这一次,储光羲扑了个空,王维一大早就和裴迪进山了。

储光羲独自在辋川中游览,欣赏王维的杰作,并随手写了一首诗《蓝上茅茨期王维补阙》:"山中人不见,云去夕阳过。浅濑寒鱼少,丛兰秋蝶多。老年疏世事,幽性乐天和。酒熟思才子,溪头望玉珂。"

傍晚时分,王维回来了。裴迪还打了些野味,不仅有兔子、野鸡,还有几只獐子和野鹿。

老友相见,分外高兴。王维、裴迪陪着储光羲一同游览辋川,走到"鹿柴"处,几个人坐下休息。储光羲把刚写的诗给王维看,又问:"王兄何不也赋诗一首?"

王维也不推辞,他看看周遭景色,稍稍酝酿片刻,便挥笔写下了一首《鹿柴》。王维的诗越写越短了,短短二十个字,却愈发见功力。

鹿柴[1]

唐·王维

空山不见人,
但[2]闻人语响。
返景[3]入深林,
复照青苔上。

【注释】

[1] 鹿柴(zhài):王维辋川别业的胜景之一。柴,用树木围成的栅栏。
[2] 但:只。
[3] 返景:太阳将落时通过云彩反射的光。景,通"影"。

译文赏析

幽深空旷的山中看不见人,只听得到人的说话声。落日的余晖照进树林深处,又照在一片青苔上。

这是王维五绝组诗《辋川集》中的一首。诗中描绘了鹿柴附近空山深林傍晚时分的景色。王维的诗中很喜欢用"空"字,比如空山、空林、空潭、空翠、空门等,在诸多空的意向中,王维格外喜欢"空山"。首句"空山不见人",正面描写山空,指出人迹罕至。次句"但闻"两字将画风一转,"人语响"说明这山并非真正的空山,从听觉上突出环境的幽静。三、四句从听觉转为了视觉,通过落日余晖的明与深林、青苔的暗做对比,凸显环境的幽暗、寂寥。但在这幽暗、寂寥之中,却又有一丝亮光,给整个深林带来一丝生机。

王维是诗人,是画家,还是音乐家,这首诗体现了王维作品"诗中有画,画中有诗"的特点,也表达了诗人对山林生活的喜爱之情。

直击考点

《鹿柴》是一首_____诗,作者_____,和_____并称"王孟"。《鹿柴》描写的是_____时分山中的景色,这从"_____"的"返景"二字可以看出来。

画

唐·王维

远看山有色[1],
近听水无声。
春去花还在,
人来鸟不惊[2]。

【注释】

[1] 色：颜色，也有景色之意。
[2] 惊：吃惊，害怕。

译文赏析

远远看去，山色明亮；走近一听，流水却没有一点儿声音。春天过去了，花却并未凋谢，依然开在枝头；人走过来，鸟儿也不会被惊动吓走。

这是一首咏画诗。前两句写山色分明，流水无声，后两句描述花开四季，鸟不怕人。看似每一句都违反自然规律，实际上却构成了一幅完整的山水花鸟画。

首句是远景，距离产生美，写出山色分明，葱茏秀丽。次句是近景，水流本是"动态"，"无声"二字却又进入静态，将有声之景写出无声之境，动静结合，体现出诗人独特的审美体验。三、四句诗人暗中设谜的手法进一步凸显：花儿再美，总要凋谢；只有在画中，花儿才不会凋谢，鸟儿才不会怕人。一个"惊"字，让画家笔下的鸟顿时活灵活现。

这首诗通过描绘画中山清水秀、鸟语花香的美好景色，表达了诗人内心对安宁、幽静的田园生活的无限向往与喜爱。

声律启蒙

这是一首五言绝句。我们知道，绝句是不强行要求对仗的，但这首诗做到了全诗对仗。一、二句的"远"对"近"，"看"对"听"，"山"对"水"，"有"对"无"，"色"对"声"，每一组都对得工工整整。三、四句也是如此。这首诗体现了诗人极高的艺术水准。

直击考点

《画》是一首富有禅理的山水诗，四句诗包含了两组反义词，分别是_____和_____，_____和_____。这首诗通过描写山、_____、花和_____，构建了一幅美丽的山水花鸟图，也呈现出诗人梦想中的生活画面。

15 送元二使安西

诗词有故事 / 大唐最流行的送别曲

唐玄宗天宝十一载（752年）三月，守孝期满的王维从辋川回到朝堂，官拜礼部郎中。这一年年底，宰相李林甫死了，杨贵妃的哥哥杨国忠被任命为宰相，没想到他比李林甫更加奢靡腐化、祸乱朝纲。一时间，朝廷上山雨欲来风满楼。

755年，蓄谋多年的安禄山造反了，朝廷开始不断往西域派兵。这段时间，送别成了王维生活中的重要主题。送丘为往唐州，送熊九赴任安阳，送张判官赴河西……离别的酒喝了一场又一场、一杯又一杯，好像总也喝不尽。

这一天清晨，渭城驿馆外。一场小雨过后，天地仿佛被洗过一样，空气格外清新。

"王大人，就送到这里吧。"一个三十几岁的下级官员冲王维行了个礼。

"元二，你此次奉命去安西都护府，那里可是满地黄沙的边疆。这一别，不知何日才能相见。我摆了一桌简单的酒宴，替你饯行。"

元二本名元常，在家中排行第二，故称元二。元二深知此去凶多吉少，不知道能否回来，因此能开怀畅饮几杯也不错。二人喝了一杯又一杯。元二忍不住发了几句牢骚：此次西行，并非自愿，只因自己在兵部官职卑微，才领了这样的苦差。

王维岂不知道朝中的昏暗，可又不便多言，只能不停给元二倒酒："来来来，喝酒。"

元二推辞说："真的不能再喝了。"

王维说："喝吧，喝吧，最后一杯。西行路漫漫，过了阳关，就没有老朋友陪你喝酒了。"

王维曾两次出使边塞，深知那里环境险恶。情到深处，王维脱口而出，吟了一首《送元二使安西》。在驿馆卖唱的歌女很快把这首诗谱上乐曲，再融入自己的唱腔。歌女把后面的三句接连唱了两遍，在场的人听了无不热泪涟涟。因为是在渭城送别的，所以这首诗又叫《渭城曲》。很快，这首曲子风靡整个长安城，并传遍大江南北，成为当时最流行的送别曲。

送元二使安西

唐·王维

渭城❶朝雨浥❷轻尘，
客舍❸青青柳色❹新。
劝君更尽一杯酒，
西出阳关无故人。

【注释】

❶ 渭城：即秦代咸阳古城，汉时改渭城。
❷ 浥（yì）：湿。
❸ 客舍：驿馆，旅馆。
❹ 柳色：柳树，象征离别。

译文赏析

清晨，渭城的一场细雨打湿了路边的尘土，驿馆外的杨柳愈发显得青葱翠绿。劝君再饮下这杯离别的美酒吧，向西出了阳关就再也遇不到老朋友了。

这首诗又称《渭城曲》。题目中的"安西"是唐朝为了统治西域而设立的安西都护府，治所在龟兹城（今新疆库车）。前两句写景，交代了送别的时间是初春的早晨，地点是渭城的客舍。第二句的"柳"与"留"谐音，采用双关的修辞手法，表达依依惜别之情。后两句抒情，"一杯酒"饱含了诗人对友人的情谊和祝愿。这首诗寄情于景，借景抒情，写出了朋友间的真情厚谊，引起人们的强烈共鸣，后来被编入乐府，成为离别宴席上广泛传唱的名曲。

声律启蒙

这是一首折腰体的七言绝句。所谓折腰体，是指格律诗在平仄上的一种变格，古人的解释是"中失粘而意不断"。"粘"是指诗的二、三句的第二、四、六字的平仄要对应相同。这首诗对应的字分别是"舍、青、色"与"君、尽、杯"。它们的平仄分别是"仄、平、仄"与"平、仄、平"，完全不对应，这就是失粘了。然而，从整首诗来看，仅仅在这两句上失粘了，其他还是符合格律的，这就是折腰体。

直击考点

2021年浙江省杭州市小升初考试

古代送别诗中,送别方式多种多样:有的是目送,如李白的"孤帆远影碧空尽,唯见长江天际流";有的是喝酒饯别,如王维的"_____,_____"。

16 夜宿山寺

诗词有故事 / 上摘星楼去摘星星

在唐朝安西都护府辖区的碎叶城（今吉尔吉斯斯坦的托克马克市）里，有一户李姓商人家。在王维出生的那年的一天夜里，商人的妻子做了一个梦，她梦见太白金星落入自己怀中。没多久，她就生了一个男孩。想到妻子那晚做的梦，李父觉得，儿子一定是太白金星转世，于是给儿子取名"白"，字"太白"。

李白五岁的时候，跟着父亲逃难到了蜀中，落脚在剑南道绵州昌隆的青莲乡，也就是今天的四川省江油市青莲镇。这一年，李白开始启蒙求学了，而他的启蒙课本竟然是讲解道教方术的六甲之书。十岁的时候，李白熟读诸子百家。到了十四五岁，李白已经是十里八乡的小名人了。李白的学习领域极其广泛，十八岁那年，他又拜长平山隐士赵蕤为师，跟着学习剑术、道术、纵横术，以及赵蕤的独门功夫《长短经》。

转眼间，李白二十四岁了。俗话说，好男儿志在四方，满腹才学的李白决定出蜀云游，他没有选择前往京城长安，也没有去东都洛阳，而是选择了水路纵横的吴楚大地。

他游成都，登峨眉山，出三峡，一路上停停转转，好不惬意。这一天，李白携书童丹砂，以及新认识的伙伴吴指南一路东下，来到了湖北省黄梅县的蔡山脚下。这蔡山本是长江冲积平原的一座孤峰，位于大江中心。山上有座寺庙，名叫"江心寺"。寺庙旁有座楼，可供人观星赏月，名叫"摘星楼"。

李白从小就钟爱修仙求道，一路上，他是遇寺拜佛，遇观求道。听说蔡山上有寺庙，李白打定主意，当晚就去山寺留宿。几个人爬呀爬，爬到山顶已经是半夜了。李白抬头一看，果然有一座高耸入云的寺庙巍峨耸立，正门上赫然写着三个大字——江心寺。李白走上摘星楼，环顾四周，只见山险楼高，星星和月亮仿佛变得触手可及。李白忍不住想高歌一曲，又怕惊动天上的仙人。"丹砂，笔墨伺候。"浪漫冲击着李白的心胸，他要写诗。

夜宿山寺

唐·李白

危楼^❶高百尺^❷，手可摘星辰。
不敢高声语，恐^❸惊^❹天上人。

【注释】

❶ 危楼：高楼，此处指山顶寺庙。危，高。
❷ 百尺：虚指，形容楼很高。
❸ 恐：唯恐，害怕。
❹ 惊：惊扰，惊动。

译文赏析

山上寺院的楼好像有百尺之高，仿佛一伸手就可以摘下天上的星星。站在楼上，我不敢大声说话，生怕惊动了天上的神仙。

这是一首记游写景诗。全诗最大的特色便是运用了夸张的修辞手法写出了山寺的高，生动、形象、逼真。一、二句从正面描写山寺很高，"百尺"和"摘星辰"都是夸张的手法，彰显山之高。三、四句从写景过渡到心理描写，"不敢高声语，恐惊天上人"，进一步从侧面描写山寺之高，站在这里，仿佛天上的仙人就在不远处。全诗语言朴素自然，想象大胆奇特，具有浓郁的浪漫主义色彩，表达了诗人对神仙般生活的无限向往。

声律启蒙

这是一首五言绝句，"尺"和"辰""人"不同韵，所以首句不入韵。而且首句第二个字"楼"是平声，尾字"尺"为仄声，因此这首诗是"平起仄收，首句不入韵"。

直击考点

《夜宿山寺》这个标题的意思是＿＿＿＿＿。这首诗用＿＿＿＿的手法把山寺的＿＿＿和夜晚的＿＿＿＿写得非常逼真，给人以身临其境的感觉，表达了作者＿＿＿＿＿＿＿＿的追求和向往。

17 望庐山瀑布

诗词有故事 / 到庐山打个卡

　　唐玄宗开元十三年（725年），李白的旅程还在继续，他要在江湖上传播他诗人剑客的美名。过了荆门山，他在江陵遇到了当时有名的道士——司马承祯，司马承祯夸李白有仙根，这让李白为之振奋。

　　辞别了司马承祯，李白来到鄂州江夏（今湖北武昌）。到了江夏，不到黄鹤楼打个卡，那简直枉费此行。于是，李白登上了黄鹤楼。他俯瞰滚滚长江，顿时诗兴大发。他正想吟诗一首，突然看到几行小字，是崔颢的《黄鹤楼》。

　　李白知道崔颢，这个年轻人比他小三岁，却在两年前考中了进士。李白试了几次，最终只能放下笔。他发现，无论怎么写都无法超越眼前这一首。李白若有所失地下了楼。

　　李白从湖南岳阳继续东行，一路来到九江——庐山。庐山风景秀丽，山中名观古刹众多，他和当地的朋友一起瞻仰了晋代高僧慧远大师的禅室和书房，又献上一炷香。

　　李白脚上穿着编织的草鞋，头上戴着草帽，腰上扎着麻绳，带着他那从不离身的宝剑，在当地僧人的陪同下往庐山西北部而去。山势越来越陡峭，悬崖峭壁密布。僧人拿着刀走在最前面，边走边砍断阻碍前行的荆棘，为李白等人开辟出一条可以行走的路。不知道走了多久，突然听到有人惊呼："快看，瀑布，香炉峰到了！"

　　李白循声看去，只见那山峰又尖又圆，烟云聚散，缥缈在青山蓝天之间，像一座顶天立地的冒着青烟的香炉。不一会儿，红日照过来，那团白烟又化成一片片紫色的云霞。再看那山壁上的瀑布仿佛从天上倾泻而下，很是壮观。

　　僧人们对李白的诗名仰慕已久，纷纷建议李白留下诗作。面对此情此景，李白也不再客气。他把香炉峰想象成一支笔，把瀑布想象成墨水，很快，一首《望庐山瀑布》脱口而出。庐山名胜自此又多了一则广告。

望庐山瀑布

唐·李白

日照香炉①生紫烟②,
遥看瀑布挂前川。
飞流直下三千尺③,
疑是银河落九天④。

【注释】

① 香炉：指香炉峰。
② 紫烟：指日光透过云雾，远望如紫色的烟云。
③ 三千尺：虚指，形容山极高。
④ 九天：即九重天，极言天高。古人认为天有九重，九天是天的最高层。

译文赏析

太阳照在香炉峰生出袅袅团团的紫烟，远远望去瀑布就像长河悬挂在山前一样。水流就像从三千尺的高空飞奔流下，让人怀疑是银河从九天之上落下。

这是一首写景诗，想象奇特，浪漫大胆，诗人通过比喻、夸张等修辞手法写出了对庐山的喜爱和赞叹之情。

前两句从大处着笔，写全景。首句将香炉峰比作香炉，而紫烟除了实写看到的烟雾为紫色，更大的可能则是彰显了诗人的道教徒身份，因为道教崇尚紫色，有"紫气东来"之说。次句一个"挂"字，突出了瀑布的气势，境界全出，给人以强大的视觉冲击力。三、四句运用夸张的手法写瀑布之高、之险，水流之快，"飞"字突出瀑布喷涌而出，"直下"既写山势高耸，又写水流急泻。最后的"银河落九天"，浪漫唯美，凸显出诗人超高的想象力。

直击考点

《望庐山瀑布》的作者是_____代诗人_____。诗的首句将_____形象地比喻为从香炉中升起的_____。整首诗采用_____的手法写出庐山瀑布的_____，表达了诗人_____的思想感情。

18 望天门山

诗词有故事 / 我要终老天门山

从庐山向北不远处,有一个叫上京的小村子,那里是大诗人陶渊明的故居。李白怀着虔诚的心情去拜谒了陶渊明的故居。然后他又乘上小船,扬起风帆,一路来到了安徽省当涂县与和县交界处的天门山。

在中国,叫天门山的有好几座山,仅安徽就有两座天门山,现在最出名的是湖南张家界的天门山。李白去的天门山,在今安徽当涂县城西南。

其实,天门山是长江两岸东、西梁山的合称,江北边的叫西梁山,江南边的叫东梁山。

长江在此转弯,由向东转向北流。两山夹江对峙如门,所以叫天门山。

李白乘舟顺江而下,他被眼前的景色震撼了。仿佛是一座山被激荡的江水从中劈开,东流的滔滔江水澎湃回旋,两岸的青山相对迎出,李白像一个孤胆英雄,又像一个侠客,在江面的日影之中悠然驶来。

看惯了巴蜀之地奇山怪川的李白,一下子被这座刀削斧砍的天门山给震慑住了。那时候的李白,还是个风华正茂、意气风发的少年,他的万里之行才刚刚开始。但李白就是李白,他是才子李白、剑客李白,还是公子李白、峨眉义士李白。

他胸中的激情似乎也被滔滔江水激荡起来。他对着两岸的青山大喊,可这些都不够,他要吟诗,立刻,马上!李白站在船头,不假思索,一首《望天门山》脱口而出,一气呵成。

这是他第一次路过天门山。再往南二百里地,就是他的偶像谢朓任宣城太守的地方。李白这个谁都不服的人,却"一生低首谢宣城",足见谢朓在他心目中的地位。李白的心中升腾起一个奇怪的想法:等他老了,就来山脚下隐居。然后,他要长眠于此,永远地与这里的山水为伴。

望天门山[1]

唐·李白

天门中断楚江[2]开，
碧水东流至此回[3]。
两岸青山[4]相对出，
孤帆一片日边来。

【注释】

[1] 天门山：位于今安徽省境内的长江两岸，东为东梁山，西为西梁山，合称天门山。
[2] 楚江：长江流经旧楚地的一段。
[3] 至此回：东流的江水在此转向北流。
[4] 两岸青山：指东梁山和西梁山。

译文赏析

楚江把天门山从中间冲断，滚滚江水东流到此处向北折回。两岸高耸的东梁山和西梁山隔长江而望，江面上一叶孤舟像是从天边太阳所在的地方驶来。

《望天门山》描写了烟波浩渺的长江美景，诗人以船上游客的视角，先由远及近，再由近及远地描写了天门山的景致。诗中连用了六个动词"断、开、流、回、出、来"，写出了天门山的雄奇壮阔。

首句扣题，总写天门山，诗人笔下的楚江似乎也有了神奇的力量，将天门山冲断为东西两山。次句写长江流经两山之间时激起回旋，波涛汹涌更加凸显天门奇险。三、四句紧承其上，一个"出"字，化静为动，形象生动地写出了天门山夹江对峙，由两岸伸向江心的态势。末句的"来"字写出小船由远及近、由小而大的情景。全诗意境开阔，气魄豪迈，不仅写出了大自然的鬼斧神工，也体现出诗人的广阔心胸。

直击考点

《望天门山》的第一句"＿＿＿＿＿＿＿"写出了天门山的山势奇险，这里的"楚江"指＿＿＿。一、二句中＿＿＿、＿＿＿两个字写出了长江冲决一切奔腾向前的水势；二、三句中＿＿、＿＿写出了水和山的颜色美。

19 静夜思

诗词有故事 / 夜深人静最想家

唐玄宗开元十四年（726年），李白来到了金陵，也就是今天的南京。这时候的金陵十分繁华，刚巧李白家在金陵还有生意。李白一面忙着和新朋友在酒肆茶馆里纵情畅饮，一面不忘向高官贵族呈献诗文，希望能得到他们的举荐。然而，此时的高官贵族们正忙着唐玄宗泰山封禅的事情，根本无暇顾及李白。

既然南京给不了自己想要的，李白就决定去扬州碰碰运气。扬州是淮南道大都督府的所在地，比金陵还要繁华。照例，李白到了扬州之后，又是一圈游览、交游、拜谒。

李白为人豪爽，挥金如土，整日和朋友们东城斗鸡，西郊走马，即席赋诗，醉酒舞剑。再加上经常接济落魄的文人，到扬州这一年，他居然"散金三十万"。这个很是败家的举动很快让他陷入困境——钱用完了。与此同时，家里的生意也陷入了困境，李白不能再像之前那样挥霍了。雪上加霜的是，秋夜转凉，李白突然病倒了。

这一天是中秋佳节，书童丹砂走来告诉他，他们的钱已经用光了，还欠了客栈房钱，店家甚至放出话来："要么交钱，要么滚蛋。"

明月高悬，桂花飘香，客栈里的客人都在举杯共庆中秋佳节。此时此刻，李白忽然想起王维那两句诗："独在异乡为异客，每逢佳节倍思亲。"对于同年出生的王维，李白内心一直不服气，觉得他不过是出身贵族家庭，所以更幸运罢了。然而此时此刻，李白却很是服气王维这两句诗。想想远在西蜀的父母，想想曾对自己寄予厚望的师父赵蕤，想想自己行万里路、拜万人师，却功业未成，这一天晚上，李白辗转难眠。他长久地凝望着窗外的月亮，不禁眼含热泪，随口吟出了一首《静夜思》。

静夜思

唐·李白

床❶前明月光，
疑❷是地上霜。
举头❸望明月，
低头思故乡。

【注释】

❶床：此字多有异议。一说指井台；一说指井栏；一说通"窗"字；一说指坐卧的器具。
❷疑：好像。
❸举头：抬头。

译文赏析

明亮的月光洒在床前，就像是地上泛起的一层白霜。抬头看看天上的明月，低头思念远方的家乡。

这是一首怀乡之作，短短二十个字，明白如话，通俗易懂，却影响了无数人。前两句写月光。秋天的月夜，最容易让人起怀乡之思。诗人误将"月光"疑为"霜"，一个"霜"字，既说明月光皎洁，又写出了清秋深夜的寒冷，更重要的是烘托出诗人漂泊在外的孤寂凄凉之情。后两句在一举头一低头之间，反映出诗人内心的活动，故乡的人、物、景，无不在思念之中。这首诗既没有奇特的想象，更没有华美的辞藻，它只是将一个月夜片段娓娓道来，字里行间却满是思乡之情，意味深长，耐人寻味。

直击考点

2021年北京市某重点小学小升初考试 >>>

你知道哪些跟月亮有关的诗？请写出前后连续的两句。

_____，_____。

20 黄鹤楼送孟浩然之广陵

诗词有故事 / 最开心的一次送别

  在李白山穷水尽的时候，李白的一位粉丝——扬州江都县丞孟荣救了李白。孟荣，江湖人称孟少府，他早知道李白的大名，也很喜欢李白的诗歌，不仅帮李白还清了欠款，还请大夫治好了李白的病。孟荣建议李白先成家，后立业，甚至撮合他与湖北安陆许氏联姻。这许氏可不是普通人，她是前宰相许圉师的孙女。看来，李白的好运就要来了。他决定听从孟少府的建议，去安陆看看。

  中途，李白突然想去襄阳看看他的偶像孟浩然。没错，李白也有偶像。孟浩然是山水田园诗派的代表人物，比李白大十几岁，当时的名望是李白所不能及的。孟浩然对李白的豪放性情和才华早有耳闻，因此很是欢迎李白的到来。孟浩然命人打扫出一间客房给李白和书童居住。两人整日里谈论诗歌，谈论文学，偶尔也发几句牢骚，议论一下时政。

  李白跟孟浩然说起可能到来的婚姻，没想到，孟浩然非常看好这门亲事，一来许家是世代望族，方便李白以后求仕；二来许员外待人宽厚，又藏书甚多，好相处，又方便李白继续学习。此外，许家富甲一方，在经济上能够给予李白很大支持。

  有了偶像的支持，李白也不再犹豫。告别孟浩然后，李白直奔安陆许家。许员外一眼就看中了一表人才又风流倜傥的李白，很快就让女儿和李白成了亲。成亲后，李白稍稍安定下来，不怎么出去远游，但经常去襄阳与孟浩然小聚，二人的感情在这期间急速升温。

  开元十六年（728年）的春天，李白收到孟浩然的信，说他要下一趟江南。李白决定去送行，便与孟浩然约定在安陆南面的小镇江夏见面。

  两人一同游览访友，拜会当地名流。欢乐的时光总是短暂的，孟浩然要启程了。李白去江边送行，他站在黄鹤楼下，目送着孟浩然的船离开，直至消失不见。李白怅然若失，完全忘了崔颢题的诗还在黄鹤楼上，一种强烈的离别情绪笼罩着他，一首《黄鹤楼送孟浩然之广陵》顺势而生。

黄鹤楼[1]送孟浩然之广陵[2]

唐·李白

故人西辞黄鹤楼,
烟花[3]三月下扬州。
孤帆远影碧空尽,
唯见[4]长江天际[5]流。

【注释】

[1] 黄鹤楼：故址在今湖北省武汉市蛇山的黄鹄矶上。古代的"鹄"与"鹤"通用，故名。
[2] 广陵：即扬州。
[3] 烟花：形容柳絮如烟、繁花似锦的美丽春景。
[4] 唯见：只看见。
[5] 天际：天边，天的尽头。

译文赏析

好朋友在黄鹤楼与我告别向东而去，在这烟花烂漫的三月前往扬州。船帆的影子渐渐消失在水天的尽头，只看见滚滚的长江水奔向天边。

这是一首寓情于景的送别诗。不同于其他送别诗充满离愁别绪，其意境开阔，色彩明快，因为无论是二人的相处，还是孟浩然此次的行程，都是令人开怀的。首句点明了送别的地点是一代名胜黄鹤楼。次句写送别的时间是烟花三月，目的地是扬州。"烟花三月"一词如神来之笔，既写出了烟雾迷蒙、繁花似锦的阳春景色，也让人联想到开元盛世的扬州，一片繁荣太平的景象。三、四句描写眼前景色，又不是单纯写景，表达了诗人久久不愿离去，对友人的依依惜别之情。总之，这是一场极富诗意的、两位风流潇洒的诗人的离别，以景见情，含蓄深厚，令人无限神往。

直击考点

2021年湖北省某重点小学小升初考试

"故人西辞黄鹤楼，烟花三月下扬州。"诗中的"故人"是指（　　）。
A.李白　　B.汪伦　　C.孟浩然　　D.杜牧

21 独坐敬亭山

诗词有故事 / 知己竟然是座山

唐玄宗开元十五年（727年），李白结婚了，妻子正是许员外的女儿，前宰相许圉师的孙女。三十七岁那年，李白有了儿子，他给儿子取名"伯禽"。不幸的是，李白的妻子在生下第二个儿子之后病逝了。

妻子去世后，李白又开始了漂泊的生活。他转遍了大半个中国，一边感叹着"蜀道难"和"行路难"，一边继续北上长安寻找出仕的机会。四十三岁那年，李白多年的梦想成真，他奉命待诏翰林，随时听候皇帝的召见。

有一次，李白喝得酩酊大醉的时候，被唐玄宗召进宫写诗。李白醉醺醺地进了宫，一时间得意忘形，竟然命令唐玄宗钟爱的高力士给自己脱靴子。高力士当时没有发作，之后却处处给李白使绊子。最终，李白只在宫中待了一年多就待不下去了。他决定辞官回家，唐玄宗赐金放还了李白，还封了他一个"无忧学士"的头衔，特许他在回家途中可以"逢坊吃酒，遇库支钱"。就这样，李白过上了逍遥又自在的日子，游遍大好河山，交遍天下诗友。这期间，他和他的小迷弟杜甫见了一面，两个人相谈甚欢，建立了深厚的友谊。

五十三岁那年，李白接到家族中从弟、宣城长史李昭的邀请，来到宣城。虽然宣城可以游玩的景点不少，有秋浦、清溪、玉溪潭等，李白玩得很尽兴，但还是渴望听到来自长安的消息。在秋浦边上，他忍不住放歌："白发三千丈，缘愁似个长。"李白无法真正做到心中平静安宁，他还幻想着回到长安，回到皇帝身边。

这天，李白一个人来到宣城西北郊的敬亭山上。这敬亭山本叫昭亭山，西晋初年，为了避司马昭的讳，才改了名。敬亭山是黄山支脉，有大小山峰六十多座，山头如鸟朝凤，很是壮观。李白放眼望去，云山雾罩，山峰相连。山上只有他一个人，甚至连鸟影也看不到。他在这里长时间独坐，似乎体会到了道家"坐忘"的超脱之境，一时心有所感，写下了《独坐敬亭山》。

独坐敬亭山

唐·李白

众鸟高飞尽❶,
孤云❷独去闲❸。
相看两不厌❹,
只有敬亭山。

【注释】

❶尽:没有了。
❷孤云:单独飘浮的云片。
❸闲:形容云彩飘来飘去、悠闲自在的样子。
❹厌:满足。

译文赏析

群鸟飞入高空都不见了,只剩一片孤云悠闲自在地飘浮。能够互相注视、彼此总是看不够,只有我和眼前的敬亭山了。

这是一首五言绝句。长期的漂泊生活让李白饱尝了人间辛酸,看透了世态炎凉,内心越发孤寂无奈。在游历的过程中,李白写了大量寄情山水、倾诉内心情感的诗篇,《独坐敬亭山》便是其中之一。

前两句写眼前之景,以动写静,"尽"和"闲"烘托出诗人内心的孤独。三、四句用浪漫主义手法将敬亭山人格化,"相""两"二字同义重复,把诗人与敬亭山紧紧地联系在一起,山与人的相依之情油然而生。"只有"突出了诗人对敬亭山的喜爱之情。后两句表面写人与山之间的两两相依之情,实际却是山越有情,越显得人无情,此中渗透着诗人横遭冷遇而寂寞凄凉的处境。这首诗意在借景抒情,句句写景,却处处抒情,正应了那句"一切景语皆情语"。

直击考点

《独坐敬亭山》通过对_____的描写,抒发了诗人因怀才不遇而产生的感情。"相看两不厌,只有敬亭山"运用_____的修辞方法,"两"指的是_____和_____。这首诗中,能体现出"孤独"的字词有_____、_____、_____、_____、_____。

22 古朗月行

诗词有故事 / 我眼中的月亮

唐玄宗天宝末年,大乱将至。"朗月出东山,照我绮窗前。"这一夜,李白在客栈里温书。他翻箱倒柜,找出一卷《鲍参军集》,是南朝诗人鲍照的诗。这本《鲍参军集》,李白都快翻烂了。他把鲍照看作自己的隔代师,二人同样是郁郁不得志,同样是被痛苦和憋屈贯穿一生。所以李白喜欢走鲍照走过的路,用鲍照用过的词。鲍照写:"丈夫生世会几时,安能蹀躞垂羽翼。"李白就写:"安能摧眉折腰事权贵,使我不得开心颜。"鲍照写:"自古圣贤尽贫贱,何况我辈孤且直。"李白就写:"古来圣贤皆寂寞,惟有饮者留其名。"鲍照写一首《代夜坐吟》,李白就写一首《夜坐吟》。

李白仰望天空的明月,忽然想起书箱里那些零散的诗句。又一番翻箱倒柜之后,李白找到一些零碎的纸片。他把那断纸残片拿出来,仔细端详,上面有这样几行字:"小时不识月,呼作白玉盘。又疑瑶台镜,飞在青云端。"是前些年写的。

李白有些怀念无忧无虑的童年时代,那时候,正是开元盛世,社会清平,就连月亮也那么好看。可是现在,朝廷动荡不安,李林甫和杨国忠把朝廷弄得乌烟瘴气,尤其是最近,街上到处都可以见到飘扬的旌旗,到处是被战马踏起的尘土,朝廷的征兵令一道又一道。

月亮把院子照得亮如白昼,李白仿佛看见了战火绵延、刀光剑影,百姓则流离失所,无家可归。再看月亮,像被蟾蜍咬下去了一块,也不那般明亮了。李白希望自己可以像后羿一样,射下那只可恶的蟾蜍,可惜有心无力。想到这里,李白心中又忧愁起来。

鲍照正好有一首《朗月行》,那就继续效仿鲍照写一首乐府诗《古朗月行》吧!

小时不识月,呼作白玉盘。又疑瑶台镜,飞在青云端。
仙人垂两足,桂树何团团。白兔捣药成,问言与谁餐。
蟾蜍蚀圆影,大明夜已残。羿昔落九乌,天人清且安。
阴精此沦惑,去去不足观。忧来其如何?凄怆摧心肝。

古朗月行❶（节选）

唐·李白

小 时 不 识 月，
呼 作 白 玉 盘❷。
又 疑 瑶 台❸ 镜，
飞 在 青 云 端。

【注释】

❶朗月行：乐府旧题，属于《杂曲歌辞》。
❷白玉盘：晶莹剔透的白盘。
❸瑶（yáo）台：传说中神仙居住的地方。

译文赏析

小时候我不认识月亮，就把它叫作白玉盘。又怀疑它是瑶台仙人的明镜，飞到了青云之上。

这是一首乐府诗，"朗月行"是乐府古题，属于《杂曲歌辞》。这首诗用了多个典故，比如白兔捣药，传说月亮中有仙人、桂树和白兔。古人对月食的产生缺乏科学认识，以为是癞蛤蟆食月导致的。而羿落九乌则是后羿射日的传说。

教材中只选取了前四句，写儿童时期对月亮充满童稚的认识，既可爱又新颖。诗人以"白玉盘"比喻月亮的形状，以"瑶台镜"传达出月光的皎洁。全诗想象雄奇，比喻巧妙，充分体现出李白诗歌的特点。

直击考点

《古朗月行（节选）》的作者是____代诗人____，字____，号_____，被后人誉为____。诗人在这里运用了____手法，把月亮比作_____和_____，赞美了_____的美妙和神奇。

23 赠汪伦

诗词有故事 / 最隆重的送别

唐玄宗天宝十四载（755年）暮春的一天，李白收到泾县县令汪伦的一封信，信里只有四句话："先生喜欢旅游吗？这里有十里桃花。先生喜欢美酒吗？这里有万家酒楼。"这份邀请对李白可是不可抗拒的诱惑，几乎没有多想，他就答应了。

汪伦字凤林，是歙州黟县人，也就是今天的安徽黄山人，祖上是唐朝开国功臣越国公汪华。汪伦虽然是一方县令，骨子里却是个风雅之士，平日里喜欢结交文人墨客。县令的那点俸禄完全不够他与友人游玩聚会的开销，好在汪家的家底足够殷实。汪伦也因为豪爽、好客获得了"泾县豪士"的美名。面对李白这种咖位的偶像，汪伦更是不能怠慢。

李白来到泾县，汪伦好吃好喝地招待着。流连多日，汪伦却始终不提看桃花的事。李白忍不住问汪伦："凤林贤弟，你信中所说的十里桃花和万家酒楼在哪里啊？"汪伦呵呵一笑，爽声答道："这十里桃花嘛，是本县十里之外的桃花潭，说巧不巧，桃花潭边有家酒楼，开酒楼的主人姓万，所以叫万家酒楼。我们今天喝的这酒，就是万家酒楼取桃花潭水酿制而成。"

李白哈哈大笑。他明白，汪伦这是玩了个文字游戏。虽然没有看到十里桃花，也没有见到万家酒楼，但他被汪伦这份真情所打动。两个人每日游山玩水、纵情豪饮，二人只觉相见恨晚。李白还留诗《过汪氏别业》，记述了自己在泾县受到的热情款待。

天下没有不散的筵席，李白要走了。对于李白而言，这只是他无数次游历生涯中的一次普通告别，汪伦却很伤心。汪伦亲自送李白到渡口，又在江边为他摆筵饯行，还为李白准备了丰厚的告别礼——骏马八匹，官锦十端。这还不算，汪伦又邀请一帮村民，表演了一场名为"踏歌"的民间歌舞，大家拍手踏足，挥舞双臂，载歌载舞。

虽然才相识不久，汪伦的这份深情却让李白感动异常，他将心中的情谊化为一首流传千古的《赠汪伦》。

赠汪伦

唐·李白

李白乘舟将欲行，忽闻岸上踏歌①声。
桃花潭②水深千尺，不及③汪伦送我情。

【注释】

❶踏歌：传统的群众歌舞形式，参加者围成圆圈或排列成行，互相牵手或搭肩，边歌边舞，脚下舞步多有变化。
❷桃花潭：在今安徽泾县西南。
❸不及：不如。

译文赏析

李白我将要乘船离开，忽然听到岸上传来踏歌之声。即使桃花潭水有千尺深，也比不上汪伦送我的情谊啊。

从题目可以看出，这是一首李白即兴而发的诗，坦率自然、真情流露。前两句叙事，点明离去者是李白。首句"乘舟"二字点明出行方式是走水路。次句"忽闻"二字写出诗人的意外与惊喜之情。后两句抒情，先用夸张的手法以"深千尺"赞叹潭水之深，再用"不及"二字，将水流之深与感情之深做对比，变无形的情谊为有形的千尺潭水，形象地表达了汪伦对李白那份真挚深厚的友情。

全诗感情奔放，直抒胸臆，天真自然，有一种"看似寻常最奇崛"的平淡之美，是李白诗中流传最广的佳作之一。

直击考点

《赠汪伦》这首诗前两句的表达方式是_____，点明"离去者"是____（名字），展示了一幅离别的画面。起句"_____"，说明是走水路。后两句运用_____手法，进一步说明送别的地点在_____。"_____"既说明潭水很深，又表示人物之间的情感深厚。

24 早发白帝城

诗词有故事 / 劫后余生的喜悦

李白晚年的命运和一个人密不可分，这个人便是永王李璘。唐玄宗天宝十四载（755年）十一月，安禄山造反了，叛军很快占领了洛阳。次年十一月，安禄山打进长安。唐玄宗年事已高，弃都南逃至蜀，并把皇位传给了儿子李亨，是为唐肃宗。

李亨当上皇帝，有一个人非常不服气，他就是坐拥江南的四道节度使永王、李亨的弟弟李璘。这一年年底，李璘引兵东巡，沿长江而下，他想效仿东晋王朝划江而治，割据一方。然而，一山不容二虎，唐肃宗任命高适为淮南节度使，率兵讨伐永王。

永王李璘驻军九江时，多次向李白下聘书，又派手下跑到庐山相邀。几番犹豫，李白终于下山，加入永王幕府。很快，永王兵败，被直接处死。李白仓皇而逃，跑到半路，被人抓获并投入浔阳大狱。李白在狱中写诗向昔日的好友高适求救，但高适并未回信。

时局变化，大将郭子仪先后收复长安、洛阳，肃宗和玄宗也先后返回长安。秋后算账的时刻来了，高适有功，自然要升官。李白有过，虽然加入永王的阵营不足一个月，但皇帝视他为帮凶，要杀了他。危急时刻，多年前结下的善果救了李白一命。原来，李白曾在无意中救过郭子仪。此时，平乱有功的郭子仪冒死相救，最终保住了李白的性命。但流放不可避免了，最终李白被判流放夜郎，位置大概在今贵州西部。

五十八岁的李白从浔阳出发，途经九江、江陵，再到江夏，出了三峡，就是奉节，也就是古代的白帝城。就在李白离开白帝城继续朝夜郎行进的时候，朝廷突然传来旨意，李白不用去夜郎了。原来中原大旱，朝廷为求国泰民安，大赦天下。听到这个消息，李白归心似箭，登上一艘小船，沿江飞速而下。此时此刻，在李白的眼里天边的云彩那么美，就连两岸的猿猴啼叫也动听了不少，他的心情大好，挥笔写下了《早发白帝城》。

自由放飞的日子，李白当然不会放弃游山玩水的机会。可惜好景不长，762年11月，李白病逝于当涂，也就是今天的安徽省马鞍山市当涂县。

早发白帝城❶

唐·李白

朝辞白帝彩云间，
千里江陵❷一日还❸。
两岸猿声啼不住，
轻舟已过万重山❹。

【注释】

❶白帝城：故址在今重庆奉节白帝山上。
❷千里江陵：从白帝城到江陵（今湖北荆州）约一千二百里。
❸还：归，返回。
❹万重山：层层叠叠的山，形容许多山。

译文赏析

早晨，我离开高耸入云的白帝城，只需一日便可到达千里之外的江陵。两岸猿猴的啼鸣声犹在耳边，小船已经穿过了一座又一座山。

这首诗道出了李白遇赦后无比愉快的心情。首句"彩云间"用夸张的手法写城之高之美。面对这样的美景，李白却要"朝辞"，可见其离开时的迫切心情。次句通过"千里江陵"和"一日还"这样的距离与时间对比，突出行舟之快，再次表达出诗人急切想要回到家乡的想法。后两句从听觉和视觉的角度进一步强调行船之快。"轻"字不仅写出舟行若飞的状态，更反映了李白轻松愉快的心情。"万重山"既指两岸层峦叠嶂，也是李白人生中种种艰难险阻的象征。

这首诗以轻快的语言赞美了三峡的壮丽风光，表达了诗人经过艰难岁月之后喜悦激动的心情。

直击考点

《早发白帝城》的作者是_____，他是浪漫主义诗人。这首诗描写了_____的壮丽风光，表达了诗人_____的心情。

附 录

答 案

《采薇》依依　霏霏　迟迟　莲叶何田田、迢迢牵牛星、皎皎河汉女、纤纤擢素手、札札弄机杼

《离骚》战国　楚　屈原　浪漫主义　勇于追求真理和光明

《江南》略

《长歌行》少壮不努力　老大徒伤悲

《迢迢牵牛星》盈盈一水间　脉脉不得语　古诗十九首　B

《七步诗》三国　曹植　曹操　曹丕　建安七子

《敕勒歌》敕勒歌　敕勒　阴　毡帐　现　显现

《蝉》虞世南　居高声自远　咏蝉诗"三绝"

《咏鹅》唐　骆宾王　声音　形态　动作　初唐四杰

《风》文章四友　风　咏物

《咏柳》唐　贺知章　诗狂　赞美、歌颂　丝带　柳枝　剪刀

《回乡偶书》乡音无改鬓毛衰　声音　相貌

《凉州词》欲饮琵琶马上催　王翰　醉卧沙场君莫笑　古来征战几人回

《登鹳雀楼》白日依山尽　山　黄河　更上一层楼

《凉州词》D　D项中"春风"指朝廷的关怀；ABC项均指自然界的春风。

《春晓》孟浩然　孟山人　夜来风雨声　花落知多少　热爱春天、珍惜春光

《宿建德江》孟浩然　春晓　移舟泊烟渚　日暮客愁新

《过故人庄》C

《出塞》王昌龄　王之涣　王昌龄　芙蓉楼送辛渐/采莲曲

《从军行》边塞　环境　青海　雪山　玉门关　黄沙百战穿金甲　不破楼兰终不还

《芙蓉楼送辛渐》王昌龄　悲凉孤寂的　洛阳亲友如相问　一片冰心在玉壶

《采莲曲》罗裙　脸　荷　芙蓉

《九月九日忆山东兄弟》寒食　春城无处不飞花　中秋　不知秋思落谁家　重阳　遥知兄弟登高处

《鸟鸣涧》唐　王维　摩诘　摩诘居士　诗佛　桂花　春山　月亮　山鸟　空　静

《山居秋暝》言志　松　清泉　竹　莲

《鹿柴》写景/山水田园　王维　孟浩然　傍晚　返景入深林

《画》远　近　去　来　水　鸟

《送元二使安西》劝君更尽一杯酒　西出阳关无故人

《夜宿山寺》夜晚住在山寺　夸张　高　静　对神仙般生活

《望庐山瀑布》唐　李白　水雾　紫烟　夸张　雄伟气势　热爱自然、胸怀宽广

《望天门山》天门中断楚江开　长江　开　回　碧水　青山

《静夜思》"举头望明月，低头思故乡" / "野旷天低树，江清月近人"

《黄鹤楼送孟浩然之广陵》C

《独坐敬亭山》敬亭山　拟人　诗人自己　敬亭山　尽、孤、独、闲、只有

《古朗月行》唐　李白　太白　青莲居士　诗仙　比喻　白玉盘　瑶台镜　月亮

《赠汪伦》叙事　李白　乘舟　抒情　桃花潭　深千尺

《早发白帝城》李白　三峡　喜悦激动

诗歌知识链接

咏蝉诗"三绝"

指虞世南的《蝉》、骆宾王的《在狱咏蝉》、李商隐的《蝉》。

咏物诗

大多数咏物诗都属于托物言志一类,是诗人的自比,也有部分咏物诗单纯赞美某一事物或表达一种美好的心境。比如《咏柳》和《咏鹅》都属于单纯咏物。而虞世南的《蝉》、李贺的《马诗》、王安石的《梅花》、于谦的《石灰吟》都是托物言志的咏物,通过物来表达自我的品格、志向等。

山水田园诗

指以描绘山水、反映田园生活为主的诗。

凉州词

"凉州词"是指凉州歌的唱词,是盛唐时流行的一种曲调名。凉州,是今甘肃省武威市的古称。很多诗人因为喜欢这种曲调名,纷纷为它填写新词,因此出现了不同版本的《凉州词》。

三曹

指汉魏时期曹操和他的两个儿子曹丕、曹植。他们政治上的地位和文学上的成就,对当时的文坛具有一定影响,因此被后人合称为"三曹"。

建安七子

汉建安年间的七位文学家孔融、陈琳、王粲、徐干、阮瑀、应玚、刘桢,因为对诗、赋和散文的发展做出了重要贡献,被合称为"建安七子"。

初唐四杰
初唐中后期很有才华的四位诗文作家,分别是王勃、杨炯、卢照邻、骆宾王。

文章四友
初唐诗人李峤、苏味道、崔融和杜审言的合称。他们都是宫廷御用文人,身居高位,写的诗也类似于以往的宫廷诗,但是在诗律和诗艺的研练方面却有很大进步,为唐代近体诗的定型做出了贡献。

苏李
唐朝诗人苏味道、李峤二人的合称。

王孟
唐代山水田园诗人以王维和孟浩然等为代表,二人又被称为"王孟"。

吴中四士
在初、盛唐之交,张若虚、贺知章、张旭和包融四位诗人,因名气相当,又同是吴中(今江浙一带)人,被称为"吴中四士"。

边塞四大诗人
古代以边疆地区自然风光和生活为题材写作的诗人,其诗歌以描绘边塞风光、反映塞上和军旅生活为主。唐朝时期,边塞诗人众多,其中以高适、王昌龄、岑参、王之涣最具代表性,被称为"边塞四大诗人"。

这才是孩子爱读的古诗词(中)

方木鱼 — 编著
马尔克斯文创 — 绘

北京理工大学出版社
BEIJING INSTITUTE OF TECHNOLOGY PRESS

版权专有　侵权必究

图书在版编目（CIP）数据

这才是孩子爱读的古诗词：全3册 / 方木鱼编著；马尔克斯文创绘. -- 北京：北京理工大学出版社，2023.8（2025.4 重印）

ISBN 978-7-5763-2379-5

Ⅰ. ①这… Ⅱ. ①方… ②马… Ⅲ. ①古典诗歌—中国—小学—教学参考资料 Ⅳ. ① G624.203

中国国家版本馆 CIP 数据核字（2023）第 087108 号

责任编辑：李慧智	文案编辑：李慧智
责任校对：王雅静	责任印制：施胜娟

出版发行 / 北京理工大学出版社有限责任公司
社　　址 / 北京市丰台区四合庄路 6 号
邮　　编 / 100070
电　　话 /（010）68944451（大众售后服务热线）
　　　　　（010）68912824（大众售后服务热线）
网　　址 / http://www.bitpress.com.cn

版 印 次 / 2025 年 4 月第 1 版第 2 次印刷
印　　刷 / 武汉林瑞升包装科技有限公司
开　　本 / 710 mm × 1000 mm　1/16
印　　张 / 24
字　　数 / 400 千字
定　　价 / 138.80 元（全 3 册）

图书出现印装质量问题，请拨打售后服务热线，负责调换

序
PREFACE

你知道吗？惊艳了时光的最美《诗经》其实是先秦古人的流行歌词本。

你知道吗？《敕勒歌》背后隐藏着一场"兵来将挡，水来土掩"的惨烈厮杀。

南宋年间，有一位刚烈的女词人，当她听说自己的丈夫弃城逃跑时，就写了一首诗讽刺丈夫和那些投降派。你知道是哪首诗吗？

……

《毛诗序》里说："诗者，志之所之也。在心为志，发言为诗，情动于中而形于言。言之不足，故嗟叹之；嗟叹之不足，故咏歌之；咏歌之不足，不知手之舞之足之蹈之也。"诗是人的情感所在，在心中就是"志"，说出来就是"诗"。心中动了感情，就会通过言语表达出来。如果言语不足以表达，就会感叹；如果感叹不足以表达，就会通过吟咏歌唱来表达；如果吟咏歌唱还不足以表达，就会情不自禁地手舞足蹈了。

我一直想为孩子们写一些东西。常常想，课本或史书上的某个名字、某段话、某篇文章，它们的背后到底隐藏了什么？如何让一个个名字、一篇篇文章活过来？

就从诗歌说起吧。很多小学生在背古诗词的时候，经常会犯的通病，就是要么忘了背题目，要么把作者和朝代张冠李戴。即便将诗词本身背得滚瓜烂熟，却对里面的内容一知半解。这种生吞活剥地学习古诗词的方式，未免有些暴殄天物。

文学离不开人，诗词也是，探寻熠熠生辉的中国古典诗词背后的故事，让诗词背后的人活起来，帮助中小学生摆脱死记硬背的固有模式，让他们走进古诗词的故事中去，自然而然地将古诗词融入记忆之中，便是这套《这才是孩子爱读的古诗词》出版的初衷。

一首诗，从酝酿到诞生，再到流传，最终摆在我们的案头，历经千百年。一首诗诞生于何时何地，何人何事，何感何悟？一位伟大的诗人，从呱呱坠地到寒窗苦读，在人世中历

经沉浮,直至油尽灯枯,究竟经历了怎样的喜怒哀乐、悲欢离合的一生?当代的孩子们究竟要走多远的路程,经过多少年,才能读懂这些呕心沥血的诗篇?我们试图从尘封的文字中勾勒还原出当时的细节,力图呈献给大家一个个清晰、立体、有生命感的画面。但这又谈何容易?

南宋淳熙二年(1175年),苏轼逝世七十多年后,诗人陆游和范成大都在四川做官,两个人经常聚在一起喝酒。范成大多次建议陆游给苏轼的诗写注解,陆游都以自己能力不够为由谢绝了。范成大觉得是陆游过于自谦了,陆游便随口提起苏轼的两首诗,一首是"五亩渐成终老计,九重新扫旧巢痕",另一首是"遥知叔孙子,已致鲁诸生",问范成大应该怎么解释。

范成大不以为意,想了想说:"东坡来到黄州以后,考虑着不会被朝廷起用了,于是说'新扫旧巢痕'。后来,建中初年,朝廷又召回元祐旧臣,所以说'已致鲁诸生'。大概是这样吧。"

陆游摇了摇头,说:"这正是我不敢从命的原因啊。以前的时候,朝廷以昭文馆、史馆、集贤院三馆养士,储备将相之才,苏轼便曾在史馆任职。然而,王安石变法时,撤销三馆,史馆没了,苏轼的史官职务自然就没了。所以才说'九重新扫旧巢痕'。再说'遥知叔孙子,已致鲁诸生',两句诗写于苏轼生命中的最后一年。诗里引用了一个典故:汉朝初年,叔孙通奉命制朝仪,征召鲁国诸生三十余人到中央,有两个鲁生说什么也不肯应召,被叔孙通笑骂为'鄙儒'。苏轼为什么引用这个典故呢?因为这会儿元祐旧臣都被重用了,只有他和弟弟苏辙领一份干俸,挂个闲职,不是和'鄙儒'差不多吗?如果不知道这背后的情况和心境,是不可能真正读懂这两首诗的。"自此,"陆游不注东坡诗"成为文坛一大憾事。

时过境迁,许多诗作的线索已经不甚清晰,包括写作时间、写作地点已俱不可考,甚至不乏一些在学术上存在争议的观点。尽管反复修改、小心考证,但治学犹如登山,码字犹如码砖,障目之叶难免,我们只能通过阅读并参考大量史料,尽全力去揭开冰山之一角,以期给孩子的阅读和学习带来一缕阳光、一方助力。而更多真相,还有待孩子们去探讨、挖掘!

方木鱼

癸卯年初春于古运河畔临清

目录 CONTENTS

第 5 章 盛唐诗歌

25 别董大
流落江湖的歌唱家 …………… 3

26 春夜喜雨
令人欢喜的及时雨 …………… 5

27 江畔独步寻花
浣花溪畔春光美 …………… 8

28 闻官军收河南河北
终于打了一场胜仗 …………… 11

29 绝句二首
草堂独有的春趣 …………… 14

第 6 章 中唐诗歌

01 渔歌子
当官不如去钓鱼 …………… 20

02 枫桥夜泊
会传染的离愁 …………… 23

03 寒食
一首改变命运的诗 …………… 26

04 滁州西涧
洗心革面的田园诗人 …………… 29

05 塞下曲
塞下曲中唱英雄 …………… 32

06 游子吟
难以报答的母爱 …………… 35

07 早春呈水部张十八员外
张十八，快来郊游吧 …………… 38

08 十五夜望月
十五的月夜满是相思 …………… 41

09 悯农二首
同情心爆棚的诗人 …………… 44

10 赋得古原草送别
名动京华的"高考模拟"诗 …………… 49

11 大林寺桃花
藏到寺院的桃花 …………… 52

12 暮江吟
黄昏的江景别样红 …………… 55

13 池上
小娃娃，别跑 …………… 58

目录 CONTENTS

14 忆江南
　　江南，让我如何不想你 ………… 61

15 浪淘沙二首
　　荡气回肠的江河之歌 ………… 64

16 望洞庭
　　越挫越勇的刘禹锡 ………… 69

17 江雪
　　一场孤独的大雪 ………… 73

18 寻隐者不遇
　　我找的隐者不在家 ………… 76

19 小儿垂钓
　　学钓鱼的小孩 ………… 79

20 马诗
　　我是一匹无人赏识的马 ………… 82

第 7 章　晚唐诗歌

01 江南春
　　香火鼎盛的江南佛寺 ………… 86

02 山行
　　令人驻足的山林美景 ………… 89

03 清明
　　听说杏花村有美酒 ………… 92

04 嫦娥
　　夹缝中求生 ………… 95

05 乞巧
　　赐我一双巧手吧 ………… 99

06 蜂
　　辛勤劳动的蜜蜂 ………… 101

第 8 章　两宋诗词

01 江上渔者
　　出入风波里的渔民 ………… 106

02 泊船瓜洲
　　月亮啊，何时照亮我回家的路 …… 109

03 元日
　　充满期待的新年 ………… 113

04 梅花
　　愿做墙角一枝梅 ………… 116

附录 ………………………………… 119

第 5 章

盛唐诗歌

当政治、经济相继达到一定的高度之后,文化的光芒开始照亮盛唐。这一时期,诗歌的作者从文人士大夫扩展到一般寒士,诗歌题材也从宫廷台阁走向了关山边塞。以王维、孟浩然等为代表的山水田园诗派和以高适、岑参、王昌龄、王之涣为代表的边塞诗派交映成趣,展现出一派截然不同的大唐气象。随着千年不遇的诗坛双子星座——伟大的浪漫主义诗人、"诗仙"李白和伟大的现实主义诗人、"诗圣"杜甫横空出世,唐诗进入了极盛时期。

25 别董大

诗词有故事 / 流落江湖的歌唱家

武则天长安四年（704年），高适在沧州渤海县（今河北景县）出生了。高适幼年既读书，亦习武，练了一身好本领。二十岁的时候，高适开始了四处游历的生活。

唐玄宗天宝六载（747年）的一个冬日，风雪交加，在睢阳一家小酒馆内，高适和董大相遇了。董大就是董庭兰，他和李龟年一样，都是盛唐时期著名的歌唱家、琴师。但董庭兰始终被李龟年压一头，当时盛行胡乐，董庭兰擅长的却是古琴。而且人家李龟年还有个天下头号粉丝——唐玄宗，这一点董庭兰是无法比拟的。

老友重逢，分外亲切。高适想起两人上次相见还是在房琯府第。那时，董大是房琯的门客，高适则是房琯任宋城令时结识的诗友。高适心中感慨，随口念了两句诗："六翮飘飖私自怜，一离京洛十余年。"你看我，像只小鸟一样，四处奔波没有着落，转眼间离我去京城求仕已经过去十多年了。

董庭兰说，原本房琯很欣赏他的琴艺，让他的处境大大改善。可是世事难料，就在去年，任给事中的房琯还受皇帝重用，负责在华清宫周围建造百官官署的工程，谁知工程尚未完工，却受到党争牵连，被贬做地方官。董庭兰受牵连也流落江湖。

夹一颗花生米，抿一口小酒，两个人免不了长吁短叹一番。这时，店小二不识时务地催着结账。高适摸摸口袋，不想囊中羞涩。他尴尬一笑，他的诗终于有了下半首："丈夫贫贱应未足，今日相逢无酒钱。"大丈夫谁又甘心贫贱呢？可眼下实在是掏不出这顿酒钱。

最终，还是董庭兰从怀中掏出遣散费付了酒钱。

天下没有不散的筵席。风雪之中，两人又要分别了。高适忍不住写下两首《别董大》，表达对朋友的祝福和情意。

别董大① (其一)

唐·高适

千里黄云②白日③曛④，
北风吹雁雪纷纷。
莫愁前路无知己，
天下谁人不识君⑤？

【注释】

① 董大：指董庭兰，唐开元、天宝时期的著名琴师，因在其兄弟中年纪最大，故称"董大"。
② 黄云：黄沙飞扬，云都变成了黄色。
③ 白日：太阳。
④ 曛（xūn）：落日的余光。
⑤ 君：你，此处指董大。

译文赏析

黄沙千里遮天蔽日，乌云都变成了黄色，太阳也暗淡无光。北风中大雁朝南飞去，大雪纷纷飘落。不要担心前路茫茫没有知己，普天之下还有谁不认识你呢？

这是一首送别诗。高适与董大久别重逢，短暂相聚后又要各奔一方，高适提笔写下了《别董大二首》，这是第一首。

前两句写景，通过描写北风呼啸，黄沙千里，大雪纷飞，雁群南飞，给人以凄凉悲壮之感。其中大雁南飞隐喻董大即将远行。后两句抒情，激励朋友去拼搏、去奋斗，不要害怕前路漫漫，不要向生活低头，表现了诗人乐观豁达的胸襟和人生态度，以及对朋友的深情厚谊。

这首诗雄壮豪迈，一扫离别诗缠绵幽怨的老调。名句"莫愁前路无知己，天下谁人不识君"可与王勃的"海内存知己，天涯若比邻"相媲美。

直击考点

《别董大（其一）》的作者是____朝诗人_____，这是一首_____诗，前两句运用了_____手法，描写了_____、_____、_____、_____等景物。后两句"莫愁前路无知己，天下谁人不识君"中的知己是指_____，君是指_____。全诗表达了诗人_____。

26 春夜喜雨

诗词有故事 / 令人欢喜的及时雨

712年，也就是唐玄宗登基这一年，在河南巩县（今河南巩义市），一颗诗坛巨星诞生了，他就是杜甫。杜甫出身于京兆杜氏，那是北方数一数二的名门望族，仅在唐朝时就出了十多位宰相。杜甫的爷爷杜审言是唐代"近体诗"的奠基人之一。杜甫小时候学习刻苦，七岁作诗文，九岁习书法，有事没事去看看公孙大娘的"剑器舞"。二十岁前后，杜甫开始行走江湖，其间抱着试一试的态度抽空去洛阳参加了回科考，结果没考上。

大约三十五岁之后，杜甫开始了长达十年的京漂生涯，这期间他第二次参加科举考试，结果又落榜了。不得已，杜甫也走上了向达官贵族投简历献诗的道路，最终混了个看管兵器库的小官，和库管差不多。安定之后，杜甫便急着回家探亲。他赶到奉先去探望寄住在那儿的妻儿，结果刚一进家门，就听到妻子的哭声，原来是他的小儿子饿死了。"朱门酒肉臭，路有冻死骨"，这就是杜甫在长安京漂十年的感受。

安史之乱爆发后，身陷长安的杜甫被叛军俘获。一年之后，杜甫趁乱逃了出来。杜甫要去凤翔投奔唐肃宗，一路上险象环生，风餐露宿，终于找到了唐肃宗。唐肃宗很感动，患难见真情，给杜甫封了个左拾遗。然而，杜甫刚一上任就赶上了房琯罢相事件，他忍不住为老乡仗义执言了一番，结果被贬为华州司功参军。

唐肃宗乾元二年（759年）夏天，杜甫决定弃官，但他的家乡还处于叛军的统治之下，回不去。几经辗转，杜甫一家来到了成都。最初，杜甫一家住在西郊浣花溪旁的一座寺庙里。这里优美的风景吸引了杜甫，他在附近找到了一块荒地，在友人的帮助下，建了一座草堂，就是后来的"杜甫草堂"。杜甫一家终于安顿下来。

761年的一个春夜，成都下了第一场春雨。杜甫带着欢喜的心情察看自己的小院，只见小草长出了嫩芽，枝头缀满了新绿，鸟儿叽叽喳喳地飞来飞去。一场及时雨，预示着春天真的来了。杜甫心中百感交集，提笔写下了《春夜喜雨》。

春夜喜雨

唐·杜甫

好雨知时节，当春乃①发生②。
随风潜③入夜，润物④细无声。
野径⑤云俱黑，江船火独明。
晓看红湿处，花重⑥锦官城⑦。

【注释】

① 乃：就。
② 发生：萌发生长。
③ 潜：暗暗地，悄悄地。
④ 润物：使植物受到雨水滋养。
⑤ 野径：田野间的小路。
⑥ 花重：花因为饱含雨水而显得沉重。
⑦ 锦官城：故址在今成都市南，亦称锦城。因三国蜀汉时管理织锦的官员驻守在这里而得名。

译文赏析

好雨知道该下雨的节气，正好下在春天万物萌发生长时。它随着春风在夜里悄悄落下，无声地滋润着大地万物。雨夜的田野间小路和乌云都黑茫茫的，只有江边船上的灯火格外明亮。天亮后看被雨水浸湿的花朵，整个锦官城都变成了鲜花盛开的世界。

这是一首五言律诗，描绘的是春夜雨景。首联一个"好"字直抒胸臆，表达出诗人对这场春雨的喜爱之情，"知"字运用了拟人手法将雨写得生动传神。颔联进一步解释雨的"好"。"潜入夜"和"细无声"再次用拟人手法表明雨只为滋润万物却不求人知。颈联从视觉角度写雨夜景色。"黑"与"明"相互映衬，对比强烈，给人以美感。尾联展开想象，雨意正浓，诗人却开始想象天明之后，万物生长、繁花似锦的成都春景了。

全诗描写细腻、动人。从耳闻到目睹，从当晚到次日清晨，将平常之景写得细致入微，不仅写出了诗人对春雨的无限喜爱之情，也反映了诗人关心民生疾苦的崇高思想感情。

直击考点

《春夜喜雨》的前四句运用了_____手法，描写了春雨的特点。其中首句用一个"_____"字赞美春雨，因为_____（用诗句回答）。"_____，_____"描写了雨中的夜景。全诗没有一个"_____"字，却体现了诗人对春雨的无限喜爱之情。

27 江畔独步寻花

诗词有故事 / 浣花溪畔春光美

春天是美好的，仿佛昨天还是含苞待放的花蕾，今天就全然盛开了。唐肃宗上元二年（761年）的春天，花事格外盛大，这是杜甫正式定居草堂的第二年，也是他生命中少有的比较闲适的一年。想到浣花溪边春花繁盛，香气撩人，如果能和三两酒友一起把酒临风，花间对饮，实在是一件乐事。

春光不可辜负，想到这里，杜甫就出了门。他本想找南邻的老先生一起喝两杯，结果不巧，人家早已外出多日。不过此行并非全无收获，徜徉在花海之中，杜甫简直被锦江上的繁花惹恼了，"江上被花恼不彻，无处告诉只颠狂"。人们从来都是盼春、爱春、伤春、惜春，哪里有恼春、怕春的呢？杜甫这是得了便宜还卖乖式的撒娇。

杜甫继续沿着浣花溪信步而行。不远处，穿过寂静的竹林，就见两三户人家。江深竹静，小白长红，这是独属于江边人家的花儿，"江深竹静两三家，多事红花映白花"；再往东边，抬眼而望，那是少城，"东望少城花满烟，百花高楼更可怜"。

就这样走走停停，不觉间杜甫来到了黄师塔前。春天的太阳把人晒得又懒又困，杜甫沐浴在春风里，不想动弹，索性就坐下休息。这黄师塔本是一位黄姓僧人埋骨的墓塔，墓塔旁边开了一簇桃花，有深红色的，还有浅红色的。杜甫有些纳闷，这么可爱的桃花，究竟是谁种下的呢？年过半百的杜甫早已阅遍人间沧桑，对人生和世事也有了更深的领悟，但这一刻，却被小小的花儿触动了。那就倚着春风赋诗一首吧，于是，一首《江畔独步寻花》诞生了。

江畔①独步寻花（其五）

唐·杜甫

黄师塔②前江水东，
春光懒困③倚微风。
桃花一簇开无主④，
可爱深红爱浅红？

【注释】

① 江畔：指成都锦江之滨。
② 黄师塔：指一位黄姓和尚的墓塔。
③ 懒困：疲倦困怠。
④ 无主：无人照管和观赏。

译文赏析

黄师塔前的江水向东流去，温暖的春风让人懒洋洋地发困。一簇没人照管的桃花开得正盛，我该喜欢那深红色的还是浅红色的？

这是《江畔独步寻花》组诗中的第五首，描写了桃花之美，表现了诗人爱花的心理。

首句"塔前"和"水东"，表明桃花所在方位。黄师塔高高耸立，一江春水滚滚东流，一动一静，构成一幅美妙的风景画。次句写春光怡人，让人不觉困倦。一个"倚"字，将诗人与大好春光融为一体，寓情于景，情景交融。后两句着力写桃花。桃花一簇，却无人赏识，流露出一丝淡淡的哀愁。而最后一句两个"爱"字，表现诗人对花之美的欣赏和喜爱。结句以反问作结，不仅写出了桃花争妍斗艳的景象，还为画面增添了亮丽的色彩。

直击考点

《江畔独步寻花（其五）》的作者是＿＿＿代＿＿＿＿，字＿＿＿＿，人称＿＿＿＿。这首诗描绘了＿＿＿＿＿（季节）的景色，并借景表达了诗人＿＿＿＿＿＿＿的心情。"＿＿＿＿＿＿＿＿＿＿＿＿"一句运用了＿＿＿手法，生动形象地写出了诗人与微风相伴相亲、为春风所陶醉的情景。

28 闻官军收河南河北

诗词有故事 / 终于打了一场胜仗

唐肃宗上元二年（761年）八月，杜甫的茅草屋被一场秋风给掀掉了屋顶，为此，他还写了一首《茅屋为秋风所破歌》，"八月秋高风怒号，卷我屋上三重茅"。房子受灾还不算，"南村群童欺我老无力""公然抱茅入竹去"，杜甫这日子，真的太难了。

这年冬天，和杜甫交情深厚的严武由东川节度使调任成都尹兼西川节度使。严武是一名武将，性情粗暴凶悍，对杜甫却很是尊敬。严武经常抽空带着小队人马来浣花溪草堂拜访杜甫，有时自带酒菜，有时甚至把厨子也一起带来。杜甫无以为报，只能一次次写诗表示感谢。这期间，杜甫还建议严武释放了一批罪行比较轻的囚犯，以稳定民心。杜甫这一举动，很是得民心，经常有老百姓邀请他去家里吃饭喝酒。总而言之，严武的到来，给杜甫的生活带来一丝曙光。

然而好景不长，宝应元年（762年）五月，唐肃宗去世了，严武被召回京城。严武前脚刚走，剑南兵马使徐知道就叛乱了。

同年冬天，唐代宗向回纥借兵，在洛阳打了一场大胜仗，收复河南。次年正月，史朝义自缢身亡，他的手下李怀仙把史朝义的人头献给朝廷，安史叛军的老巢河北也被收复。二月，长达八年的安史之乱正式宣告结束。大唐王朝终于挺过了最大的一场劫难。

官军收复河南河北的消息传到五十二岁的杜甫耳朵里，他欣喜若狂，一方面是为终于摆脱战乱的百姓，一方面为自己。这么多年，杜甫一直过着颠沛流离、寄人篱下的生活，没有一刻不怀念在家乡洛阳的日子。现在，洛阳又回到了朝廷的管辖之下，一想到自己马上能回到日思夜想的家乡了，杜甫提笔写下了生平第一首快诗《闻官军收河南河北》。

闻官军收河南河北

唐·杜甫

剑外①忽传收蓟北②,初闻涕泪满衣裳。
却看③妻子④愁何在,漫卷⑤诗书喜欲狂。
白日放歌须纵酒,青春⑥作伴好还乡。
即从巴峡⑦穿巫峡⑧,便下襄阳向洛阳。

【注释】

① 剑外:剑门关以南,此处指四川。
② 蓟北:即河北,泛指唐代幽州、蓟州一带。
③ 却看:回头看。
④ 妻子:妻子和孩子。
⑤ 漫卷:胡乱卷起。
⑥ 青春:指春天。
⑦ 巴峡:重庆以东的石洞峡、铜锣峡、明月峡统称巴峡。
⑧ 巫峡:长江三峡之一,因穿过巫山得名。

译文赏析

身在剑门关外忽然传来收复蓟北的消息,刚听到消息时我泪洒衣衫。回头看看妻子儿女哪里还有什么愁容,胡乱收拾起诗书欣喜若狂。阳光明媚的日子里就要放声高歌痛饮美酒,大好春光伴我一路返回故乡。马上起程从巴峡穿过巫峡,再从襄阳直奔洛阳,回到家乡。

这是一首七言律诗。首联写听闻消息后诗人的欣喜之情,"忽传"指消息来得突然,"初闻"之后,诗人积蓄多年的情感于瞬间释放,故而"涕泪满衣裳"。颔联写家人的喜悦,反过来增强了诗人的喜,以至于达到"喜欲狂"的程度。颈联紧承上联写"喜欲狂"的具体表现,既要"放歌",还须"纵酒",甚至开始畅想着和妻子儿女们"作伴""还乡"。尾联诗人的心已经飞到了家乡,并且规划好了回家的路线。诗人的惊喜在此达到高潮。这首诗感情奔涌,直抒胸臆,一气呵成,表现了诗人初闻胜利消息时的喜悦心情和急欲回乡的强烈愿望。

直击考点

《闻官军收河南河北》中描写诗人听到收复河南河北的消息喜极而泣的句子是:"_____,_____。""即从巴峡穿巫峡,便下襄阳向洛阳"营造了一幅_____的画面,表达了诗人_____的心境。

29 绝句二首

诗词有故事 / 草堂独有的春趣

杜甫的回乡梦很快就破灭了。河南河北收复了，但局势并没有多少好转。所谓前门拒狼，后门迎虎，帮助唐军平定安史之乱的回纥兵在长安城内烧杀抢掠，无恶不作，吐蕃也趁机占领了河西、陇右等地。唐朝的军队一时无力抵挡，唐代宗仓皇出逃，跑去了陕州，吐蕃兵不血刃占领了长安城。

唐代宗宝应二年（763年）四月，房琯被任命为刑部尚书。没想到几个月后，房琯就病死了。杜甫特意从梓州前往阆州去吊唁这位同乡兼好友。吊唁完毕，杜甫计划带领妻子儿女回老家洛阳。

回乡途中，听说严武再次担任成都尹和剑南节度使，杜甫很是为好友高兴。在好友的盛邀下，杜甫最终决定重回成都。就这样，在外面漂泊了将近两年之后，杜甫又回到了成都草堂。门前的小路上都是枯草和树枝，推开摇摇晃晃的柴门，庭院内更是一片狼藉，黄鼠狼打的洞到处都是。打开屋门，到处是灰尘。

邻居们听说杜甫回来了，纷纷过来帮忙，草堂很快重新焕发了生机。身处整洁的草堂内，体会许久未有的宁静，杜甫心情大好，先后写下了好几首《绝句》。

杜甫回到成都之后，在严武的推荐下，获封剑南节度府参谋，加检校工部员外郎，并赐绯鱼袋，这也是杜甫一生所获得的最高官衔，后人称杜甫为杜工部，也是从这儿来的。严武推荐杜甫当官，原本是好意，一方面为了改善杜甫的生活条件，另一方面是希望杜甫的一身才华得以施展。谁知，杜甫干得很郁闷。为人刚直讲正气的杜甫，完全忍受不了官场上的恶习，和那些趋炎附势、两面三刀的同事也难以相处。

永泰元年（765年）正月，杜甫从严武幕府辞官。他选择离开成都，重新踏上回乡之路。然而，这条回家的路，杜甫并没有走完。770年冬天，杜甫病逝在洞庭湖的一条小船上，享年五十九岁。

绝句（其一）

唐·杜甫

迟日[1]江山丽，
春风花草香。
泥融[2]飞燕子，
沙暖睡鸳鸯。

【注释】

[1] 迟日：春天，春天日渐长，所以说迟日。
[2] 泥融：这里指春天气温升高，泥土湿润。

译文赏析

沐浴在春光下的江河山岭格外秀丽,春风送来花草的芳香。燕子衔来湿润的泥土筑巢,鸳鸯栖息在暖和的沙滩上。

这是杜甫《绝句二首》中的第一首,描绘了一幅色彩鲜明、生机勃发的初春景物图。前两句"迟日""江山""春风""花草"组成一幅春日美景图。后两句以工笔细描手法写了燕子和鸳鸯。一"飞"一"睡",动静相间,相映成趣。"飞"写出了燕子的繁忙,蕴含着春天的勃勃生机;"睡"写出了鸳鸯的闲适,透出温柔的春意。这首诗意境悠远,格调清新,描摹景物清丽工致,浑然天成,体现了诗人对春天的赞叹与喜爱之情。

声律启蒙

这是一首五言绝句。一、二句的节拍为二二一,即"迟日|江山|丽,春风|花草|香"。根据诗意,三、四句的节拍应该和一、二句一样,即"泥融|燕子|飞,沙暖|鸳鸯|睡"。但为了避免结构上重复单调,诗人调换了语序,变成了如今的句式。

绝句(其三)

唐·杜甫

两个黄鹂鸣翠柳,
一行白鹭上青天。
窗含❶西岭❷千秋雪,
门泊东吴❸万里❹船。

【注释】

❶窗含:透过窗户可以看到。含,包含。
❷西岭:指成都西面的岷山。因山顶积雪常年不化,所以称千秋雪。
❸东吴:古时候吴国的领地,在今长江下游江苏、浙江一带。
❹万里:指东吴到成都的路程遥远。

译文赏析

两只黄鹂鸟在翠绿的柳树上鸣叫，一行白鹭飞向蔚蓝的天空。透过窗户可以看见西岭雪山千年不化的积雪，门外停泊着从万里之外的东吴来的船只。

这是杜甫《绝句四首》中的第三首。前两句"黄鹂""翠柳""白鹭""青天"突出了黄、翠、白、青四色，构成一幅富有生机的春日美景图。三句写西岭雪山上的积雪，一个"含"让人感觉远处的雪景似乎是嵌在窗框中的一幅画。末句写来自东吴的船，一个"泊"字，表面写船，实则暗指杜甫多年漂泊不定的状态。

这首诗表面是在写轻松明快的春景，实则寄托着诗人对时光流逝、孤寂生活的失落之意，更写出了诗人在重获一线希望之后的复杂情感。

声律启蒙

这是一首七言绝句，并且两联皆用了对仗，是典型的"工对"。工对也称严对，指工整的对仗，即两句在词性、词类、句型等方面分别整齐相对，甚至同一词类中，即便分成若干小类，也能严整对仗。比如，仅名词对仗还不够，名词下面分出来的天文、时令、地理、器物、鸟兽虫鱼等门类，也要完全对仗。这首诗中的"两个"对"一行"，为数量结构对数量结构，"黄鹂"对"白鹭"，属于名词中的禽类相对，"翠"对"青"，是形容词中的颜色相对，全都对仗得非常细腻、工整。

直击考点

《绝句（其一）》中表示动作的词有_____，描写的事物有_____。

《绝句（其三）》中表示颜色的词有_____，表示数量的词有_____。

第 6 章

中唐诗歌

从开元盛世到安史之乱,唐朝呈现出断崖式陨落。虽然唐朝没有就此消失,但已元气大伤。时局的变迁,让许多人的出仕欲望和热情逐渐被消极避世的隐逸情怀所取代。诗歌里的盛唐气象不再,诗人们也形成了众多流派,其中有吟咏山水、称道隐逸的大历十才子,有包括韩愈、孟郊、贾岛、李贺等人在内的韩孟诗派,有以白居易、元稹为代表的元白诗派,还有以柳宗元和刘禹锡为代表的政治诗人。其中,白居易高举着"文章合为时而著,歌诗合为事而作"的大旗,成为继李白、杜甫之后的又一位大家。

01 渔歌子

诗词有故事 / 当官不如去钓鱼

唐玄宗开元二十年（732年）正月初一，京城长安，迎春的爆竹声此起彼伏。在监察御史张游朝的行馆里，张夫人诞下一个男婴。产子之前，张夫人梦到有位神仙让她吞服了一只灵龟。张游朝按照长子"松龄"、次子"鹤龄"的名字，给新生儿取名叫张龟龄，蕴含道家追求长生之意。

张龟龄三岁读书，六岁作文，八岁时跟着任东宫侍讲的父亲到翰林院玩，过目不忘的本领让翰林院的老学究啧啧称奇。在翰林院，张龟龄与还是皇子的李亨成了玩伴，两个人一起读书写字，爬树掏鸟窝，建立了深厚的友谊。

李亨觉得自己和张龟龄志同道合，很想跟他拜把子，可想想不妥，于是赐名"志和"，字"子同"。就这样，张龟龄同学就改名"张志和"了。

至德元年（756年），李亨登基，是为唐肃宗。因为和皇帝的特殊关系，张志和的官当得顺风顺水，很快达到了正三品。

次年，唐肃宗决定向回纥借兵，收复京师，还答应了回纥的一系列条件。张志和觉得这一方案很是不妥，极力反对。然而，唐肃宗主意已定，不容许任何人来捣乱，好朋友张志和也不行。就这样，张志和的当官之路第一次遇到了坎坷，被贬为南浦尉。而此后张志和的生活也陷入了低谷，先是父亲去世，然后母亲也病逝了。接连受打击的张志和，接下来又受到了第三重打击——他的妻子突然去世了。伤心欲绝的张志和看破红尘，一心只想浮三江、泛五湖，以钓鱼为乐，还给自己取了个雅号叫"烟波钓徒"，从此浪迹江湖。

大约在775年的春天，张志和与好朋友颜真卿等人在浙江湖州吴兴苕溪畅游，天空飘着蒙蒙细雨，几人泛舟来到西塞山前。眼看着白鹭飞，桃花开，鳜鱼肥，张志和诗兴大发，一路游，一路写，一连写下了五首《渔歌子》。写词还不够，据说张志和后来还亲自给第一首词配了画，这幅画也备受推崇。

渔歌子① (其一)

唐·张志和

西塞山②前白鹭飞，
桃花流水③鳜鱼④肥。
青箬笠⑤，绿蓑衣⑥，
斜风细雨不须归。

【注释】

① 渔歌子：词牌名，原为唐教坊名曲。
② 西塞山：在今浙江湖州。
③ 桃花流水：桃花盛开季正是春水盛涨时，又称桃花汛。
④ 鳜（guì）鱼：又称桂鱼，肉质鲜美。
⑤ 箬笠（ruò lì）：斗笠，用竹叶或竹篾编织的帽子。
⑥ 蓑（suō）衣：用草或棕叶编制的雨衣。

译文赏析

西塞山前的白鹭在自由飞翔，桃花盛开的季节，江水上涨，鳜鱼肥美。渔翁头戴青斗笠，身披绿蓑衣，在斜风细雨中悠然垂钓，并不急着回家去。

"渔歌子"是词牌名，源于吴地吴歌中的渔歌，张志和是唐代最早填词的词人之一，对后来的词人影响很大。这首词写的是江南水乡渔翁在雨中捕鱼的情景。首句西塞山点明地点。次句桃花、流水、鳜鱼点明时节是春季。三、四句出现了人，一个头戴箬笠、身披蓑衣的渔翁，即使斜风细雨也不着急回家，和前面的白鹭构成一幅闲适的画面。

全诗色彩明丽，语言鲜活生动，画面感强，再现了一个悠闲自在的渔翁形象，也寄托了诗人对自由、对隐居生活的向往和热爱。

直击考点

《渔歌子（其一）》的体裁是_____。前三句写景，时间在_____季，地点在_____。作者写景时十分注重色彩的描写，如鹭的颜色是_____，箬笠和蓑衣的颜色分别是_____和_____，给人秀丽、清新之感。最后一句写_____，生动地表现了渔翁_____的生活情趣。

02 枫桥夜泊

诗词有故事 / 会传染的离愁

唐玄宗在位时的某一天，湖北襄阳张家诞生了一个男孩。父亲给他起名张继，寓意继往开来。那时恰是盛唐的尾巴，所以张继的少年时代还是很幸福的，感受着太平盛世的美好。

天宝十二载（753年），即安史之乱爆发的前两年，青年才俊张继带着家乡父老的期待，来到繁华的京城长安，参加科举考试。结果，张继不负所望，一举得中进士。

中进士并不意味着立即就会有官做。在唐朝，凡是通过科举考试的人，文官去吏部，武官去兵部报道，经过审查合格，才有官做。等待考核期间，举子们一般都会结交权贵，攀附关系，希望早日获得官职，谋个好前程。但张继心高气傲，不屑于这一套。用他的话说就是"终年帝城里，不识五侯门"，别看常年在京城混，可那些权贵的门我一个都不认识。

张继考上进士两年后，安史之乱爆发了。还等啥，连皇帝都跑了，那就跑吧。最终，张继决定去相对安定的江南避乱。

唐肃宗上元二年（761年）的秋天，张继乘船来到苏州枫江边上。夜深了，月上中天，张继辗转难眠。行至枫桥下，乌鸦凄凉的叫声让寒意又加深了几分。前方出现了星星点点的渔火，不远处的寺庙里突然传来撞钟的声音。张继伫立在船头，那一霎，仿佛是醍醐灌顶，他觉得那钟声不是响在耳边，而是敲在他的心坎上。千愁万绪涌来，一首《枫桥夜泊》横空出世。

一孔桥，一座寺，一艘船；一个人，一辈子，一首诗。张继吟毕，两行热泪不觉滑落。此诗一出，每个人都从中读出了自己的忧伤。落第的举子读出了壮志未酬的遗憾，失恋的人读出了肝肠寸断的悲伤，思乡的人读出了背井离乡的辛酸……此后历朝历代，这首诗都被人们争相传诵，甚至漂洋过海，传到了日本。

枫桥①夜泊

唐·张继

月落乌啼②霜满天③，
江枫渔火对愁眠。
姑苏④城外寒山寺⑤，
夜半钟声到客船。

【注释】

① 枫桥：在今苏州市西郊。
② 乌啼：一说为乌鸦啼鸣，一说为地名，指乌啼镇。
③ 霜满天：形容严寒，空气极冷。
④ 姑苏：苏州的别称，因城西南有姑苏山而得名。
⑤ 寒山寺：在今苏州市西枫桥镇。

译文赏析

月亮已落下，乌鸦啼叫，寒气满天，面对江边枫树和船上的渔火，我忧愁难眠。姑苏城外那寒山古寺，半夜里敲响的钟声传到了我乘坐的客船。

这首羁旅诗以一个"愁"字统摄全诗，意境极美，千百年来影响了一代又一代人。前两句意象丰富，落月和啼乌一静一动，江枫和渔火一暗一明，满天霜和不眠人一个在天上、一个在舟中。残月半落，乌鸦悲啼，霜华满天，江枫落叶，渔火一点，怎能不令人生愁，辗转难眠？"对愁眠"三个字恰是本诗的诗眼所在。后两句写了城、寺、钟声和客船，写出了夜的静谧、夜的孤独、夜的寒寂，意境旷远，诗人的愁苦尽在不言中。

直击考点

2021年湖南省长沙市小升初考试 »

读下列关于四季景色的诗句，按照季节先后顺序排列应是（　　　　）。

A. 卷地风来忽吹散，望湖楼下水如天。
B. 天街小雨润如酥，草色遥看近却无。
C. 月落乌啼霜满天，江枫渔火对愁眠。
D. 千山鸟飞绝，万径人踪灭。

03 寒食

> 诗词有故事 / 一首改变命运的诗

当李白、杜甫、王维、孟浩然各自凭诗名闯出一番天地的时候，年轻的韩翃还是长安城中一个落魄的文人。

唐玄宗天宝十三载（754年），韩翃考中进士，回河北昌黎老家省亲，妻子柳氏独留长安。不久，安史之乱爆发，长安一片混乱，柳氏不知所终。后来，唐军收复长安，韩翃在淄州节度使侯希逸手下当书记，之后便开始了漫长的寻妻之旅。最后这事竟然惊动了皇帝，皇帝一纸诏书，终于让夫妻二人团聚。

韩翃和柳氏相亲相爱，生活上很是幸福，然而他的仕途却不见起色。韩翃一度在家闲居了十年，无聊之际，就写诗自娱。

有一年寒食节，京城到处繁花盛开，柔软的柳枝在春风中摇曳。家家户户就在这美景之中，严格遵守着节日的习俗，忍受着肚子的不适——不能生火做饭，只能吃冷的食物。

谁知，到了傍晚时分，从皇宫中走出一支由宫人组成的队伍。宫人们的手里捧着蜡烛，出宫门后，分头朝着豪门权贵的住所而去。

本来，按照唐朝的规矩，要等到清明这一天，皇帝才会把榆树或柳树火把赏赐给近臣，一来标志着寒食结束，大家可以生火做饭了，二来激励官员们向立功却不受禄的介子推学习。不过，到了中唐时期，帝王宠幸的豪门权贵连寒食节也能突破禁忌，享受用火的特权。韩翃看到这里，心有所感，写了一首《寒食》。

没想到，这首诗有一天被唐德宗无意中看到了。唐德宗觉得韩翃很有才华，正好身边缺一个起草诏书的人，便点名要韩翃给自己当秘书。恰好，江淮刺史也叫韩翃，唐德宗只得说："我就要那个'春城无处不飞花'的韩翃。"

就这样，韩翃的官运来了。韩翃在唐德宗身边不断晋升，最终官至中书舍人，彻底告别了曾经一穷二白靠人接济的日子。

寒食

唐·韩翃

春城①无处不飞花，
寒食东风御柳②斜。
日暮汉宫③传蜡烛，
轻烟散入五侯④家。

【注释】

① 春城：暮春时的长安城。
② 御柳：皇宫中的柳树。
③ 汉宫：此处代指唐朝皇宫。
④ 五侯：此处指受天子宠幸的豪门权贵。

译文赏析

暮春的长安城到处柳絮飘飞、落红纷纷，寒食节的东风吹拂着皇宫中的柳树。傍晚时分，皇宫中开始传出用于赏赐的蜡烛，袅袅的轻烟随之飘散到权贵豪门家中。

这首诗首句写春天的长安城中处处飞花，一个"飞"字，明写花而暗写风，不仅表现春天的勃然生机，还点明时间是暮春时节，也令"春城无处不飞花"成为名句。次句写风拂御柳，一派皇城风光，点出时间是寒食节。三、四句由白天转入夜晚，写皇宫中走马传烛的画面，一个"传"字使人如见蜡烛之光，一个"散"如闻轻烟之味。而"汉宫"和"五侯"则是借古讽今，实指中唐以来，朝廷腐败，皇帝宠幸外戚与宦官，对这种特权现象进行了含蓄委婉的讽刺。

直击考点

2021年北京市东城区小升初考试 >>>

下面诗句中，和我国传统民风民俗有关的是（　　）。

A. 日暮汉宫传蜡烛，轻烟散入五侯家。
B. 粉身碎骨浑不怕，要留清白在人间。
C. 京口瓜洲一水间，钟山只隔数重山。
D. 春色满园关不住，一枝红杏出墙来。

04 滁州西涧

诗词有故事 / 洗心革面的田园诗人

有人一生都到不了罗马，可有人出生就在罗马。韦应物就是这样一个出生在罗马的人。

韦应物出身于"城南韦杜，去天尺五"的关陇大族长安韦氏，韦家在整个唐朝出了十七位宰相，比杜家还要多。顶着这样一个世家光环，韦应物在十三岁时被父亲安排到宫中做侍卫，十五岁升为唐玄宗的近侍。年纪轻轻就享受如此待遇，这让韦应物不由得骄傲起来。他开始在长安城嚣张横行，早晨赌博，夜里出去鬼混，家里藏着亡命徒，官府也不敢管。如果照着这样的人生轨迹发展下去，韦应物大概率不会成长为和王维、孟浩然、柳宗元并称"王孟韦柳"的田园诗人。

唐玄宗天宝十四载（755年），安史之乱爆发，这场战乱改变了很多人的命运，包括韦应物。一天早上，大臣们上朝时发现皇帝居然不见了。作为御前带刀侍卫韦应物还不知道，唐玄宗已经逃跑了。皇帝都跑了，还要韦应物干什么？就这样，韦应物从皇帝身边的红人变成了丧家之犬，经常连饭都吃不饱。

值得欣慰的是，韦应物在乱世之中找到了自己的真爱，新娘元苹是北魏皇室、鲜卑贵族之后。在妻子的鼓励之下，二十多岁的韦应物开始洗心革面，发奋读书。

唐德宗建中四年（783年）的夏天，韦应物外放滁州刺史。还没等他发光发热，只干了一年，就被免去了官职。韦应物想回长安老家，却苦于没有路费，他干脆在城外的西涧之滨盖了几间房子，过起了上山逮兔子、下河摸鱼的悠闲生活。

贞元元年（785年）的春夏之交，天空飘着小雨，韦应物来到滁州西涧。他闲步水边，看到无人过问的小草，听着树丛里的黄鹂鸟叫，水流急促，一艘小船横在溪中。韦应物心有所感，写下了《滁州西涧》。后来，韦应物又先后担任江州刺史和苏州刺史。被免去苏州刺史后，韦应物寄居于苏州永定寺。790年年底，韦应物病死于苏州。

滁州①西涧②

唐·韦应物

独怜③幽草涧边生，
上有黄鹂深树④鸣。
春潮⑤带雨晚来急，
野渡无人舟自横。

【注释】

① 滁州：今安徽滁州。
② 西涧：在滁州城西，俗名上马河。
③ 怜：喜欢，喜爱。
④ 深树：枝叶茂密的树林深处。
⑤ 春潮：春天的潮汐。

译文赏析

偏偏喜欢涧边幽谷里的小草，还有树林深处啼鸣的黄鹂鸟。春潮上涨暮雨淅沥，溪流湍急，只有一只无人的小船横在水面上。

这是一首有名的山水诗。前两句写春景，幽幽春草，树枝上鸣叫的黄鹂，写出了诗人恬淡闲适，不愿与人同流合污、高居媚时的志向。后两句写野渡，春潮带雨，野渡舟横，以流动之景写闲淡之情，虽有几分荒凉，但一个"自"字体现出悠闲自得的雅趣。如果进一步考虑到诗人此时刚被免职，也有几分不能为朝廷所用的无奈和怀才不遇的不平。

这首诗借景写意，景中寓情，写出了难写之景，表达出了难言之情，是韦应物的代表作。

直击考点

《滁州西涧》的作者是____朝诗人_____。诗的前两句中"幽草涧边生"是____景，"黄鹂深树鸣"是____景。全诗表达了诗人_____。

05 塞下曲

诗词有故事 / 塞下曲中唱英雄

卢纶出身于范阳卢氏。他生于乱世,父亲早早去世,很长一段时间,卢纶都寄居在舅舅家。他的舅舅名叫韦渠牟,曾拜诗仙李白为师,很受唐德宗的欣赏。

尽管卢纶的童年过得有些艰难,但他读书很用功。遗憾的是,他几次参加科举考试,都名落孙山。

好在卢纶的诗写得好,还凭超群的才华跻身"大历十才子"的圈子。卢纶的社交能力也很强,连宰相元载、王缙等一众大权在握的重臣都成了他的好朋友。没错,王缙正是诗人王维的弟弟。

在元载和王缙的大力举荐下,卢纶的官路顺畅了不少,先后任集贤学士、秘书省校书郎,后来又升任监察御史,也就是在古代的国家纪律检查部门上班,官不大但权力不小,百官都很忌惮。后来,卢纶还去了杜甫的老家当父母官,出任河南巩县令。

好景不长。后来,元载、王缙获罪,卢纶受到牵连,还被拘禁到大狱中。直到唐德宗继位,卢纶才又被任命为昭应县令。建中四年(783年),武将朱泚在长安兵变称帝,唐德宗不得已跑到了奉天,并命令咸宁王浑瑊平叛。浑瑊很欣赏卢纶,召他为元帅府判官,这是一个类似师爷的职位,负责出谋划策。

贞元十三年(797年),中唐名将、徐州刺史张建封来到长安觐见唐德宗。张建封年轻时曾经单枪匹马招安了几千马贼,后来又带兵平定了扰乱半个大唐的李希烈叛乱。张建封虽然是军人,却雅好诗文,收留过韩愈,还上书皇帝取消了白居易《卖炭翁》中所说的宦官到民间强买的"宫市"政策。文人士大夫纷纷写诗作文称赞张建封的功劳,卢纶也不能免俗,写了一组六首《和张仆射塞下曲》,又称《塞下曲》。经过安史之乱后,唐军的战斗力大不如前,但卢纶仍然写出了唐军的英勇善战。

塞下曲①（其三）

唐·卢纶

月黑雁飞高，
单于②夜遁③逃。
欲将④轻骑逐，
大雪满弓刀⑤。

【注释】

① 塞下曲：唐代新乐府名，多写边塞军旅生活。
② 单于：匈奴的首领。此处泛指入侵的游牧民族首领。
③ 遁（dùn）：逃走。
④ 将：率领。
⑤ 弓刀：弓字形的军刀。

译文赏析

月黑之夜，天边大雁惊飞。原来是敌军的首领想要趁着夜色逃跑。正要带领轻骑兵追赶的时候，大雪纷纷扬扬落满弯曲如弓的军刀。

这首诗又名《和张仆射塞下曲》。《塞下曲》为汉乐府旧题，属"横吹曲辞"。

首句写景，烘托战前紧张气氛。次句写敌军溃败逃走，充满了对敌人的蔑视之情。后两句写战士们准备追敌的场面，而一场大雪则表现出边塞生活的艰苦和不易。

全诗写得雄壮豪放，充满英雄气概，令人振奋。虽未直接写战斗场面，却给读者留下了广阔的想象空间。

直击考点

唐代宗大历时期，出现了包括李端、卢纶、韩翃等十位诗人的诗歌流派，被称为_____。其中，诗人_____写的《塞下曲》，是一组非常有名的_____诗。

06 游子吟

诗词有故事 / 难以报答的母爱

唐玄宗天宝十载（751年），孟郊出生在湖州武康（今浙江省湖州市德清县）。他的父亲做过昆山尉，不过在孟郊六七岁的时候就去世了。孟郊的童年是在安史之乱中度过的，幸好母亲用柔弱的双肩担起了家庭的重担。

孟郊小小年纪便显露出过人的才华，他的科举之路却很不顺畅，直到四十多岁才被举为乡贡进士，获得进京考试的资格。连续参加了三次科举考试之后，孟郊于贞元十二年（796年）进士登第。

半生时光，一朝梦圆，四十六岁的孟郊在长安城的大街上骑马狂奔，写下了著名的《登科后》："昔日龌龊不足夸，今朝放荡思无涯。春风得意马蹄疾，一日看尽长安花。"

中进士之后，照例是等待。这期间，孟郊和韩愈成了忘年交。眼看着孟郊头发都白了，朝廷却始终不任用他，韩愈不遗余力地替孟郊打广告："低头拜东野（孟郊的字），原得终始如驱蚩。东野不回头，有如寸筵撞巨钟。我愿身为云，东野变为龙。"意思是，我想和东野永不分离，东野如果真要走，我也无法挽留。我若能化身为云，孟东野就变成龙。

等了四年后，孟郊终于得了个溧阳尉的芝麻小官。孟郊上任后干的第一件事就是把母亲接到溧阳。这一天，孟郊早早来到溧水岸边，近了，更近了，他看到一艘小船，船头站着一位古稀之年的老太太。几年不见，母亲更老了。他想起自己当年挑灯夜读，路过母亲的房间，灯还亮着。他看见母亲正在给他缝补衣裳。孟郊的心中一阵伤感，一首《游子吟》在心中酝酿而成。

三年后，孟郊辞去溧阳尉。后来，他在东都洛阳谋了一份差事。生活算是安定下来了，但孟郊"悲催"的命运没有改善。几年后，孟郊的母亲去世了。又过了几年，孟郊的三个儿子居然先后夭折，这对孟郊是个沉痛的打击。唐宪宗元和九年（814年），孟郊暴病而亡，死在河南阌乡（今河南西阎乡）。

游子吟[1]

唐·孟郊

慈母手中线，游子身上衣。
临行密密缝，意恐迟迟归。
谁言寸草[2]心，报得[3]三春晖[4]。

【注释】

[1] 游子吟：乐府曲调名，出自苏武五言诗"请为游子吟，泠泠一何悲"。游子，古代指远游的人。
[2] 寸草：小草。此处比喻子女。
[3] 报得：报答。
[4] 三春晖（huī）：春天的阳光，此处指慈母恩。三春，古代农历正月、二月、三月分别称孟春、仲春、季春，合称三春。晖，阳光。

译文赏析

慈祥的母亲手里拿着针线，为将要远游的孩子缝制新衣。临行时一针针密密地缝缀，担心孩子迟迟不能回家。就像春天的小草难以报答春日阳光的情谊，我如何报答得了母亲的养育之恩呢？

这首歌颂母爱的诗，千百年来一直为人们所传诵。

开头两句，场景简洁，一个慈母缝衣服的场面，打动了无数离家在外的游子。中间两句通过母亲为游子赶制衣服的动作和心理描写，写出母亲心中的担忧。前四句写日常生活细节，以白描手法表达最深沉的母爱，真情流露。最后两句以反问句升华主题，感染力强，引人共鸣。全诗朴实真挚，亲切感人，打动了一代又一代人。

直击考点

《游子吟》是____朝诗人_____的_____古诗。全诗采用了_____手法，前四句描写了_____的场景，歌颂了母爱的伟大与无私。最后两句诗人用小草比喻_____，用_____比喻子女的心，用_____比喻深切伟大的母爱。

07 早春呈水部张十八员外

> 诗词有故事 / 张十八,快来郊游吧

作为孟郊的忘年好友,韩愈的生活、科举、为官之路,也很艰辛。韩愈两岁丧母,三岁丧父,十二岁的时候哥哥也死了,他是由嫂嫂抚养长大的。而且,韩愈一连考了四次才考中进士。

唐德宗贞元十二年(796年)冬天,经过孟郊的介绍,韩愈和张籍相识了。二人相见恨晚,"连延三十日,晨坐达五更",一连三十天,天天从早聊到晚。"出则连辔驰,寝则对榻床",出门同坐一辆马车,睡觉也要床对着床。当时韩愈任汴州进士考官,便留张籍在城西书馆读书,让他安心备考。尽管比张籍小两岁,韩愈却像老师一样对张籍多有指导。

唐宪宗元和十四年(819年)正月,唐宪宗梦想着长生,一心求仙问佛,还派人将佛骨舍利迎入宫中,在长安引发了一波信佛狂潮。当时,韩愈刚刚因为军功被封为刑部侍郎,他不顾个人安危写了一篇《论佛骨表》极力反对皇帝的行为,而且,话里话外暗示谁信佛谁就是短命鬼。这可触动了皇帝的逆鳞,结果,韩愈被贬到了荒无人烟的潮州。

一年以后,唐宪宗被身边的两个宦官杀死了。即位的唐穆宗很欣赏韩愈,把韩愈召回京城,还给了一串头衔——兵部侍郎、吏部侍郎、京兆尹兼御史大夫。

长庆三年(823年)的早春,心情大好的韩愈向好友张籍发出邀请——去长安城外踏春。张籍一直体弱多病,韩愈担心他只顾着工作,把身体拖垮了,想着邀请他出来放松一下身心。可之前几次邀请都被张籍推掉了,韩愈有些扫兴。这一次,韩愈忍不住写了两首《早春呈水部张十八员外》来调侃张籍。除了我们熟知的第一首,第二首是这样写的:"莫道官忙身老大,即无年少逐春心。凭君先到江头看,柳色如今深未深。"文昌啊,别因为公务缠身,就失去了年少时追赶春天的心情。我诚挚地邀请你到江边看看,柳色是不是又深了几分。

次年,五十七岁的韩愈在长安病逝。在最后的岁月里,张籍一直陪在韩愈身边。临终的一刻,韩愈遣散所有仆从,只留张籍一人在房中,可见二人情深。

早春呈[1]水部张十八员外（其一）

唐·韩愈

天街[2]小雨润如酥[3]，
草色遥看近却无。
最是一年春好处，
绝胜[4]烟柳满皇都[5]。

【注释】

[1] 呈：呈上，恭敬地献给。
[2] 天街：京城的街道。
[3] 润如酥：酥，酥油，此处形容春雨细腻。
[4] 绝胜：远胜。
[5] 皇都：帝都，此处指长安。

译文赏析

京城大街上的春雨细腻湿润，从远处看，草色朦胧连成一片，走近却只看到稀疏的小草。一年中最美的就是这早春的景色，远远胜过满城绿柳如烟的暮春时节。

这是一首描写早春美景的七言绝句，语言清新自然，刻画细腻生动，充分表达了诗人对早春的热爱和赞美。

首句"润如酥"的比喻让人耳目一新，突出了早春小雨的细滑润泽。次句写出了初春小草沾雨后的朦胧景象。仿佛一夜之间，经过一场春雨，原先还光秃秃的大地冒出了片片草芽，可仔细走近一看，却又似有似无。三、四句赞美了初春景色，一年之计在于春，而京城的早春又是最美的。

全诗不仅表达了诗人对早春景象的欣赏和喜悦之情，还透露出诗人希望和好友一起走出家门、踏春游玩的消息。

直击考点

《早春呈水部张十八员外（其一）》是____代诗人_____送给好朋友_____的诗，描写了_____时节雨后的美丽景象。诗中有一组反义词是____与____。

08 十五夜望月

诗词有故事 / 十五的月夜满是相思

王建是河南许昌人，妥妥的寒门子弟。王建出生的时候，唐朝最辉煌的时期已经过去了。他的人生就在盛唐与乱世的过渡中开启了。用王建自己的话说，就是"终日忧衣食，何由脱此身"。意思是：我这一辈子都在为吃穿发愁，过着颠沛流离的生活，什么时候才能摆脱这种日子呢？

二十岁前后，王建外出求学，结识了诗人张籍，二人成为同窗好友。两个人都喜欢写乐府诗，他们的诗歌被后人并称为"张王乐府"。

大历年间，王建考中了进士，但是在朝廷里等待分配的人那么多，王建又没有门路，于是他选择了一条和别人不一样的路——参军。在边塞诗人李益的引荐下，王建来到河北幽州刘济幕府中任职，说得好听点是从军报国，说得实际些就是混口饭吃。

作为藩镇的低级幕僚，王建免不了来回奔波，他曾往返扬州、荆州等地，行走在被战火摧残过的土地上。他把底层百姓的苦难诉诸笔端，用一首首诗歌记录下来。雨雪中拉纤的纤夫、饥年勉强纳租的农民、昼夜织布的贫家女、养蚕妇、征夫都成了王建笔下描写的对象。

快五十岁的时候，王建厌倦了军中幕府生活，于是前往京师长安重新找出路。两年后，王建谋得一个昭应丞的职位，这是个从七品的芝麻小官。

京官的优势就是更加靠近宫廷，在这里，王建的诗歌开始发生转变，他的笔触更多伸向了宫墙之内。王建一口气写了一百首《宫词》，这让他名气大涨，很快成为中唐诗坛的明星，并得以和韩愈、白居易、刘禹锡、杨巨源等人成为好友。

在王建的挚友之中，杜元颖是和他私交较好的一位。杜元颖是唐初宰相杜如晦的后代。这一年的中秋夜，欢宴过后，琴客的琴声骤起，月光如水，树上传来鸦鹊的叫声。王建想起了独身一人在外为官的郎中杜元颖，心里思念万分，于是一首《十五夜望月寄杜郎中》在月光的照耀下诞生了。

十五夜①望月

唐·王建

中庭②地白树栖鸦，
冷露③无声湿桂花。
今夜月明人尽望，
不知秋思④落谁家。

【注释】

① 十五夜：指农历八月十五中秋夜。
② 中庭：庭中，庭院中。
③ 冷露：秋天的露水。
④ 秋思：秋天的情思。

译文赏析

月光洒落庭院，地面一片洁白，秋天清冷的露水，无声地打湿了庭院中的桂花。今夜明月当空，人人都在抬头仰望，不知道这秋日的思绪究竟落到了谁家。

这首诗又名《十五夜望月寄杜郎中》。前两句写景，后两句抒情，意境优美，韵味无穷。首句的"地白"二字写秋霜，很容易让人联想到李白的"床前明月光，疑是地上霜"。次句"冷露无声湿桂花"既写现实中的桂花树，又让人想到月亮中的桂树，带给人以美的联想。月圆之夜，最易思念故乡和亲友，后两句用一个疑问句将对友人的思念之情表现得蕴藉深沉。

全诗通过描写中秋月色和望月情思，展现出一幅寂寥、冷清的中秋夜望月图，表现出诗人怀友思乡的情绪，委婉动人。

直击考点

2021年广东省深圳市小升初考试 >>>

下列诗词名句中，与中秋节有关的一项是（　　）。
A.明月别枝惊鹊，清风半夜鸣蝉。
B.野旷天低树，江清月近人。
C.今夜月明人尽望，不知秋思落谁家。

09 悯农二首

> 诗词有故事／同情心爆棚的诗人

唐代宗大历七年（772年），李绅出生了，因为在家族中排行第二十，后来江湖人称李二十。和他同年出生的，还有白居易和刘禹锡，以及他日后的贵人吕温。

李绅祖籍亳州谯县（今安徽亳州），他的曾祖父李敬玄曾官至中书令，但到他父亲李晤这里，只当上了县令一类的小官。李绅六岁的时候，父亲去世了，他跟着母亲卢氏迁到了润州无锡。母亲成了他的启蒙老师，教他读书习字。李绅从小立志摆脱贫困，振兴家族，读书非常刻苦。

唐德宗贞元十四年（798年），天下大旱，江南和中原都发生了大饥荒，路边到处可见饿死的人。常年在社会底层奔波的李绅对民间疾苦有着深深的同情，他注视着广袤的原野上像野草一样无人关注的农民——明明常年辛勤耕作，却缺衣少食，最后只落得饿死的命运。李绅胸中的情感爆发了，他提笔写下《古风二首》，也就是后来的《悯农二首》。

李绅拿着这两首诗去拜访当朝的名人吕温，正巧吕温的弟弟吕恭和朋友齐煦也在场。吕温读了李绅的诗稿，觉得李绅胸怀天下、关心民生，才能写出这样的好诗。吕温不停地夸奖和勉励李绅，这让落魄已久的李绅信心大增。李绅走后，吕温对弟弟和齐煦说："这个人很不一般，将来能做宰相。"此后，吕温见人就推荐李绅，《古风二首》的知名度也大大提升。

这期间，李绅和白居易、元稹成了好友，江湖人称"三俊"。李绅长得比较矮，白居易还给李绅起了个外号叫"短李"，也就是矮子李的意思。不管怎样，在《古风二首》的传播范围越来越广的同时，李绅的官路也通畅起来，最后果真坐到了宰相的位置。

然而，令人意想不到的是，李绅当上了高官之后，就忘却了当初写《悯农》时的情怀。他变得生活奢侈，经常鱼肉百姓。相传李绅爱吃鸡舌汤，一顿饭就要杀上百只鸡。他还变得非常暴戾，动不动就提高赋税，对犯错的人施以重刑。当初那个同情人民疾苦忧国忧民的李绅，彻底不见了。

悯[1]农（其一）

唐·李绅

春种一粒粟[2]，
秋收万颗子[3]。
四海[4]无闲田，
农夫犹饿死。

【注释】

[1] 悯（mǐn）：怜悯，同情。
[2] 粟（sù）：小米，此处泛指谷类。
[3] 子：此处指粮食。
[4] 四海：天下，全国。

译文赏析

春天播下一粒种子，秋天收获很多粮食。全国没有荒芜的田地，却仍然有很多农夫被饿死。

这首诗描写了农民辛勤劳动喜获丰收却惨遭饿死的现实问题，反映了封建时代农民生存极度艰难的状态，突出了当时的社会矛盾，表达了诗人对劳动人民的怜悯与同情。春天播种，秋天收获，荒田变沃土，又遇丰收年，诗人层层递进，引而不发，将张力拉满，直到最后一句"农夫犹饿死"，这一残酷现实异常醒目，简直是对封建社会人剥削人的制度的血泪控诉，一下增添了诗歌的凝重沉痛情绪，引人深思。

这首诗语言质朴，情感厚重，前后对比强烈，深刻有力。

声律启蒙

这是一首五言古绝，押的是仄韵。它的韵脚是"子"和"死"，押的是平水韵的四纸韵（四代表排序，纸代表对应的韵部）。其中"春种一粒粟，秋收万颗子"，是一个对偶句，"春"对"秋"，"种"对"收"，"一粒"对"万颗"，"粟"对"子"。

悯农（其二）

唐·李绅

锄禾❶日当午❷，
汗滴禾下土。
谁知盘中餐❸，
粒粒皆❹辛苦。

【注释】

❶锄禾：用锄头给禾苗松土、除草。
❷当午：中午时分。
❸餐：这里指粮食。
❹皆：都。

译文赏析

在烈日炎炎的正午为禾苗除草，汗水一颗一颗滴落在长着禾苗的泥土中。有谁知道碗盘中的饭食，一粒一粒都饱含着农民的辛苦劳动呢？

《悯农（其二）》流传极广，不仅道出了农民的心声，更写出了真情实感。这首诗仍然写诗人对劳动人民生活的关心。首句抓住了农民在烈日下劳作的细节，次句则特写农民身上的汗，表现农民生活之不易。后两句凝聚了诗人对那些肆意挥霍、无视农民付出的贵族阶层的愤懑，同时表达了对农民悲惨生活的深切同情。

这首诗一方面劝诫人们珍惜粮食、尊重劳动，另一方面表现了诗人同情人民疾苦的博大胸怀。

直击考点

《悯农（其一）》中表明农民辛勤劳动却生活悲惨的诗句是："＿＿＿＿＿＿＿＿＿＿，＿＿＿＿＿＿＿＿＿＿"。全诗表达了诗人＿＿＿＿＿＿＿＿＿＿之情。

《悯农（其二）》的作者是＿＿＿＿代诗人＿＿＿＿＿＿。诗中告诫人们要珍惜每一粒粮食、尊重农民劳动的诗句是："＿＿＿＿＿＿＿＿＿＿，＿＿＿＿＿＿＿＿＿＿"。

10 赋得古原草送别

诗词有故事 / 名动京华的"高考模拟"诗

唐代宗大历七年（772年）正月二十日，河南新郑县白家大院，白季庚喜添贵子。白季庚的父亲白锽也是饱读诗书之人，他希望孙子将来能够安居乐业，所以给长孙起名"居易"。

白居易五六岁时就会作诗了，九岁已通声韵。因为白季庚常年在外做官，辗转各地，白居易稍微大点儿，就跟着父亲东奔西跑，长了不少见识。

唐德宗贞元三年（787年），白居易十六岁，他写了一篇应考习作《赋得古原草送别》，类似现在的高考模拟作文。按照当时科考的规矩，凡是限定的诗题，也就是命题作文，题目前必须得加上"赋得"二字，俗称"赋得体"。

未来的诗坛大咖白居易带着自己积攒的诗集到京城长安游学，并拜访大诗人顾况。这一年，顾况刚刚被宰相李泌推荐为著作郎，负责编写碑文、祭文和祝词等。白居易穿大街过小巷，来到顾府，结果发现门前挤满了等待拜谒的举子。

等了好久，终于轮到白居易，白居易连忙行礼，可顾况只将注意力放在白居易的诗作上。顾况一看封面上的"白居易"三个字，便忍不住调侃道："长安百物皆贵，居大不易。"这京城物价很贵的，想要在这京城里站住脚跟可大不容易啊！

白居易涨红了脸，无言以对。顾况翻开诗集，映入眼帘的正是那首《赋得古原草送别》。顾况只读了个开头，就忍不住暗暗叫了声好。待他读到"野火烧不尽，春风吹又生"时，不由得被镇住了。他抬头看了看眼前这个十几岁的年轻人，惊叹地说："长江后浪推前浪，年轻人了不得啊，前途无量。就凭这几句诗，别说是长安了，这天下之大任你闯。老夫收回刚才说的话。"顾况轻易不夸人，可一旦夸起人来就不遗余力，他逢人就夸白居易，一时间，长安城中都知道了白居易这个年少成名的书生。

自此，少年才子，名动京华。

赋得古原草送别（节选）

唐·白居易

离离①原上草，
一岁一枯②荣③。
野火烧不尽，
春风吹又生。

【注释】

① 离离：青草茂盛的样子。
② 枯：枯萎。
③ 荣：茂盛。

译文赏析

草原上茂盛的青草，岁岁年年枯萎又重新长出。原野上的大火也无法将草烧尽，春风一吹它就重新生长。

这是一首咏物诗，从"赋得"二字知道，这是一首应考的习作。节选部分主要赞美草的生命力。首句破题，叠词"离离"写草的生命力旺盛。次句"枯荣"二字，写草的生命周而复始，岁岁循环。三、四句"野火烧不尽，春风吹又生"是千古名句，写出了野草生命力的顽强。如果联系诗的后半段，可以知道诗人借物抒情，一方面表达了对草的赞美和敬佩之情，另一方面通过草的枯荣象征人的聚散，表现了诗人与友人的依依惜别之情。

直击考点

2021年湖北省某重点小学小升初考试 >>>

人们常用"黄河之水天上来，奔流到海不复回"来赞美黄河的雄伟气势，用诗句"＿＿＿＿＿＿，＿＿＿＿＿＿"来赞美小草柔弱的身躯里面蕴藏着的顽强生命力；用"＿＿＿＿＿＿，＿＿＿＿＿＿"来赞美西湖的妩媚、柔美。

11 大林寺桃花

诗词有故事 / 藏到寺院的桃花

唐德宗贞元十六年（800年）二月十四日，长安大唐礼部东墙外，钟鼓声不断。原来，这一天是揭榜的日子，每有一人中榜，便要击鼓敲钟一次。二十九岁的白居易取得了第四名的好成绩，而且是十七人中最年轻的。他们一行人先在大雁塔题名，又去参加完曲江盛宴，再去杏园参加探花宴。"慈恩塔下题名处，十七人中最少年"，考上进士的白居易春风得意。

唐宪宗元和十年（815年），大唐的宰相武元衡遇刺身死，白居易上了一道奏疏，请求缉拿凶手。按道理，这也没错。但是，当时白居易不过是个东宫官，居然先于谏官发言，这可被看不惯他的人抓住了把柄。于是，白居易被贬为江州刺史。有人还觉得惩罚不够，又上书说白居易的才能不足以治理一方。好吧，白居易再贬江州司马，这是一个极低的官职。

既来之，则安之。白居易放平心态，日子过得倒也不赖。转眼已经是第二年春天，当地的高僧邀请白居易游庐山，他欣然答应。庐山因为有西林寺、东林寺、大林寺这"三寺"，所以在中国佛教中享有很高的地位。

这天一早，白居易和一大帮朋友来爬庐山。之前白居易曾去过东林寺，看着寺庙旁边水塘里的莲花，他忍不住一番赞美，写下了《东林寺白莲》。这次他们直奔西林寺，最后前往大林寺，途中要翻山峰，过小溪，再绕山岗。站在大林寺门前，大家被眼前世外桃源一样的景色吸引了。按道理，这个时节花早就落了，可大林寺里的小草才冒出嫩芽，桃花也刚刚盛开。怪不得春天不见了，原来是和大家玩起了捉迷藏，偷偷跑到大林寺来了。白居易又忍不住了，一首《大林寺桃花》应景而出。

白居易实在是太喜欢这里了，包括这里的山、这里的水，还有这里的高僧。在征得寺庙住持同意后，白居易决定在香炉峰北、遗爱寺南边搭建一座草堂，以便隐居休闲、寄情山水时使用。很快，在大家的帮助下，白居易的庐山草堂就搭建完成了。

大林寺①桃花

唐·白居易

人间②四月芳菲③尽，
山寺桃花始盛开。
长恨④春归无觅处，
不知转入此中来。

【注释】

① 大林寺：在庐山大林峰，相传为晋代僧人昙诜所建。
② 人间：指庐山脚下的村落。
③ 芳菲：盛开的花。
④ 长恨：常常惋惜。

在平地村落四月里正是百花凋谢的时候，山上寺院的桃花却才刚刚开放。常常惋惜春光逝去而无处寻觅，没想到春天转到这山上寺院里了。

这首记游诗写了诗人在山中偶遇春天的惊异和欣喜。春光易逝，愁绪满怀。首句中的"芳菲尽"表达出诗人恋春、惜春的遗憾之情。次句"始盛开"又变为惊喜，两者形成对比，却又遥相呼应。在这样的美景下，诗人展开想象的翅膀，把春光拟人化，写它藏入山中，体现出诗人对大自然的细致观察。

这首诗把春光描绘得生动具体、自然可爱，表达了诗人对春天的留恋和喜爱。

直击考点

《大林寺桃花》运用了_____手法，写大林寺与"人间"气候的不同，具体表现在"芳菲尽"与"_____"。这首诗抒发了诗人对_____之情。诗人登山前后的心情从_____到_____，这从"_____"和"_____"两个词语可以感受出来。

12 暮江吟

诗词有故事 / 黄昏的江景别样红

唐宪宗元和十五年（820年）正月，唐宪宗驾崩。太子李恒即位，是为唐穆宗。这一年的春夏之交，白居易奉命回长安任尚书司门员外郎。

这并不是一个很好的时机。宦官专权，牛李党争，朝堂上并不太平。白居易还好，他为人为官尽职尽责，也不喜靠手段争名夺利，一时间倒也相安无事。

唐穆宗长庆元年（821年），白居易做上了中书舍人，负责给皇帝起草诏书。本来，白居易对此还算满意，时不时还能在皇帝面前提个建议什么的。谁知，这时又发生了一件改变白居易心态的事情。他的一位好友李景俭聚众饮酒，喝醉之后竟然指着宰相的鼻子一通臭骂，说他们误国乱政。很快，李景俭就付出了代价，被贬官出京。白居易把这一切都看在眼里，他心痛的不仅仅是好友的离开，更是朝中的黑暗与混乱。白居易在《自问》一诗里曾怀疑人生："黑花满眼丝满头，早衰因病病因愁。宦途气味已谙尽，五十不休何日休。"高处不胜寒啊，白居易也萌生退意。

次年七月，白居易打了个辞职报告，自愿外调出任杭州刺史，竟然很快被批准了。

说走就走，半个月后，白居易已经在去往杭州的路上了。一路上，山重水复，骑马乘船，沿汉江入长江。路过当年的贬谪之地江州浔阳城时，白居易在那里停留了几日，他和老友欢宴畅饮，又登上庐山东林寺，看到自己修建的庐山草堂仍在，内心感动不已。

客船在滔滔的江水中顺流南下，白居易继续前行。九月初三这天傍晚，斜阳西下，水光灿灿，白居易久久伫立船头，回顾这些年的遭遇，宛如一场大梦。待他回过神来，一弯新月已经悄然挂在夜空。他心中感慨万千，随口吟出一首《暮江吟》。

两个多月后，白居易来到杭州，开启他的刺史生涯。在这里，他将度过一段充实而有作为的岁月。

暮江吟❶

唐·白居易

一道残阳❷铺水中,
半江瑟瑟❸半江红。
可怜❹九月初三夜,
露似真珠❺月似弓。

【注释】

❶暮江吟:吟咏江边暮景的诗。吟,古代诗歌体裁的一种。
❷残阳:夕阳,将要落山的太阳。
❸瑟瑟(sè sè):此处指江水呈碧绿色。
❹可怜:可爱。
❺真珠:即珍珠。

译文赏析

一道夕阳的余晖铺在江面上,江水一半呈现出青碧色,一半呈红色。最可爱的要数九月初三的夜晚,颗颗露珠像珍珠,新月则像一把弯弓。

这是一首描写秋日黄昏江景的写景诗。

前两句通过夕阳斜射下的一绿一红两种色彩,来表现江面上光影变化的绚烂美丽。"铺"字形象具体,点明时间是夕阳几乎与地平线相平的时刻。后两句写新月初生,"可怜"二字写出诗人内心深处对大自然美景由衷的热爱。末句中地上的露珠和天上的月亮对比,写出秋夜的和谐宁静。诗人从黄昏一直玩赏到月亮升起,通过描写夜露滴落,表达对江景的喜爱之情。

声律启蒙

这是一首七言绝句,这首诗比较明显的特点是相同的字比较多。诗词创作是允许在同一句诗里用相同的字的,例如:"半江瑟瑟半江红"的"半江","露似真珠月似弓"的"似",都出现了两次。而在不同句中一般会避免用相同的字,以免意象的单调乏味,降低诗词的美感。这首诗中的"九月"和"月似弓"中都有"月",虽然在不同句重复了,但二者意思不同,一个表示月份,一个表示月亮,因此并无影响。

直击考点

《暮江吟》一共描写了两组景物,分别是_____和_____。前两句抓住江面呈现的两种颜色_____和_____,表现出残阳照射下,江面上细波粼粼、光色瞬息变化的景象。后两句中"_____"二字,透露出诗人无限喜悦之情。

13 池上

诗词有故事 / 小娃娃，别跑

唐穆宗长庆四年（824年），白居易任杭州刺史期满，要离开杭州了。这些年来，白居易没少为百姓办实事，百姓对他感激得不得了。听说白居易要走，百姓提着饭盛满汤，夹道相送。

从杭州卸职后，白居易来到了洛阳。他买下一座宅院精心修葺，打算以后就在这里养老了。修完房子，白居易又动身了，这一次，他要担任的是苏州刺史。身为富庶之地苏杭二州的最高长官，白居易着实为当地百姓做了些实事，尤其是他在杭州西湖修建的白堤，在苏州山塘河河北修建的"山塘街"一直为人们津津乐道。

从苏州离开后，白居易又在长安折腾了一圈。没多久，因为厌倦了朝堂争斗，加上身体不好，白居易再次提出辞职。皇帝也没多加挽留，只是给了他一份太子宾客的闲职。

白居易如愿回到洛阳，感觉这里的空气都是甜的。每天，白居易都尽情地享受生活。他写诗的功底也越来越深厚了，上到白发老人，下到黄毛小儿，几乎都能听懂他的诗。

这天，白居易来到洛阳城南的香山寺游玩。他沿着河边散步，看到两位僧人正在竹荫之中下棋。白居易被僧人与世无争、不染纤尘的精神境界所打动，于是随口吟出一首绝句："山僧对棋坐，局上竹阴清。映竹无人见，时闻下子声。"后取名为《池上》。

继续往前走，白居易发现有个小娃娃撑着小船正东张西望，很是好奇，心想：这个小娃娃要干什么呢？他忍不住停下脚步，认真观望。等了一会儿，发现小娃娃竟然采下几朵美丽的白莲花。把白莲花放好后，小娃娃划着小船飞快地离开了。没一会儿，小娃娃的船就不见了踪影，只在水面的浮萍上留下了一道清晰的痕迹。

白居易看着这个自作聪明的小娃娃，心中突然有些悲伤，如果自己的幼子阿崔还活着，也应该是他这般大小了。不过，白居易很快收拾起心情，第二首《池上》又有了灵感。

池上（其二）

唐·白居易

小娃①撑小艇，
偷采白莲回。
不解②藏踪迹，
浮萍③一道开。

【注释】

① 小娃：指小孩子。
② 不解：不知道。
③ 浮萍：水生植物，椭圆形叶子浮在水面，叶下面有须根，夏季开白花。

译文赏析

小娃娃撑着小船，偷偷地采了白莲回来。他不知道掩藏自己的行踪，浮萍被小船划开，在水面留下一道划痕。

这是一首描写儿童生活随想的小诗，全诗明白如话，用白描的手法写了小娃娃撑小船、采白莲、浮萍留痕的过程。整首诗有景色描写，有动作描写，有心理刻画，描写了一个天真幼稚、活泼淘气的小娃娃，细致逼真，富有情趣，令人读后忍俊不禁。

前两句中一个"偷"字，不仅没有破坏整首诗的氛围，反而写出小娃娃的调皮可爱。后两句浮萍荡出的痕迹则写出了小娃娃的天真无邪。

直击考点

《池上（其二）》的作者是____代诗人_____，字_____，号_____，有_____之称。这首诗描写了一个天真活泼、憨厚可爱的_____形象。

14 忆江南

诗词有故事 / 江南，让我如何不想你

　　唐文宗开成二年（837年），白居易和刘禹锡老哥俩在东都洛阳过起了养老休闲的日子。当时，刘禹锡担任太子宾客分司，白居易则任太子少傅，都是闲职。因此，两个人有大把的时光一起把酒临风，唱和赋诗，二人还得了个"刘白"的称号。

　　转眼间到了838年春夏之交，白居易想起自己年轻时漫游江南、旅居苏杭的那段日子，以及后来先后担任杭州刺史和苏州刺史的仕宦生涯，不禁怀念起江南的风景来。西湖赏月，钱塘江观潮，姑苏台饮酒……白居易没想到，时隔十多年回忆起来，江南的一切竟然还是那样栩栩如生。

　　白居易的心中被江南的温婉充盈着，于是他情不自禁地拿起笔墨，一口气写下了三首《忆江南》。

　　白居易写完之后，反复欣赏了几遍，总觉得少点儿什么，于是又在题目下面写了句注释："此曲亦名'谢秋娘'，每首五句。"原来这"忆江南"又叫"谢秋娘"。当年，宰相李德裕和自己的姬妾谢秋娘曾经在江南生活过一段日子。谢秋娘长得美丽端庄，能歌善舞，只不过年纪轻轻就去世了。李德裕心中难过，作词悼念，并把词牌命名为"谢秋娘"。

　　过了些时日，时节已然入夏，刘禹锡又来找白居易喝酒。白居易拿出自己刚写的《忆江南》给刘禹锡看，刘禹锡连竖大拇指。白居易打趣怂恿刘禹锡也来上一首，刘禹锡拗不过，于是就写了两首《忆江南》。

　　写完之后，刘禹锡眼珠一转，又加了句小注："和乐天春词，依《忆江南》曲拍为句。"写得好不好的，大家多担待，我这都是为了配合白乐天。

　　世事变迁，会昌二年（842年）七月，刘禹锡因病去世了。白居易悲伤至极，老朋友一个接一个离去，他感觉到自己的时日也不多了。四年后，白居易病逝于洛阳，享年七十五岁。

忆江南[1]（其一）

唐·白居易

江南好，
风景旧曾谙[2]。
日出江花红胜火，
春来江水绿如蓝[3]。
能不忆江南？

【注释】

[1] 忆江南：唐教坊曲名。
[2] 谙：熟悉。
[3] 蓝：蓝草，古人用其叶可制青绿染料。

译文赏析

江南好，江南的风景曾是那么熟悉。太阳初升，照得江边的红花比火还要红，春天来了，江水比蓝草还要绿。怎能不叫人怀念江南？

"忆江南"本为唐教坊曲名，后来用作词牌名。"忆江南"别名众多，又叫"望江南""梦江南""江南好"等。这是三首《忆江南》中的第一首，总写对江南的回忆。首句直抒胸臆，明写"江南好"。第二句写出江南好是诗人的亲身感受和体验，极具说服力。三、四句分别写江花和春水，运用两个比喻句相互映衬，一红一绿，生动描绘了江南的春天。末句以反问作结，表达诗人对江南春色的回忆与怀念，韵味悠长。全诗写出了诗人对江南春天的喜爱、赞美和眷恋之情，是描写江南风景的千古佳作。

直击考点

《忆江南（其一）》的体裁是____，描写了江南的_____、_____和_____的景色之美。"_____"一句是对江南风景总的赞美，与"_____"一句相呼应。这首词表达了词人对_____的喜爱、赞美和眷恋之情，可从文中的"___""___"二字看出来。

15 浪淘沙二首

诗词有故事 / 荡气回肠的江河之歌

刘禹锡，字梦得，唐代宗大历七年（772年）出生在郑州。小时候，刘禹锡就在写诗方面表现出了天赋，并得到诗僧皎然、灵澈的指点。二十二岁那年，刘禹锡和柳宗元同年考中进士，两个人还成了一生的挚友。

唐顺宗永贞元年（805年），刘禹锡和好友柳宗元等人在大臣王叔文、王伾的支持下干了件大事——发动了一场"永贞革新"，他们废除苛捐杂税，反对藩镇割据，反对宦官专权……百姓对此鼓掌欢呼。但他们显然低估了宦官的力量。八个月后，改革失败了，李纯登基，是为唐宪宗。唐顺宗在被迫禅位后不久就死了。

一朝天子一朝臣，秋后算账总是要来的，参与改革的官员的下场都很凄惨，王叔文被赐死，王伾被赐死，刘禹锡等八人被贬为边远地区的司马。大家还给这群人起了个名，叫"二王八司马"。

整整十年之后，刘禹锡才和好友柳宗元一起返回长安。到了长安，免不了到处去转转，刘禹锡来到玄都观，发现里面居然开满了桃花。他诗兴大发，忍不住吟诗一首："紫陌红尘拂面来，无人不道看花回。玄都观里桃千树，尽是刘郎去后栽。"嫉妒刘禹锡的人读出了诗中不同的味道，表面写桃花，实际上是说朝中当权者是因为他刘禹锡走了才能上位。

很快，刘禹锡被外放连州刺史，连州在今天的广东清远市西北部。唐朝时的广东，荒僻得很。直到五年后，刘禹锡才调任为夔州刺史，夔州就是今重庆奉节县。

在这片原生态的大地上，刘禹锡爱上了采风，并听了很多民歌。听得多了，刘禹锡手痒难耐，就开始创作，"送春曲""初夏曲"，尤其是"竹枝词"，一经他填词，便迅速在街头巷尾、田间地头传唱开来。这极大地鼓舞了刘禹锡的创作热情，他又把在这一带流行的"浪淘沙"词结合自己在长江、黄河岸边的所见所闻填了一组全新的"浪淘沙"。

浪淘沙❶（其一）

唐·刘禹锡

九曲❷黄河万里沙，
浪淘风簸❸自天涯。
如今直上银河去，
同到牵牛织女家。

【注释】

❶浪淘沙：原为唐教坊曲名，后用为词牌名。
❷九曲：形容弯道很多，相传黄河有九道弯。
❸簸（bǒ）：颠簸，上下翻动。

译文赏析

九曲黄河蜿蜒万里，裹挟着黄沙而来，狂风掀起巨浪上下翻滚，仿佛从天涯而来。如今可以沿着黄河直飞到银河，一同去到牛郎和织女家里。

"浪淘沙"本是唐朝的教坊曲名，后来，刘禹锡和白居易根据"浪淘沙"的曲调创造了乐府歌辞《浪淘沙》，单调四句，为七言绝句体。到五代、两宋以后又用为词牌名。

这首诗描写了黄河雄浑壮阔的气势。前两句以白描的手法写黄河全景——万里奔腾，巨浪滔天，写出了黄沙冲风破浪、一往无前的顽强。后两句将现实与传说相结合，把黄河与银河相比，表达出诗人不畏艰险、百折不挠、执着进取的精神和豪迈的气概。

直击考点

《浪淘沙（其一）》这首诗的作者是_____代诗人_____，这首诗的前两句用_____手法描写了_____。后两句把_____与_____相比，表现了诗人_____的精神和_____的气概。

浪淘沙（其七）

唐·刘禹锡

八月涛①声吼地来，
头高数丈触山回。
须臾②却入海门③去，
卷起沙堆似雪堆。

【注释】

① 八月涛：指浙江钱塘江大潮，每年农历八月十八潮水最大。
② 须臾（yú）：片刻，一会儿。
③ 海门：海口。内河通海之处。

八月的钱塘江潮惊天吼地而来，数丈高的浪头冲向山石又被撞回。片刻之间又退回到江海汇合处流向大海，卷起的座座沙堆像雪堆一样洁白。

钱塘江潮自古以来便是奇观。这是《浪淘沙》组诗的第七首，写八月十八日钱塘江大潮潮涨潮落的全过程。前两句写涨潮，首句从听觉上写江潮的气势，"八月"二字点出时节，一个"吼"字由远而近突出涛声逼近之感。次句从视觉上写潮势达到顶点时的壮观景象。后两句写退潮的过程。潮水退去，转眼入海，卷起沙堆如雪。

这首诗气势雄浑，场面壮观，看似未经雕琢，实际上却紧凑洗练，显示出诗人高超的艺术技巧。

直击考点

《浪淘沙（其七）》描写的是_____的景观。前两句运用了_____描写。首句写_____，由远而近，以一个动词"____"，突出涛声逼近的感觉。第二句写_____的壮观场面。一、二句以"_____"和"_____"相对照，描写出潮涨潮退的全过程。第三句"_____"承接第二句，由开头的动态描写转为潮水退去后的_____描写。

16 望洞庭

诗词有故事 / 越挫越勇的刘禹锡

　　唐穆宗长庆四年（824年），刘禹锡的好友李程荣升宰相之职。刘禹锡既为好友高兴，又为自己感到心酸。想当年，他和柳宗元、李程、李绛、韩愈同任监察御史。如今，李绛和李程先后当上宰相，韩愈虽然曾被贬，但也当上了兵部侍郎、吏部侍郎。只剩下刘禹锡和柳宗元，四处漂泊，无人问津。

　　好在几个月后，刘禹锡也等来个好消息。他被任命为和州刺史，和州就是今天的安徽和县，地位比夔州要高，这显然是一种升迁。

　　刘禹锡乘船离开白帝城，沿着长江穿过瞿塘峡，一路向东飞流而去，很快就到了江陵。刘禹锡站在船头，想起李白的"朝辞白帝彩云间，千里江陵一日还"，也来了诗兴："三千三百西江水，自古如今要路津……"

　　一路顺风顺水，船行到岳阳，来到了洞庭湖。这天晚上，月光皎洁，刘禹锡坐在船头，一边是奔流不息的滔滔江水，一边是微波荡漾的洞庭湖水。刘禹锡诗兴大发，吟出了脍炙人口的《望洞庭》。

　　来到和州后，刘禹锡遇到小心眼的和州知县。在和州知县的排挤下，刘禹锡搬了几次家，且住的地方一次比一次小。于是，刘禹锡写下了流传甚广的《陋室铭》："山不在高，有仙则名。水不在深，有龙则灵。斯是陋室，惟吾德馨……"

　　唐敬宗宝历二年（826年）冬天，五十多岁的刘禹锡又迎来了一个好消息，朝廷让他赴洛阳待诏。洛阳有刘家的祖传老宅，所以这次刘禹锡再也不用住得那么惨了。

　　刘禹锡在洛阳待了一年后，就在宰相裴度和窦易直的举荐下，重返朝廷。这一次，刘禹锡不但没有吸取上一次的教训，还很傲娇地再次去了玄都观。而且，他又写了一首诗——《再游玄都观》："百亩庭中半是苔，桃花净尽菜花开。种桃道士归何处？前度刘郎今又来。"那语气，很有几分"我胡汉三又回来了"的意思。

望洞庭[1]

唐·刘禹锡

湖光秋月两相和[2]，
潭面无风镜未磨[3]。
遥望洞庭山水翠[4]，
白银盘里一青螺[5]。

【注释】

[1] 洞庭：洞庭湖，在今湖南北部。
[2] 相和：交相融合，和谐。
[3] 镜未磨：古镜多用铜打磨而成，此处指未打磨的铜镜。
[4] 山水翠：一作"山水色"。山，指洞庭湖中的君山。
[5] 青螺：青绿色螺，此处形容君山。

译文赏析

秋日洞庭湖上的月色和湖光交相融合，平静无风的湖面就像未打磨过的铜镜一样。从远处看，洞庭湖山苍水绿，君山就像洁白银盘里托着的一只青螺。

这是一首写景诗。诗人月夜遥望洞庭湖，通过丰富的想象和生动的比喻，再现了洞庭美景。

首句一个"和"字，表现了水天一色、湖月融合的画面。次句"镜未磨"写风平浪静的洞庭湖，紧接上句的"两相和"。第三句写遥望洞庭湖中的君山。第四句将君山比作白银盘托着的一只青螺，生动有趣，想象奇特。

刘禹锡为人豁达，心胸开阔，本诗表现了他壮阔不凡的气度、高卓清奇的情致和浪漫奇绝的审美趣味。

直击考点

《望洞庭》写的是中国四大湖泊之一的_____，另外三个湖泊分别是_____、_____、_____。这首诗中有三个比喻句，一个是将_____比作_____，一个是将_____比作_____，还有一个是将_____比作_____。

17 江雪

诗词有故事 / 一场孤独的大雪

唐代宗大历八年（773年），京城长安的京西庄园里，柳宗元出生了。柳宗元出身于河东柳氏，祖上世代为官，所以，后人也称他"柳河东"。柳宗元的父亲常年在外为官，出身于范阳卢氏的母亲负责他的启蒙教育。父母皆是名门望族，良好的基因造就了柳宗元不平凡的人生。

二十一岁时，柳宗元和刘禹锡一同考中进士；二十六岁，他成为皇家图书馆管理员集贤殿书院正字；二十九岁，任蓝田县尉；三十三岁任礼部员外郎，正六品……照这个势头发展下去，柳宗元成为宰相指日可待。然而，才高八斗、心高气傲，加上血气方刚、忧国忧民，柳宗元卷入了一场政治斗争。

唐顺宗永贞元年（805年），柳宗元和刘禹锡等人一起参与了"永贞革新"。这一年，成了柳宗元命运的分水岭。革新最终以失败告终，刘禹锡去的地方是朗州，柳宗元去的是永州，也就是今天的湖南永州。

唐宪宗元和二年（807年），永州罕见地下了一场大雪。这一天，想到先后离世的母亲、女儿、姐姐，柳宗元的内心格外寒冷和孤独。他冒着雪，一路走，一路回想自己前半生的种种经历，不知不觉间，竟然来到了江边。群山连绵，白雪纷飞，辽阔的江面上，一位老人身披蓑衣头戴斗笠，坐在一条破旧的小船上钓鱼。世界仿佛成了一幅黑白色的水墨画，而画的中心，无疑就是那位孤独的老者。看到这里，一首寄托诗人无限孤独的《江雪》吟成了。

比起天地间的寒冷，更让柳宗元感到心寒的是，朝廷特意下了一道诏书，即使朝廷有恩赦，这八个司马也不在赦免之列。名为贬官，实为监禁，这是要他们老死在被贬之地的意思啊。柳宗元在永州一待就是十年，好不容易回到了长安，又被明升暗贬去了更边远的柳州。柳州住了四年，终于等来了皇帝的赦免，但诏书还在路上，四十七岁的柳宗元就因病去世了。

江雪

唐·柳宗元

千山鸟飞绝❶,
万径❷人踪灭。
孤舟蓑笠❸翁,
独钓寒江雪。

【注释】

❶ 绝:无,没有。
❷ 万径:虚指,指千万条路。
❸ 蓑笠:蓑衣和斗笠,即用蓑草织的雨衣和用竹篾编的帽子。

所有山上的鸟儿都飞走不见了,所有道路上都不见人的踪迹。孤舟上,一位身披蓑衣、头戴斗笠的老人,独自在风雪之中的江面上垂钓。

这是一首借景抒情的山水诗,描绘了一幅冬日临江垂钓图,寄托着诗人清高孤傲的情感,抒发了诗人政治上的失意苦闷。前两句写雪景,"千山""万径"是夸张的手法,写天地之间一片纯净,万籁俱寂。三、四句写渔翁,把主角放在远距离观察的角度,在漫天大雪的江面上,通过渺小的渔翁表达出诗人虽然处境孤独,却顽强不屈、傲岸清高的精神。

巧的是,这首诗还是一首藏头诗。将每句诗的第一个字连起来,恰好是"千万孤独"。如果结合柳宗元当时被贬的不幸遭遇,就不难理解诗人的这种心境。

声律启蒙

这是一首押仄韵的五言绝句,韵脚为"绝""灭""雪",属于平水韵的九屑韵。"万径人踪灭"的平仄为"仄仄平平仄",而"孤舟蓑笠翁"的平仄为"平平平仄平",整首诗只有第三句失粘,而一、四句格律都正确,所以是一首折腰体的诗。

直击考点

《江雪》的作者是____代诗人_____,他与刘禹锡并称_____,与韩愈并称_____,是唐宋八大家之一。这首诗的前两句用____、____两个字来凸显冬天的冷和静,后两句用____、____两个字来彰显渔翁的孤独和高傲。这里的渔翁实指_____。

18 寻隐者不遇

诗词有故事 / 我找的隐者不在家

贾岛,字阆仙,唐代宗大历十四年(779年)出生在河北道幽州范阳,也就是今天的河北涿州。范阳曾经是安禄山的老巢,安史之乱平定后,这里又被藩镇割据。所以,贾岛的家里很穷,经常连饭都吃不上。没办法,家人在贾岛很小的时候就把他送去当和尚,于是贾岛有了个法号叫"无本"。除了跟着师父诵经,贾岛还用业余时间学会了写诗,而且竟到了痴迷的程度,一天不写诗,心里就难受得不行。

有一年秋天,贾岛骑着一头瘦驴,走在京城的大街上。看着满街的落叶,他吟出一句诗:"秋风生渭水。"而到下句的时候,卡住了。他想啊想,想了好久,终于想出一句"落叶满长安"。结果由于太高兴,一下子撞上了京兆尹刘栖楚的车马队伍。骑驴和尚撞上京城市长的结果就是,贾岛被送进监狱里,关了一夜。

俗话说,"吃一堑,长一智。"可贾岛完全不长记性。几年后的一天,贾岛又是边骑驴边想他的诗。有一句诗他一直拿不定主意,究竟是"鸟宿池边树,僧敲月下门",还是"僧推月下门"呢?他一会儿做出双手推门的样子,一会儿又比画着单手敲门,结果又撞到了京兆尹的仪仗队。只不过,这一次的京兆尹换成了韩愈。韩愈问清缘由之后,就给出建议:"还是用敲吧,一来有礼貌,二来夜里敲门有声响,静中有动。再说了,万一门关着,也推不开。"

这一次,贾岛不仅没受到惩罚,还和韩愈成了好朋友。而"推敲"也成为文坛佳话流传了下来。

还有一次,贾岛去山中拜访一位隐者,结果只见到了童子。贾岛不死心,来了个灵魂三问。第一问:"你师傅干吗去了?"童子答说:"采药去了。"紧接着,第二问:"去哪儿采药了?"童子答:"就在这座山上。"贾岛不死心,发起第三问:"具体位置?"童子答:"山太大,云太厚,不知道。"

这次不用推敲了,贾岛直接把这轮问答记下来,一首《寻隐者不遇》就诞生了。

寻隐者①不遇②

唐·贾岛

松 下 问 童 子③，
言 师 采 药 去。
只 在 此 山 中，
云 深 不 知 处④。

【注释】

① 隐者：隐士。一般指隐居山林而不愿做官的贤人。
② 不遇：没有见到。
③ 童子：小孩。此处指隐者的弟子。
④ 处：行踪，所在。

译文赏析

在松树下询问隐者的弟子，他对我说，师傅上山采药去了。只知道就在这座山中，因为云雾缭绕不知道具体在何处。

这首诗以问答体的形式描写了诗人访友未遇的经历，用字简练，平淡中见内涵。全诗只有首句是问，其余三句皆是答。第一次问答，省略了"你师傅干吗去了"，满怀希望；第二次问答，省略了"师傅去哪里采药了"，略有失望，失望中又有不甘；第三次省略了"在山中何处"，无可奈何，怅然若失。三番问答，逐层深入。

本诗构思精巧，意境悠远，通过访友描绘了一位远离尘世、以山林为家、似青松似白云般高洁的隐者的生活，表达了诗人的向往之情。

直击考点

《寻隐者不遇》的作者是____代诗人_____，人称"_____"。这是一首问答诗，诗人采用了_____的手法，把寻访不遇的焦急心情描绘得淋漓尽致。诗中以_____比隐者的高洁，以_____喻隐者的风骨，写寻访不遇，愈衬出钦慕高仰。

19 小儿垂钓

诗词有故事 / 学钓鱼的小孩

  胡令能出身于一个贫寒之家,是不折不扣的"穷二代"。他从小上不起学,跟着父亲学了一手修补锅碗瓢盆的手艺,串百家门,吃百家饭。胡令能手艺高超,凡是经他手修补的锅碗瓢盆,就像没坏过一样,所以人送外号"胡钉铰",也就是"胡锔碗匠"。

  胡令能在讨生活之余,始终不忘读书,还喜欢写诗、联句、对对子。因为他有丰富的底层生活经验,所以写的诗颇有生活情趣。

  说到胡令能的写诗本领,还有一个传说呢。相传,有一天晚上,胡令能做了一个梦,他梦到一位鹤发童颜的神仙来到他的床边,把一卷书放进了他的肚子里。之后,神仙便飘然离去了。胡令能一觉醒来后,发现自己居然会吟诗作对了。

  有一天,胡令能正走村串巷兜揽生意,谁知走着走着,居然迷路了。他来到一片水塘旁边,恰好水塘边有个小孩在钓鱼。胡令能正要上去问路,小孩远远地朝他挥挥手,做了个"嘘"的动作,又指指他的钓竿。胡令能心领神会,看着小孩认真的模样,一首《小儿垂钓》已然在腹中打好草稿。

  还有一次,胡令能正在修理破碎的锅碗,草堂外的大路上忽然传来一阵车马喧嚣声。胡令能的小儿子和小女儿原本还在门口玩耍,因为没见过这么大的阵仗,吓得跑到门前水塘的芦苇荡里藏了起来。

  胡令能穿着荷叶般的隐士服出门一看,原来是好友韩少府来访。老胡心中高兴,一首《喜韩少府见访》又成了:"忽闻梅福来相访,笑着荷衣出草堂。儿童不惯见车马,走入芦花深处藏。"梅福是西汉时的一位隐士,在这里当然指韩少府。

  《全唐诗》总共收录了胡令能四首诗,其中两首都是写儿童的,所以,说胡令能是位"儿童诗人"也不为过。

小儿垂钓

唐·胡令能

蓬头稚子①学垂纶②,
侧坐莓苔③草映身。
路人借问④遥招手,
怕得鱼惊不应人。

【注释】

① 稚子：年幼的小孩。
② 垂纶（lún）：垂钓。纶，钓鱼用的丝线。
③ 莓苔（méi tái）：青苔。
④ 借问：向人打听。

译文赏析

一个头发蓬乱的小孩在河边学钓鱼，侧坐在青苔之上，绿草掩映着他的身影。有人向他问路，他远远地摆摆手，生怕水中的鱼儿受到惊扰，不敢回应路人。

这是一首以儿童生活为描写对象的诗作。前两句写垂钓，后两句写问路，形神兼备，充满童稚童趣。

首句"蓬头稚子"是外貌描写，突出小孩的天真可爱，自然真实。"学"字是本诗的诗眼，因为初学，所以认真，又可见其幼稚顽皮。次句"侧坐"的姿态说明小孩坐得很随意，只顾着专心钓鱼。"莓苔"所在应是阳光照不到的地方，人迹罕至，可见小孩是怕"鱼惊"而精心选择的地点。"草映身"，说明小孩若隐若现，为下文问路埋下伏笔。三、四句，"遥招手"和"怕得"从动作和心理两方面描写小孩的机警聪明。

全诗语言平淡浅易，却情景交融、形神兼备，将一个儿童形象写得活灵活现、惟妙惟肖，充满童趣和生活气息。

直击考点

《小儿垂钓》的作者是＿＿代诗人＿＿＿＿＿。这是一首关于＿＿＿＿＿的诗，写了一项古代儿童的活动是＿＿＿＿＿＿＿。

马 诗

诗词有故事 / 我是一匹无人赏识的马

唐德宗贞元六年（790年），李贺出生在河南府福昌县昌谷乡，也就是今天的河南省宜阳县。李贺小时候也是神童级别的存在，七岁的时候就引得韩愈和皇甫湜上门造访。李贺挥笔写了一首《高轩过》，令韩愈与皇甫湜大吃一惊。李贺从此名扬京师。

唐宪宗元和五年（810年）初冬，二十一岁的李贺在韩愈的鼓励下，参加了河南府试，顺利过关。年底，李贺赴长安应进士举。结果这一次，李贺吃了个大亏，因为他碰上了之前得罪过的另一位大诗人，即白居易的好友元稹。

元稹曾在李贺十几岁的时候，因为欣赏李贺的才华去拜访过他。结果，年少轻狂的李贺不屑地说：" 明经及第，何事来见李贺？" 你一个中明经科的来见我李贺，有什么事啊？在当时，进士科都是综合能力很强的学霸，而明经科考试内容简单，主要靠死记硬背，看不出真才实学。李贺的一句话令元稹的自尊心受挫，惭愧而出。

俗话说，君子报仇，十年不晚。李贺考试之时，元稹已经从毫无名气的校书郎升任礼部侍郎。元稹上书说，李贺父亲名叫晋肃，跟进士音近，这是犯了名讳，必须将李贺除名，才合乎朝廷的礼法。跟李贺争名的举子纷纷响应。尽管韩愈为李贺喊冤辩解，但李贺考进士之路最终还是被堵死了。李贺愤愤然离开了考场。

虽然李贺从小瘦弱多病，但他始终怀有一颗报国之心，然而，残酷的现实狠狠打击了这个年轻人。他一个人走在长安的大街上，看到路边一个破旧的马棚里站着一匹瘦马。在李贺看来，这分明是一匹难得的千里马，是一匹可以上阵杀敌的战马。他觉得自己就像那匹马，空有一身才华没人赏识，没人知晓，更无处施展。他想起韩愈前几年写的那篇《马说》，" 千里马常有，而伯乐不常有 "。

李贺忍不住感慨，先后写下一组《马诗》，竟然有二十三首之多，其中最出名的就是第五首。

马诗（其五）

唐·李贺

大漠沙如雪，
燕山❶月似钩❷。
何当❸金络脑❹，
快走踏清秋。

【注释】

❶燕山：指燕然山。这里借指边塞。
❷钩：弯刀，古代的一种兵器，形似月牙。
❸何当：何时。
❹金络脑：用黄金装饰的马笼头。

译文赏析

万里沙漠像皑皑白雪，燕然山上空的月亮像弯刀一样。何时给骏马戴上黄金的马笼头，在秋日的疆场上驰骋，立下战功呢？

这是一首托物言志诗，表面写马，实际上抒发了诗人渴望建功立业却报国无门的感慨。

这首诗运用了比兴的手法。"比"就是比喻，兴就是借助他物发端，引起所要歌咏之物。前两句以雪比喻沙，以钩比喻月，写出了边塞肃杀冷清的氛围。第三句以"何当"设问，传递出无限企盼，"金络脑"抒发诗人希望得到朝廷重用、发挥才能的志向和心情。末句"快走"和"清秋"之间，以一个"踏"字相连，写出了骏马的轻捷矫健。

直击考点

《马诗（其五）》的作者是_____，字_____，后人誉为"_____"。这是一首边塞诗，从_____、_____、_____和_____等景象能够看出边塞独有的特色。这首诗运用了_____的艺术手法。诗的前两句描绘了_____，后两句表达了诗人_____的思想感情。

第 7 章
晚唐诗歌

晚唐时期，宦官专权、藩镇割据、黄巢起义，社会的动荡不安，使得诗人们的关注对象从社会现象转入自身情感，这一时期的诗歌或是伤感无奈，颓然消极，或是剑走偏锋，借古讽今。

诗歌在中唐时期达到巅峰，很多晚唐诗人只能另辟蹊径，以"小李杜"李商隐和杜牧为代表的诗人，作品风格绮丽、委婉，有的令人难解。以"郊寒岛瘦"并称的贾岛和孟郊的苦吟诗风则剑走偏锋，自成一派。

当大唐王朝落下帷幕时，温庭筠在作诗之余，已经开始了词的探索。

01 江南春

> 诗词有故事 / 香火鼎盛的江南佛寺

唐德宗贞元十九年（803年）三月，长安城南杜家，杜牧出生了，因为在家族中排行十三，江湖人称"杜十三"。杜十三的爷爷杜佑是三朝宰相，父亲也官至驾部员外郎。杜牧十岁前后，他的爷爷和父亲先后去世，家里的生活一落千丈。最惨的时候，杜牧一家不得不吃野菜度日。即便这样，杜牧也没有放弃读书，因为点不起蜡烛，杜牧和弟弟就在黑暗中背书。

功夫不负有心人。二十三岁那年，杜牧写出了大唐年度爆款文《阿房宫赋》，轰动一时。二十六岁时，杜牧在东都洛阳参加进士考试，考了第五名，获得了一个弘文馆校书郎的官职。渴望金戈铁马的杜牧在这个职位上待了仅仅半年，就加入了江西观察使沈传师的幕府。

唐文宗大和七年（833年）春天，三十一岁的杜牧受沈传师之命，由宣州也就是今天的安徽宣城前往扬州，拜访淮南节度使牛僧孺，途中路过江宁（今江苏南京）。

夜晚时分，船只停泊在秦淮河口，这里酒楼歌馆、市肆旅店林立，一片歌舞升平，生性风流的杜牧立即喜欢上了这个热闹的去处。上得岸来，江宁古城，岁月沧桑。杜牧沿着江宁的大街小巷一路行走，看到这满城寺庙，不禁想起当年南朝梁帝礼佛敬佛的虔诚，尤其是梁武帝萧衍为了出家为僧竟然三番五次舍弃皇帝的位子不坐，最后落得活活饿死的结局。

唐宪宗自从当政取得了一点点成绩，就一心事佛。宪宗死后，继位的穆宗、敬宗、文宗也是礼佛照旧。抚今追昔，杜牧感慨万千，这江南的繁华让他隐隐感到不安。杜牧当初既然敢写出"一骑红尘妃子笑，无人知是荔枝来"这样的诗句，直指帝王，今天当然也不怕再怼皇帝这一回。看着香火鼎盛的寺庙，杜牧决定借古讽今，表达对当朝政治的不满，一首《江南春》已然在胸中酝酿。

江南春

唐·杜牧

千里莺啼绿映红，
水村山郭❶酒旗❷风。
南朝❸四百八十寺❹，
多少楼台烟雨中。

【注释】

❶郭：城郭，此处指城镇。
❷酒旗：即酒帘，酒家的标志。
❸南朝：指与北朝对峙的宋、齐、梁、陈四个朝代。
❹四百八十寺：虚指，形容很多佛寺。

译文赏析

春天的江南到处莺歌燕舞，绿树红花相映，乡村和城镇的酒旗迎风飘展。南朝时期留下来众多佛寺，如今多少楼台都笼罩在这烟雨迷蒙之中。

这是一首写景怀古的诗，诗人以轻快的语言、丰富的意象描绘了一幅多彩的江南春景图。

前两句放眼千里，采用映衬的手法，着重表现了江南春天掩映相衬、丰富多彩的美丽景色。第三句写南朝寺庙，"四百八十寺"是虚指，形容佛寺很多，充满历史感，并为后面的抒情奠定基础。末句"楼台烟雨"既体现江南春的自然美景，又带着诗人对历史的审美和感慨。

全诗写出了诗人对江满春景的赞美与神往，同时也暗含对统治者的讽谏，希望统治者能够以史为鉴，避免南朝佞佛的历史重演。

直击考点

《江南春》的作者是_____，字_____，号_____，与李商隐并称"_____"。这首诗表达了诗人对_____的赞美与神往。另外，我们还学过写江南的诗词有_____、_____。

02 山行

诗词有故事 / 令人驻足的山林美景

杜牧在沈传师幕府中待了五年，后来沈传师回京，杜牧转投淮南节度使牛僧孺幕府，去了扬州。

扬州三年为杜牧赢得了"风流才子"的称号。据说杜牧在扬州日夜流连茶楼酒肆，牛僧孺生怕他有闪失，每每暗中派人保护。等到杜牧离开牛僧孺的幕府时，牛僧孺拿出一摞记录和报告，杜牧这才知道领导竟是如此关照自己，于是哭泣拜谢，并一生感激牛僧儒。

不过，杜牧可不是腹中草莽的花花公子。他熟读兵书，甚至曾经为《孙子兵法》做注解。在扬州的时候，他时刻关心朝政，写了一系列有关制伏藩镇的文章。后来，北宋司马光在编《资治通鉴》时，还收录了杜牧的这些策论文章。

唐文宗大和九年（835年），三十三岁的杜牧当了将近十年的幕僚之后回京任职。但他很快发现，朝中阴云密布，氛围并不友好，于是主动申请外放东都洛阳，任监察御史。

杜牧一直没有得到朝廷的重用。说起来，这和当时的"牛李党争"有关。杜牧和牛党首领牛僧孺的私人关系很铁，在政治观点上却又倾向于李党首领李德裕。身在夹缝中的杜牧有些左右为难。

于是，当朝廷一再召杜牧入朝为官时，他主动选择了外放，游历各地。远离朝堂的杜牧，有的是时间和志同道合的朋友小聚，一起饮酒赋诗，一起流连山水。这一年的秋天，驴友杜牧来到郊外秋游。天上白云飘荡，林中枫叶如火，甚至比夕阳还要红。不知不觉中，车子隐入了团团雾气之中，然而还是可以隐约看到远处的三两户人家，坐在车上的杜牧被深秋山林的美景深深吸引住了。他让车夫停下马车，尽情地享受这一刻的美好。对于杜牧这样的大诗人，只是欣赏怎么够，当然还要诉诸笔端，于是一首《山行》诞生了。

此诗一出，唐朝最佳七绝诗人的称号又有了变数，在"诗仙"李白和"七绝圣手"王昌龄之外，又增添了一个选项，那就是杜牧。

山行

唐·杜牧

远上寒山①石径斜，
白云生②处有人家。
停车坐③爱枫林晚，
霜叶④红于二月花。

【注释】

①寒山：深秋季节的山。
②生：一作"深"字。
③坐：因为。
④霜叶：经过霜打的枫叶。

译文赏析

上山的石头小路弯弯斜斜，在那白云飘处有几户人家。停下车来是因为喜欢晚秋时节的枫林，霜染的枫叶比二月的鲜花还要红。

这首诗按照由远及近的顺序描绘了一幅动人的山林秋色图，成为人们传诵不衰的经典。

首句紧扣题目，说明是深秋时节山中行走所见。"远"字写山路悠长，"寒"字点明时节是深秋，"斜"写山势高缓。次句历来有争议，也有版本作"白云深处有人家"。不过，无论是"生"还是"深"，都写出了白云缭绕之感。第三句写诗人停车驻足，欣赏枫叶。一个"晚"字，既点出时间是傍晚，又说明诗人久久停留，不愿离去，可见对红叶的喜爱之情。末句是全诗的中心，说明诗人之所以如此喜欢枫叶，不仅仅因其色彩红艳，更因其经得起风霜考验。

这首诗通过赞美大自然的美丽秋景，彰显诗人豪爽向上的精神气质，读后给人以鼓舞。

直击考点

《山行》的前两句是"＿＿＿＿，＿＿＿＿"，写出了＿＿＿；三、四句是"＿＿＿＿，＿＿＿＿"，描写了＿＿＿＿＿＿。通过对＿＿＿和＿＿＿的对比，突出了＿＿＿特有的美。

03 清明

诗词有故事 / 听说杏花村有美酒

唐武宗会昌四年（844年），四十二岁的杜牧由黄州（今湖北黄冈）刺史转任池州（今安徽贵池）刺史。

到池州的第二年清明节，杜牧闲极无聊，决定一个人出门散心。清明节紧随着寒食节，扫墓、踏青、斗鸡等习俗充斥着人们的生活。在这样的日子，往往家人一起上坟祭扫，或踏青游春。可杜牧一个人在江南，家人都在京兆（今陕西西安），难免有些孤单。

出门的时候，天有些阴，出得城来，竟然下起了小雨。又走了一段路，杜牧的衣衫已经被小雨打湿了。千愁万绪，人生种种不如意，在这样一个忧伤明丽的清明节涌上心头。

虽然远离京城，可杜牧仍旧冷眼注视着朝堂发生的一切，牛李党争、甘露事变、农民起义，哪里还有他施展抱负的地方呢？他想找个酒馆喝上几杯，一来暖暖身子，二来借酒浇愁。可是放眼四望，这里一片荒凉，连个人影都没有。

已经出城很远了，杜牧只好硬着头皮往前走，希望可以找到避雨的地方。拐了个弯，他看到一个牧童。那牧童丝毫不理会天上的小雨，悠然地坐在牛背上。杜牧喜出望外，连忙上前问路。牧童勒住牛缰绳，用手向远处遥遥一指，说："杏花深处有个村庄，里面有酒家。"杜牧道谢之后，加快了脚步。

又行了一段路，前面出现一片杏林，雨水打在杏花上，红的白的，煞是可爱。果然，透过杏树梢头，隐约看到了一面酒旗。杜牧加快脚步，进得店来，连饮了几杯杏花酿。他避了雨，解了寒，心情也跟着好转了不少。杜牧吩咐店小二取来纸笔，借着酒意写下了《清明》一诗。他有心帮这村中酒馆宣传一番，让更多赶路的人都知道这家酒馆，既能歇脚，又可以带动酒家生意，何乐而不为呢？

果然，《清明》诗一出，"杏花村"的名号天下无人不知。时至今日，还有多地为了争夺正宗的杏花村而不惜对簿公堂呢。

清明[1]

唐·杜牧

清明时节雨纷纷，
路上行人欲断魂[2]。
借问[3]酒家何处有？
牧童遥指杏花村[4]。

【注释】

[1] 清明：二十四节气之一，每年阳历4月5日前后。旧俗有扫墓、踏青、远足等习俗。
[2] 断魂：像丢了魂一样，形容极度伤感。
[3] 借问：请问。
[4] 杏花村：杏花深处的村庄，其具体位置说法众多，本书取在今安徽贵池境内之说。

译文赏析

江南清明时节细雨纷纷飘洒，路上的行人心情忧伤。问牧童哪里有酒家，他指了指杏花深处的村庄。

杜牧这首小诗历来为人称道。四句诗起承转合，首句点明时节是清明，"纷纷"二字说明春雨是小雨，是细雨。次句"断魂"说明诗人此刻的状态，内心伤感，凄迷纷乱。第三句诗人提出排解忧愁的办法——去酒家，一来歇脚避雨，二来聊解春寒，三来排解忧愁。末句戛然而止，留给读者巨大的想象空间。

全诗用语通俗自然，寓情于景、情景交融，境界优美脱俗，千百年来一直为人们传诵。

直击考点

2021年浙江省义乌市幼升小考试

下列诗句所描写的传统节日按时间先后顺序排列正确的一组是（ ）。

①遥知兄弟登高处，遍插茱萸少一人。　②千门万户曈曈日，总把新桃换旧符。　③但愿人长久，千里共婵娟。　④清明时节雨纷纷，路上行人欲断魂。

A.②④③①　B.②①③④　C.①②④③　D.①②③④

04 嫦娥

诗词有故事 / 夹缝中求生

李商隐字义山，怀州河内（今河南沁阳人）。他出生的时候，他父亲已经四十多岁了。李商隐十岁左右的时候，他的父亲去世了。他是家里的长子，小小年纪既要养家，还担负着光耀李家门楣的重任。为此，他白天替别人抄书、舂米赚钱，晚上读书。

十七岁的时候，李商隐拿着自己的诗去拜访洛阳权势最大的官员，即兵部尚书令狐楚。令狐楚看了李商隐的诗后相当惊讶，不仅当场拍板资助李商隐学习，还亲自教他写骈文，并鼓励他进京赶考。可惜的是，一回、两回、三回……李商隐始终没有考上。

二十五岁那年，在令狐楚的儿子令狐绹举荐下，李商隐终于考上了进士。不过，坏消息传来，令狐楚去世了。令狐楚死后，李商隐因为与封疆大吏王茂元的女儿两情相悦结为夫妻，由此投到王茂元帐下。其间，李商隐还投到郑亚等人的幕府，这让令狐绹有些不满。为什么呢？因为令狐楚是牛党的人，而王茂元、郑亚站的是李党。李商隐这样做，无疑要和令狐家划清界限啊！不过，王茂元死后，三十九岁的李商又辗转到了牛党的柳仲郢等人幕府中。

身处牛李党争的夹缝中，李商隐已经不知该何去何从了。政治上不如意的李商隐，在三十九岁这年，又迎来了生活上的打击——他的夫人王氏病逝了。那个"何当共剪西窗烛，却话巴山夜雨时"的人，如今已经"此情可待成追忆，只是当时已惘然"。李商隐每晚都睡不着，心底的思念和忧伤无处倾诉。

记不清哪年哪天，夜已经很深了。烛光越来越暗淡，连星星都睡了，云母石的屏风上一团暗影，让屋子里显得越发寒冷。李商隐望着窗外的月亮，想到月中的嫦娥和自己一样孤独，她会不会后悔当初的选择呢？沉思良久，李商隐提笔，以"嫦娥"为题，赋诗一首。

唐宣宗大中十二年（858年），李商隐躺在病床上，望着墙角那架锦瑟，用颤抖的双手留给中国诗歌史上最晦涩难解的一首《锦瑟》。

嫦娥[1]

唐·李商隐

云母[2]屏风烛影深，
长河[3]渐落晓星[4]沉。
嫦娥应悔偷灵药，
碧海青天夜夜心。

【注释】

[1] 嫦娥：古代传说中居住在月亮上的女神，原是后羿的妻子，因偷吃仙药升天成仙。
[2] 云母：一种矿物，透明有光泽，古代常用来装饰窗户、屏风等。
[3] 长河：银河。
[4] 晓星：晨星。一说启明星。

译文赏析

　　云母石装饰的屏风上烛影暗淡，银河逐渐斜落，晨星也已隐没。嫦娥应该后悔偷吃了不死仙药，如今只能对着碧海青天，夜夜孤单、伤心。

　　李商隐的诗在晚唐独树一帜，构思新奇，情感细腻，具有朦胧美。这首诗表面是咏叹嫦娥，实际抒发了诗人的自伤之情。前两句分别从室内、室外两个角度进行环境描写，渲染寒冷凄清的气氛。一个"沉"字既写出了月落星沉的实景，又是诗人心情低沉的写照。后两句议论抒情，借嫦娥的孤独和后悔指代诗人自己的孤独和后悔。至于诗人具体后悔什么，这和他一贯的写诗风格一样，绝不明说，只留给后人各种想象。

直击考点

　　《嫦娥》的作者是____代诗人_____，字_____，号_____。开头两句通过屋内屋外的_____描写，表现嫦娥_____的处境。第三句中"应"表示诗人对嫦娥后悔心情的_____，其根据是"_____，_____"。从抒情方式看，"碧海青天夜夜心"是全诗直接抒情的句子，点明嫦娥_____。

05 乞巧

诗词有故事 / 赐我一双巧手吧

唐文宗大和五年（831年），闽府大将军林肃喜添男丁，他给儿子取名林杰，字智周，希望他聪明睿智，将来有一番作为。长着长着，林杰长成了父亲期待中的神童模样。他从小就聪明伶俐，还精通琴棋书画，很快名震八闽大地。

五岁那年，林父带着小林杰访友，路过王仙君霸坛。有人逗林杰，问能不能以王仙君坛为题作首诗。林杰毫不胆怯，出口成章："羽客已登云路去，丹炉草木尽凋残。不知千载归何日，空使时人扫旧坛。"大家惊奇不已，一个五岁的小孩竟然知道"羽客、丹炉"这些东西，太了不起了。

六岁的时候，林父带着林杰去拜访福州刺史唐扶。唐扶展开林杰写满习作的卷轴，越读越佩服眼前这个小孩，于是命人送林杰进入当地的书院读书。

这一年的七月初七，照例要乞巧，庭院内铺上了锦绣，摆满了瓜果酒食。少女和妇人们拿出九孔针和五色线，在堂前穿针引线，祈求天上的织女能够赐给自己一双巧手，保佑自己的织艺更上一层楼。林杰看着大家飞针走线，有些出神。唐扶恰好经过，有意考考林杰，就命他以"乞巧"为题，写一首诗。

林杰观察已久，早就胸有成竹，一首《乞巧》诗脱口而出。人们听说了林杰的才能，都排着队来见这个神童，恨不得签名合影留念。

唐宣宗大中元年（847年），十七岁的林杰结束了读万卷书的日子，准备行万里路。七月的一天，林父林母正在为儿子收拾行李，院子里忽然弥漫起一股异香，天空传来一声响亮的鸣叫，两只仙鹤从空中盘旋而下。林杰喜出望外，一把抱住仙鹤的脖子。林父心中不安，认为是不祥之兆，连忙让他放手。两只仙鹤飞天而去。当天晚上，林杰就病倒了。几天后，林杰去世了。人们纷纷传说林杰是贬入凡间的神仙，那两只仙鹤是来接他回天上去的。

乞巧[1]

唐·林杰

七夕今宵看碧霄[2]，
牵牛织女渡河桥。
家家乞巧望秋月，
穿尽红丝几万条。

【注释】

[1] 乞巧：向织女祈求一双巧手，在农历七月初七进行。
[2] 碧霄（xiāo）：指青天。

译文赏析

七夕的晚上，仰望浩瀚碧蓝的夜空，期盼着能看见牛郎织女在鹊桥相会的场景。家家户户都在赏月乞巧，穿过的红线有几万条那么多。

这是一首描写唐朝时期七夕节乞巧望月的诗歌，表达了少女们乞取智巧、追求幸福生活的美好心愿。

前两句从节日的来历着笔，叙述牛郎织女的民间传说。后两句写家家户户望月乞巧的场景，却并未言明具体的心愿，留给人们想象空间。结尾的"几万条"说明大家不厌其烦，诚心诚意，用夸张的手法表达人们的美好愿望。

直击考点

《乞巧》的作者是＿＿代诗人＿＿＿＿。"乞巧"的意思是＿＿＿＿＿＿＿＿＿＿，乞巧节又名＿＿＿＿＿＿，在每年农历的＿＿＿＿＿＿＿＿。这首诗与神话故事＿＿＿＿＿＿＿有关，具体描写的诗句是"＿＿＿＿＿＿＿＿＿＿，＿＿＿＿＿＿＿＿＿＿"。

06 蜂

诗词有故事 / 辛勤劳动的蜜蜂

其实罗隐一开始不叫罗隐，叫罗横。因为一连考了十多次进士，始终没考上，他就眼一瞪，心一横，改名罗隐，以示再也不参加科考之意。

罗横是杭州人，他生活的大唐已经江河日下。唐宣宗大中十三年（859年），罗横在江西南康取得考进士的资格。他随即出发，前往京城赶考。

那年冬天，罗横踏雪进京。那时的他踌躇满志，满心想着凭借一身才华挽大唐大厦将倾之势。让他没想到的是，迎接他的却是一个又一个寒冷的冬天。

唐僖宗光启三年（887年），数不清第几次，罗横又落第了。那些考中进士的考生已经去参加皇帝亲赐的曲江宴了，罗横却漫无目的地在街上闲逛。他望着皇宫的方向，写了一首《曲江有感》："一船明月一竿竹，家住五湖归去来。"小罗熬成了老罗，愣是没混上个功名。

慢慢地，大家都知道有个叫罗横的留级生，江湖传闻"十上不第"。罗横渐渐有点儿明白，"我未成名君未嫁，可能俱是不如人"。罢了，罢了，可能我真的没那命吧，还不如饮酒作乐，《自遣》抒怀："今朝有酒今朝醉，明日愁来明日愁。"

相传唐昭宗被黄巢追杀时，随行中有个耍猴的一路上给皇帝逗乐解闷，竟然被赐了个五品官。而满腹经纶的罗横却连考十次不中，气得罗横写诗痛骂："何如买取胡孙弄，一笑君王便著绯。"还不如买只猴，一旦逗得皇帝开心，就能穿上官衣了。

罗横要返乡了，他心灰意冷地走在战乱之后的土地上，只见到处民生凋敝。一只蜜蜂飞过来，落在他的脸上，他随意地拿手驱赶。一群蜜蜂嗡嗡而来，又嗡嗡而去。罗横不由得顺着蜜蜂的方向看去，那是一片花丛。不远处，农民正在田间地头辛苦劳作。再想想朝中那些碌碌无为、不劳而获的官员，他忽然想写诗，那就以"蜂"为题吧。

回到家乡后，罗横改名罗隐，决定此生再也不参加科考了，之后便隐居池州九华山下。

蜂

唐·罗隐

不论平地与山尖❶，
无限风光尽被占❷。
采得百花成蜜后，
为谁辛苦为谁甜？

【注释】

❶山尖：山峰。　　❷占：占有，占据。

译文赏析

无论是在平地，还是在山顶，只要是鲜花盛开的地方都被蜜蜂占有。采尽百花酿成蜂蜜，到底为谁付出辛苦，又让谁品尝甘甜？

这是一首咏物诗，赞扬了蜜蜂把辛苦留给自己，把甜蜜送给别人的高尚品格。这也是一首寓言诗，用蜜蜂象征勤劳的劳苦大众，讽刺统治者不劳而获。

前两句重在记叙，采用先扬后抑的手法为下文的议论做铺垫。"不论""无限"和"尽"突出了蜜蜂的辛劳。后两句议论，提出问题，这样的辛劳究竟是为了谁？但并未给出答案，引人深思。

全诗不事雕琢，通俗易懂，平淡中见深意，寓意独特，耐人寻味，使人感慨无穷，值得反复咏叹。

直击考点

《蜂》的作者是____代诗人_____。诗中用_____、_____、_____等词语，称赞蜜蜂"占尽风光"，这是_____的手法。在诗中，与"甜"字呼应的词语是____，与"辛苦"呼应的词语是_____。作者通过对"蜂"的描写，想要表达对_____的赞美，对_____的讽刺。

第 8 章
两宋诗词

宋代文学以词最为出色,但诗也有闪亮之处。其中王安石的咏史诗和写景诗尤其出色,苏轼诗词双修,写景诗和哲理诗成就较大。而"苏门四学士"中以黄庭坚的诗歌成就最为突出。这一时期的江西诗派也开始崭露头角。南宋时期,爱国主义成为诗歌的主题,其中尤袤、杨万里、范成大、陆游被称为"中兴四大诗人",又称"南宋四大家"。

宋词和唐诗并称双绝,是继唐诗之后中国古代文学皇冠上的又一颗光彩夺目的钻石。宋词受后蜀《花间集》影响巨大,逐渐衍生出以苏轼、辛弃疾为代表的豪放派和以柳永、李清照等为代表的婉约派。最终宋词和唐诗、元曲一起,成为中国文学殿堂里最耀眼的文体。

01

诗词有故事 / 出入风波里的渔民

宋真宗天禧元年（1017年），一位名叫朱说的地方节度推官上表朝廷，请求恢复范姓，并改名仲淹，字希文。原来，范仲淹两三岁时父亲去世了，母亲谢氏改嫁山东人朱文翰，范仲淹便跟随继父的姓氏，改名朱说。

范仲淹幼年时期求学条件很艰苦。他长期寄宿在山东长山县的醴泉寺里，读书期间每天煮一锅粥，等粥凉了用刀划成四块，早晚各吃两块，拌点儿葱、姜、咸菜条，加上盐和醋，就是一天的伙食。这就是"划粥断齑"的励志故事。

有一年，宋真宗来应天府拜祭赵家祖庙。大家争先恐后跑出去，想要一睹皇帝的风采，可范仲淹连动也不动。别人感到奇怪，问他："你怎么不去看看皇帝呀？"他说："学无所成，见了皇帝又能怎样？好好读书，考个功名，必能常常相见。"

二十七岁那年，范仲淹以朱说之名一举考中进士。改名之后，范仲淹正式走上了政治舞台。景祐元年（1034年），在朝堂之上，范仲淹因为言论大胆，惹怒了皇帝，被调离京都任苏州知州。就在范仲淹来的前一年，苏州刚发了一场大水，大片农田被淹，灾民超过了十万户。所以上任后，范仲淹非常重视水道的修护。

有一天，范仲淹亲自去察访水道。中午的时候，范仲淹感觉有些饥渴，就来到附近一家小馆，准备填饱肚子。这家店里，有一道招牌菜——清蒸鲈鱼，味道极其鲜美。几乎每位来的客人，都要点上一份，吃完都赞赏不已。范仲淹也觉得这鱼的味道不错，出于好奇，他问小二："这鱼是本地自产的吗？"小二不无得意地指着门外，说："看，就是出自前面的这条江。我们这鱼呀，可是渔夫们每天早上第一批送过来的呢！"范仲淹顺着小二所指的方向望去，就见风浪中有条小小的渔船随波浪起伏，渔民尽管有些站不稳，仍卖力地抛出渔网。看到这番场景，范仲淹顿时觉得嘴里的鱼也没那么美味了。他一时情动，创作了言浅意深的《江上渔者》。

江上渔者[1]

宋·范仲淹

江上往来人，
但[2]爱[3]鲈鱼[4]美。
君[5]看一叶舟，
出没风波里。

【注释】

[1] 渔者：捕鱼的人。
[2] 但：只。
[3] 爱：喜欢。
[4] 鲈（lú）鱼：一种味道鲜美、肉质细腻的鱼，又称花鲈。
[5] 君：你。

译文赏析

江上的行人来来往往，只爱鲈鱼的鲜美味道。你看那一叶小船，在风浪之中时隐时现。

这首诗首句写江上人来人往，十分热闹。次句点明原因，原来是喜欢味道鲜美的鲈鱼。后两句写渔民艰苦危险的劳动环境，表达了对渔民的同情，同时也暗含对江上人的规劝。"往来人"和"一叶舟"，"鲈鱼美"和"风波里"形成鲜明对比，显示出全诗主旨——鲈鱼虽然鲜美，捕捉却很辛苦。

全诗语言朴实，形象生动，通过描写渔民辛苦劳动的情形，唤醒人们对生活在社会底层的老百姓生活的关注和同情。

直击考点

2021年湖北省黄冈市小升初考试

下面说法不正确的一项是（ ）。

A."两面三刀"是一个贬义词，形容那些当面一套、背后一套的人。
B.《送元二使安西》是唐代诗人王维的一首七言绝句，是古人送别诗的代表作之一。
C.《江上渔者》描写了渔民打鱼的情景，赞美了渔民的勤劳和鲈鱼的美味。
D.《采薇》是戍边战士在返乡途中抒发感慨之作。

02 泊船瓜洲

诗词有故事 / 月亮啊,何时照亮我回家的路

宋真宗天禧五年(1021年),雪花飘飘的腊月,王安石出生在临川的一个仕宦家庭。他的父亲王益常年在外做官,王安石的童年和少年时期,几乎都是跟着父亲辗转各地,这让他增长了不少见识。

宋仁宗庆历二年(1042年),二十二岁的王安石成为科考的状元大热门。结果,因为宋仁宗不喜他的真性情和固执,把他排在了第四名。次年,范仲淹等人发起"庆历新政",虽然这次改革以失败告终,却在王安石的内心埋下了革新的种子。

宋神宗治平四年(1067年)正月,刚登基不久的宋神宗表现出锐意改革的决心。宋神宗很快注意到了王安石,先是提拔他为江宁知府,又在同年九月提拔他为翰林学士,召他入京。

王安石知道自己的机会来了。熙宁元年(1068年)的春天,王安石从江宁府出发,坐船顺江东下。途中路过京口(镇江)金山寺时,王安石决定先去寺中拜访自己的老朋友宝觉禅师。在寺内的僧房里,两个人彻夜长谈。宝觉禅师给了王安石很多建议,这让王安石的心中多少有了底。第二天,王安石继续赶路。到了晚上,船过长江,停在瓜洲。过了长江,从瓜洲北上,就算离开江南了。夜空中明月高悬,水面上波光粼粼,王安石回望对岸京口的灯火,江南的春意只能留在记忆之中。他心中莫名惆怅,坐在船中,铺纸研磨,写下了《泊船瓜洲》。

写完之后,王安石在一个字上纠结起来。到底是"春风又绿江南岸",还是"春风又到江南岸"呢?王安石把"到"改成"过",再把"过"改成"入"……翻来覆去修改了十多个字,最后才确定为"绿"。

其实王安石知道,他拿不定主意的不是字,而是自己的未来。此次北上,存在很多变数,他不知道何时才能再回到这里来。他期待着功成身退,再来和宝觉禅师讲经说禅,吟诗作对。

泊船①瓜洲②

宋·王安石

京口③瓜洲一水间，
钟山④只隔数重山。
春风又绿江南岸，
明月何时照我还？

【注释】

①泊船：停船。泊，停泊。
②瓜洲：地名，在今江苏扬州南郊一带。
③京口：地名，今江苏镇江。
④钟山：指今江苏南京紫金山。

译文赏析

京口和瓜洲之间只隔一条长江，和钟山也只隔着几座山。春风又吹绿了江南的两岸，明月什么时候才能照亮我回家的路呢？

这是一首有名的思乡之作。诗人当时离乡返京，即将拜相受重用，所以这首诗又有着深刻的政治内涵。前两句写诗人站在瓜洲渡口，放眼遥望家乡，"一水间"和"只隔"，都表明了距离近，行船速度快。而结合诗人此次行程的目的和背景，可以看出诗人因为踌躇满志，所以迫切想要尽快到达京口，以便尽早入京施展抱负。又因心有不安，生出无限的思乡之情。第三句写长江两岸的春色，寄托着诗人希望有所作为的心情。"绿"字表明季节是草长莺飞的春天，为结句希望能够早日回到家乡做好情景铺垫，进一步表达诗人的思乡之情。

直击考点

2021年北京市昌平区幼升小考试

在学校开展的"中华诗词大会"活动中，主持人请同学们朗诵一首能表达思乡之情的古诗词。下面古诗中，最恰当的一首是（　　）。

A.王安石的《泊船瓜洲》　　B.叶绍翁的《游园不值》
C.王维的《送元二使安西》　　D.范仲淹的《江上渔者》

03 元日

诗词有故事 / 充满期待的新年

宋神宗熙宁元年（1068年）四月，王安石从江宁来到京师汴京。一到京城，宋神宗就迫不及待地破格召见了王安石。王安石上了一道《本朝百年无事札子》的奏章，宋神宗翻来覆去读了好几遍。君臣两人就大宋当前所面临的政治、经济、军事以及民生等一系列问题交换了意见，最后得出结论：改革势在必行。宋神宗像抓住了救命稻草一样，当场表示，要重用王安石。第二天，宋神宗正式宣召王安石入职翰林院，又赐给他对衣、金带、鞍马，礼仪好不隆重。接下来的日子里，两个人无所不谈，君臣之间亲密无间。

转眼间，到了这一年的十二月，宋神宗明确表示，想任用王安石担任参知政事，也就是副宰相。王安石踌躇满志，畅想着自己大展身手的日子。

次年正月初一，汴京城里到处弥漫着新年的气息。大家都忙着打扫门户，贴上红红的福字或门神画，又钉上崭新的桃符。新发明的火药也被用来增添节日的喜庆氛围。想到这个王朝即将由自己主导一场翻天覆地的变革，从此国富民强，人民安居乐业，王安石豪情满怀，一首《元日》喷薄而出。

宋仁宗时期，名臣包拯曾经上奏，将春节假期由七天缩减为五天。到了神宗时，在人们的呼吁下，春节假期又恢复了七天。因此，在这段时间，王安石都比较悠闲。他有时候会抬头看天上的祥云，有时候又把目光投向街边的柳树。正月十五元宵节的时候，整个东京城里华灯齐放，火树银花，王安石却躲在书斋里读书。他想到身为馆阁校勘的好友刘攽，还写了一首《上元戏呈贡父》给他。

这一年，王安石推出了均输法、青苗法、农田水利法等众多新法，社会面貌一派欣欣向荣。他甚至写了一首《商鞅》来表达自己的心志："自古驱民在信诚，一言为重百金轻。今人未可非商鞅，商鞅能令政必行。"意思是说，哪怕像商鞅一样被五马分尸，只要对国家有利，我王安石也不在乎。

元日[1]

宋·王安石

爆竹声中一岁除[2]，
春风送暖入屠苏[3]。
千门万户曈曈[4]日，
总把新桃[5]换旧符。

【注释】

[1] 元日：农历正月初一，春节。
[2] 除：尽，完。
[3] 屠（tú）苏：用屠苏草浸泡的酒，可驱邪避疫。
[4] 曈曈（tóng tóng）：日出时明亮的样子。
[5] 桃：桃符，古人在桃木板写上神荼、郁垒两位门神的名字，用来避邪。

译文赏析

爆竹声中一年又过去了，在温暖的春风中畅饮屠苏酒。太阳照亮了千家万户，人们忙着用新桃符来换掉旧桃符。

这是一首写古人迎接新年到来的即景之作。诗人抓住了百姓过春节时的典型生活细节，如放爆竹、饮屠苏酒、换桃符等，呈现出一派热闹非凡的节日氛围。首句紧扣题目，用燃放烟花爆竹这一习俗渲染节日气氛。次句写古人春节饮屠苏酒的传统习俗。第三句写春光普照千家万户，实际象征着诗人希望借助改革带来无限光明的前景。末句"总把新桃换旧符"语含双关，既写当时的民俗，又寄托着诗人除旧布新的愿望。全诗通过对新年新气象的描写，展现了诗人强国富民的远大抱负，以及乐观自信的人生态度。

直击考点

2021年福建省福州市小升初考试

下列诗句中，和中国传统节日无关的是（ ）。

A.遥知兄弟登高处，遍插茱萸少一人。
B.春城无处不飞花，寒食东风御柳斜。
C.劝君更尽一杯酒，西出阳关无故人。
D.千门万户曈曈日，总把新桃换旧符。

04 梅花

诗词有故事 / 愿做墙角一枝梅

宋神宗熙宁三年（1070年），五十岁的王安石官拜宰相，然而，他的变法却遭到了以司马光为首的保守派的坚决反对和抵制。

1074年春，王安石被罢去了宰相之位。至于原因有些可笑。当时天下大旱，很多庄稼都干枯而死，反对派攻击王安石，说这是因为变法搞得天怒人怨，只要罢免王安石，老天爷自然就会下雨。宋神宗无奈，只得牺牲王安石。不过情况稍一好转，皇帝就恢复了他的相位。

只是这一次，王安石遇到了更大的阻力，不仅外部反对，就连变法派内部也严重分裂。变法已经很难继续推行下去了。

1076年，王安石再次被罢免。王安石终于又回到了那个"春风又绿江南岸"的地方。家乡的山水给了王安石很大的慰藉。他在这里读书吟诗，企图寻找心里的宁静。然而，他又怎么能真正静下来呢？

一天，王安石信手翻着一本《古乐府》诗集，里面一首梅花诗引起了他的注意："庭前一树梅，寒多不觉开。只言花似雪，不悟有香来。"他又看了看墙角自己种的梅树，心里有些动容。这次变法，好朋友司马光和大诗人苏轼都反对他，和他成了政敌，就连亲弟弟王安国都处处与他作对。即使这样，王安石心中的信念也始终没有动摇，就像他曾经提出的"三不足"口号那样："天变不足畏，祖宗不足法，人言不足恤。"天灾不帮助我变法，体制不帮助我，舆论和人心也不支持我，可我不在乎，只要对国家好，我就要坚持下去。

王安石再次把目光投到墙角，几枝梅花不惧严寒已然开放，他决定逆着《古乐府》里的意思写一首《梅花》。他要告诉世人，他王安石坦荡无私，不会在意别人的议论，更不会放弃改革的理想。哪怕环境再险恶，也要将变法进行到底，就像这梅花，哪怕天气再寒冷，也要迎着寒风开放。遗憾的是，王安石没有等来东山再起的机会，因为几年后，最支持他变法的宋神宗就英年早逝了。

梅花

宋·王安石

墙 角 数 枝 梅，
凌寒❶独 自 开 。
遥 知 不 是 雪 ，
为❷有 暗 香❸来 。

【注释】

❶凌寒：冒着、顶着严寒。
❷为：因为。
❸暗香：幽香。

译文赏析

墙角有几枝梅花，正顶着严寒独自盛开。远远地就知道那不是雪，因为有梅花的幽香传来。

这是一首托物言志的五言绝句。诗人通过赞美梅花的高洁品质，表达了自己坚忍不拔、在逆境之中洁身自好的心态。

首句"墙角"二字写梅花的生存环境不为人瞩目，且条件恶劣。次句"独自开"表面写梅花不畏寒、不从众，实际体现了诗人坚持自我的信念，有一种"虽千万人，吾往矣"的英雄气概。三、四句写梅花暗香宜人，象征着诗人丰盈的内心，即便面对严寒，仍然要向人们送出暗香，表达了诗人的济世情怀。

直击考点

《梅花》所描写的梅，是_____之一，除了梅花，另外三个分别是____、____、____。这首诗写的季节是____，"____"二字点明地点，"____"二字交代时间，突出了梅花于严寒中傲然怒放的个性，"独自开"与"_____"相照应，传递了梅先天下春的信息。

附 录

答 案

《别董大》唐　高适　送别　白描　黄云　白日　雁　雪　志同道合的人　董大　对朋友的劝慰和鼓励

《春夜喜雨》拟人　好　知时节　野径云俱黑　江船火独明　喜

《江畔独步寻花》唐　杜甫　子美　诗圣　春天　愉悦、闲适　春光懒困倚微风　拟人

《闻官军收河南河北》剑外忽传收蓟北　初闻涕泪满衣裳　急速飞驰　迫不及待、归心似箭

《绝句二首》黄、翠、白、青　两、一

飞、睡　迟日、春风、花、草、燕子、鸳鸯

《渔歌子》词　春　西塞山前　白　青　绿　人　悠闲自在

《枫桥夜泊》BACD

《寒食》A

《滁州西涧》唐　韦应物　静　动　厌恶喧嚣、寻求宁静的政治情怀和审美心态

《塞下曲》大历十才子　卢纶　边塞

《游子吟》唐　孟郊　五言　白描　临行时母亲缝衣服　子女　寸草心　三春晖

《早春呈水部张十八员外》唐　韩愈　张籍　早春　遥　近

《十五夜望月》C

《悯农二首》四海无闲田　农夫犹饿死　对农民的怜悯

唐　李绅　谁知盘中餐　粒粒皆辛苦

《赋得古原草送别》野火烧不尽　春风吹又生　水光潋滟晴方好　山色空蒙雨亦奇

《大林寺桃花》对比　始盛开　春天无限眷恋和热爱　遗憾　惊喜　长恨　不知

《暮江吟》江水　月亮　瑟瑟　红　可怜

《池上》唐　白居易　乐天　香山居士　诗魔　儿童

《忆江南》词　日出　江花　江水　江南好　能不忆江南　江南春天　好　忆

《浪淘沙二首》唐　刘禹锡　拟人　黄河水奔腾万里的气势　黄沙　银河　百折不挠　豪迈浪漫
　　　　　　钱塘江　动态　潮来之势　吼　潮势达到顶点时　吼地来　触山回　须臾　静态

《望洞庭》洞庭湖　太湖　鄱阳湖　洪泽湖　潭面　未打磨的镜子　洞庭湖　白银盘　君山　青螺

《江雪》唐　柳宗元　刘柳　韩柳　绝　灭　孤　独　诗人自己

《寻隐者不遇》唐　贾岛　诗奴　寓问于答　白云　青松

《小儿垂钓》唐　胡令能　儿童　钓鱼

《马诗》李贺　长吉　诗鬼　大漠　燕山　钩　马　托物言志　悲凉肃杀的边疆战场的景象　渴望早日建功立业

《江南春》杜牧　牧之　樊川居士　小李杜　江南美丽风光　《江南》《忆江南》

《山行》远上寒山石径斜　白云生处有人家　山势的高峻　停车坐爱枫林晚　霜叶红于二月花　深秋美景　夕阳中的枫叶　二月的花朵　深秋时节

《清明》A

《嫦娥》唐　李商隐　义山　玉谿生　环境　清冷寂寞　猜测　云母屏风烛影深　长河渐落晓星沉　孤独、悔恨、度日如年

《乞巧》唐　林杰　向织女祈求一双巧手　七夕节　七月初七　《牛郎织女》　七夕今宵看碧霄　牵牛织女渡河桥

《蜂》唐　罗隐　不论　无限　尽　欲扬先抑或正言欲反、欲夺故予　蜜　采得百花　辛勤的劳动者　不劳而获的剥削者

《江上渔者》C　表达了对渔民的同情。

《泊船瓜洲》A

《元日》C

《梅花》花中四君子　兰　竹　菊　早春或初春　墙角　凌寒　数枝梅

诗歌知识链接

唐朝诗人的"封神榜"

唐朝是诗歌的鼎盛时期，这个时期的一些诗人因为在诗歌领域获得的巨大成就被冠以极高的荣誉，比如我们熟悉的李白被称为"诗仙"，杜甫被称为"诗圣"，杜甫的诗被称为"诗史"。此外，王维是"诗佛"，贺知章是"诗狂"，白居易是"诗魔"，李贺是"诗鬼"，刘禹锡是"诗豪"，孟郊是"诗囚"。

唐代三大诗人

李白、杜甫、白居易三位诗人的合称。他们的诗歌成就在整个唐代乃至现在都是无人超越的。

大历十才子

指活跃在唐代宗大历时期的一个诗歌流派，包括李端、卢纶、吉中孚、韩翃、钱起、司空曙、苗发、崔峒、耿㠗、夏侯审十人。他们都擅长五言近体，擅写自然景物及乡情旅思等，语词优美，音律协和，但题材风格相对有些单调。

韩孟诗派

中唐的一个诗歌创作流派，以韩愈为领袖，包括孟郊、李贺、卢仝、马异、刘叉。在艺术上，他们力求避熟就生，标新立异，形成一种奇崛硬险的风格。

二王八司马

唐顺宗年间推行一系列善政的革新派官僚士大夫。他们主张打击宦官势力、革新政治。"二王"指王叔文、王伾，"八司马"指韦执谊、韩泰、陈谏、柳宗元、刘禹锡、韩晔、凌准、程异八人。

大、小李杜

"大李杜"指盛唐时期的著名诗人李白和杜甫，"小李杜"指晚唐时期的著名诗人李商隐和杜牧。

王孟韦柳
盛唐王维、孟浩然，中唐韦应物、柳宗元的合称。他们是继承陶渊明田园诗而发展成独特的唐代山水田园诗歌流派的代表。

唐宋八大家
又称"唐宋散文八大家"，是唐代和宋代八位散文家的合称，即唐代柳宗元、韩愈，宋代欧阳修、苏洵、苏轼、苏辙、王安石、曾巩。其中韩愈、柳宗元是唐代古文运动的领袖，欧阳修、"三苏"（苏轼、苏辙、苏洵）等四人是宋代古文运动的核心人物。

托物言志
一种常见的表现手法。通常，诗人运用象征或起兴等手法，通过描绘某一事物来表达诗人情感或彰显诗人品格。

题壁诗
顾名思义，就是写在墙壁上的诗。但"壁"的范围很宽泛，亭台楼阁、寺庙驿馆乃至山岩石壁，只要能写字，都可以用来作题壁诗。

中国四大淡水湖
指位于江苏省南部的太湖、江西省北部的鄱阳湖、江苏省淮安市西部的洪泽湖和湖南省北部的洞庭湖。

这才是孩子爱读的古诗词

思维导图

北京理工大学出版社

小学语文古诗词同步检索表

一年级（上）

咏鹅 ……………………… 8
江南 ……………………… 5
画 ………………………… 17
悯农（其二）…………… 30
古朗月行（节选）……… 21
风（其一）……………… 8

一年级（下）

春晓 ……………………… 11
赠汪伦 …………………… 21
静夜思 …………………… 19
寻隐者不遇 ……………… 35
池上（其二）…………… 32
小池 ……………………… 49
画鸡 ……………………… 57

二年级（上）

梅花 ……………………… 41
小儿垂钓 ………………… 35
登鹳雀楼 ………………… 10
望庐山瀑布 ……………… 18

江雪 ……………………… 34
夜宿山寺 ………………… 18
敕勒歌 …………………… 7

二年级（下）

村居 ……………………… 60
咏柳 ……………………… 9
赋得古原草送别（节选）… 30
晓出净慈寺送林子方（其二）… 50
绝句（其三）…………… 25
悯农（其一）…………… 29
舟夜书所见 ……………… 58

三年级（上）

所见 ……………………… 59
山行 ……………………… 37
赠刘景文 ………………… 45
夜书所见 ………………… 54
望天门山 ………………… 19
饮湖上初晴后雨（其二）… 43
望洞庭 …………………… 34
早发白帝城 ……………… 22

采莲曲 …………………… 14

三年级（下）

绝句（其一）…………… 24
惠崇春江晚景（其一）… 44
三衢道中 ………………… 46
忆江南（其一）………… 32
元日 ……………………… 40
清明 ……………………… 37
九月九日忆山东兄弟 …… 15
滁州西涧 ………………… 27
大林寺桃花 ……………… 31

四年级（上）

浪淘沙（其七）………… 33
鹿柴 ……………………… 16
暮江吟 …………………… 31
题西林壁 ………………… 44
雪梅（其一）…………… 55
嫦娥 ……………………… 38
出塞 ……………………… 13
凉州词（其一）………… 10

夏日绝句 …………… 46
别董大（其一）…………… 22

四年级（下）

四时田园杂兴（其二十五）… 48
宿新市徐公店（其二）…… 51
清平乐·村居 …………… 53
江畔独步寻花（其五）…… 23
蜂 …………………… 39
独坐敬亭山 ……………… 20
芙蓉楼送辛渐 …………… 14
塞下曲（其三）…………… 27
墨梅 ……………………… 56

五年级（上）

蝉 ………………………… 7
乞巧 ……………………… 38
示儿 ……………………… 48
题临安邸 ………………… 47
己亥杂诗（其一百二十五）… 60
山居秋暝 ………………… 16
枫桥夜泊 ………………… 26
长相思 …………………… 58
渔歌子（其一）…………… 25

观书有感（其一）………… 51
观书有感（其二）………… 52

五年级（下）

四时田园杂兴（其三十一）… 49
稚子弄冰 ………………… 50
村晚 ……………………… 56
游子吟 …………………… 28
鸟鸣涧 …………………… 15
从军行（其四）…………… 13
秋夜将晓出篱门迎凉有感（其二）
………………………… 47
闻官军收河南河北 ……… 24
凉州词 …………………… 11
黄鹤楼送孟浩然之广陵 … 20
乡村四月 ………………… 54

六年级（上）

宿建德江 ………………… 12
六月二十七日望湖楼醉书（其一）
………………………… 42
西江月·夜行黄沙道中 … 53
过故人庄 ………………… 12
春日 ……………………… 52

回乡偶书（其一）………… 9
浪淘沙（其一）…………… 33
江南春 …………………… 36
书湖阴先生壁（其一）…… 41

六年级（下）

寒食 ……………………… 26
迢迢牵牛星 ……………… 6
十五夜望月 ……………… 29
长歌行 …………………… 5
马诗（其五）……………… 36
石灰吟 …………………… 57
竹石 ……………………… 59
采薇（节选）……………… 4
送元二使安西 …………… 17
春夜喜雨 ………………… 23
早春呈水部张十八员外（其一）
………………………… 28
江上渔者 ………………… 39
泊船瓜洲 ………………… 40
游园不值 ………………… 55
卜算子·送鲍浩然之浙东 … 42
浣溪沙 …………………… 43
清平乐 …………………… 45

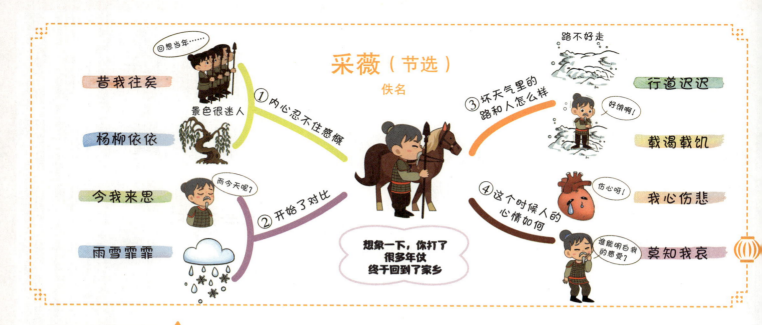

采薇（节选）

佚名

昔我往矣，杨柳依依。
今我来思，雨雪霏霏。
行道迟迟，载渴载饥。
我心伤悲，莫知我哀！

离骚（节选）

战国·屈原

朝发轫于苍梧兮，夕余至乎县圃。
欲少留此灵琐兮，日忽忽其将暮。
吾令羲和弭节兮，望崦嵫而勿迫。
路曼曼其修远兮，吾将上下而求索。

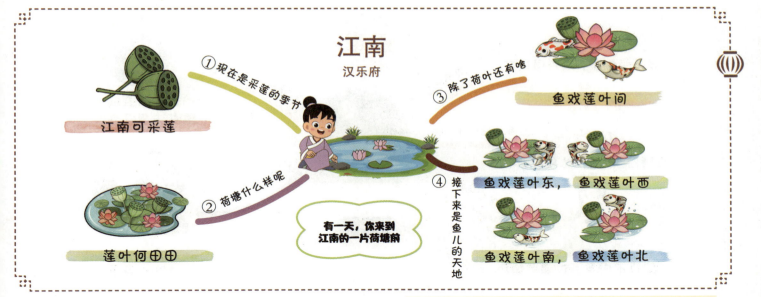

江南
汉乐府

江南可采莲,莲叶何田田。
鱼戏莲叶间。
鱼戏莲叶东,鱼戏莲叶西,
鱼戏莲叶南,鱼戏莲叶北。

长歌行
汉乐府

青青园中葵,朝露待日晞。
阳春布德泽,万物生光辉。
常恐秋节至,焜黄华叶衰。
百川东到海,何时复西归?
少壮不努力,老大徒伤悲!

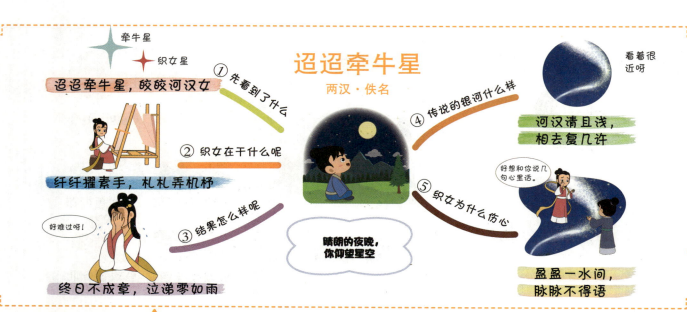

迢迢牵牛星
两汉·佚名

迢迢牵牛星，皎皎河汉女。
纤纤擢素手，札札弄机杼。
终日不成章，泣涕零如雨。
河汉清且浅，相去复几许。
盈盈一水间，脉脉不得语。

七步诗
三国·曹植

煮豆持作羹，漉菽以为汁。
萁在釜下燃，豆在釜中泣。
本自同根生，相煎何太急？

敕勒歌
北朝民歌

chì lè chuān yīn shān xià
敕勒川，阴山下。
tiān sì qióng lú lǒng gài sì yě
天似穹庐，笼盖四野。
tiān cāng cāng yě máng máng
天苍苍，野茫茫，
fēng chuī cǎo dī xiàn niú yáng
风吹草低见牛羊。

蝉
唐·虞世南

chuí ruí yǐn qīng lù
垂緌饮清露，
liú xiǎng chū shū tóng
流响出疏桐。
jū gāo shēng zì yuǎn
居高声自远，
fēi shì jiè qiū fēng
非是藉秋风。

咏鹅
唐·骆宾王

鹅，鹅，鹅，
曲项向天歌。
白毛浮绿水，
红掌拨清波。

风（其一）
唐·李峤

解落三秋叶，
能开二月花。
过江千尺浪，
入竹万竿斜。

咏柳
唐·贺知章

bì yù zhuāng chéng yī shù gāo
碧玉妆成一树高，
wàn tiáo chuí xià lǜ sī tāo
万条垂下绿丝绦。
bù zhī xì yè shuí cái chū
不知细叶谁裁出，
èr yuè chūn fēng sì jiǎn dāo
二月春风似剪刀。

回乡偶书（其一）
唐·贺知章

shào xiǎo lí jiā lǎo dà huí
少小离家老大回，
xiāng yīn wú gǎi bìn máo shuāi
乡音无改鬓毛衰。
ér tóng xiāng jiàn bù xiāng shí
儿童相见不相识，
xiào wèn kè cóng hé chù lái
笑问客从何处来。

凉州词（其一）
唐·王翰

pú táo měi jiǔ yè guāng bēi
葡萄美酒夜光杯，
yù yǐn pí pá mǎ shàng cuī
欲饮琵琶马上催。
zuì wò shā chǎng jūn mò xiào
醉卧沙场君莫笑，
gǔ lái zhēng zhàn jǐ rén huí
古来征战几人回？

登鹳雀楼
唐·王之涣

bái rì yī shān jìn
白日依山尽，
huáng hé rù hǎi liú
黄河入海流。
yù qióng qiān lǐ mù
欲穷千里目，
gèng shàng yì céng lóu
更上一层楼。

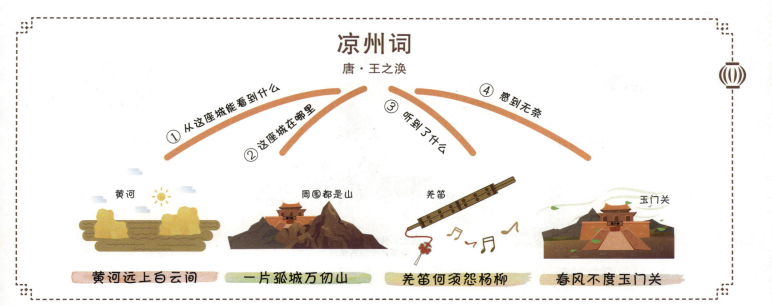

凉州词
唐·王之涣

huáng hé yuǎn shàng bái yún jiān
黄 河 远 上 白 云 间，
yí piàn gū chéng wàn rèn shān
一 片 孤 城 万 仞 山。
qiāng dí hé xū yuàn yáng liǔ
羌 笛 何 须 怨 杨 柳，
chūn fēng bú dù yù mén guān
春 风 不 度 玉 门 关。

春晓
唐·孟浩然

chūn mián bù jué xiǎo
春 眠 不 觉 晓，
chù chù wén tí niǎo
处 处 闻 啼 鸟。
yè lái fēng yǔ shēng
夜 来 风 雨 声，
huā luò zhī duō shǎo
花 落 知 多 少。

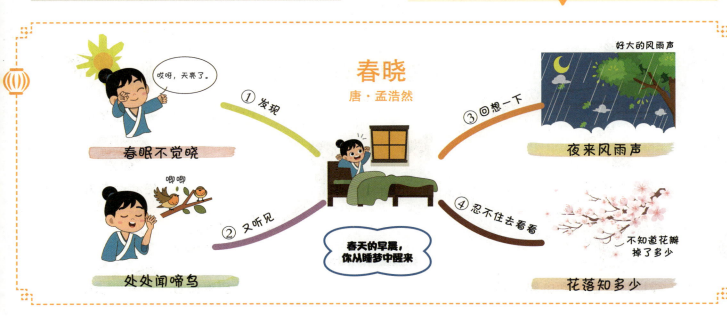

宿建德江

唐·孟浩然

yí zhōu bó yān zhǔ
移舟泊烟渚，
rì mù kè chóu xīn
日暮客愁新。
yě kuàng tiān dī shù
野旷天低树，
jiāng qīng yuè jìn rén
江清月近人。

过故人庄

唐·孟浩然

gù rén jù jī shǔ　　yāo wǒ zhì tián jiā
故人具鸡黍，邀我至田家。
lǜ shù cūn biān hé　　qīng shān guō wài xié
绿树村边合，青山郭外斜。
kāi xuān miàn cháng pǔ　　bǎ jiǔ huà sāng má
开轩面场圃，把酒话桑麻。
dài dào chóng yáng rì　　hái lái jiù jú huā
待到重阳日，还来就菊花。

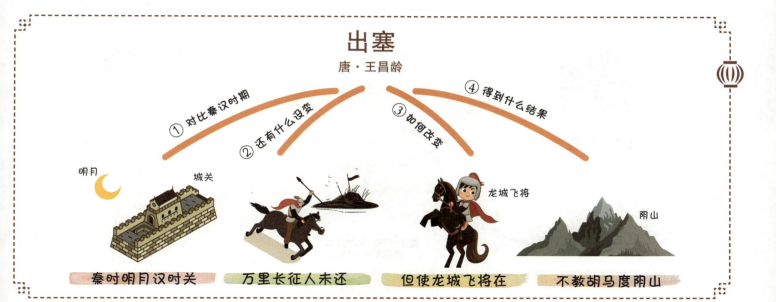

出塞
唐·王昌龄

秦时明月汉时关，
万里长征人未还。
但使龙城飞将在，
不教胡马度阴山。

从军行（其四）
唐·王昌龄

青海长云暗雪山，
孤城遥望玉门关。
黄沙百战穿金甲，
不破楼兰终不还。

芙蓉楼送辛渐
唐·王昌龄

寒雨连江夜入吴，
平明送客楚山孤。
洛阳亲友如相问，
一片冰心在玉壶。

采莲曲
唐·王昌龄

荷叶罗裙一色裁，
芙蓉向脸两边开。
乱入池中看不见，
闻歌始觉有人来。

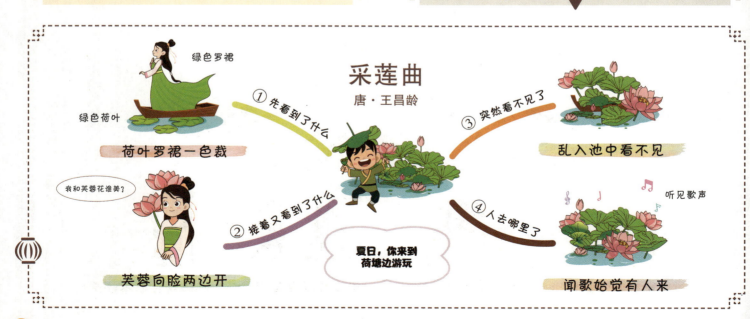

九月九日忆山东兄弟
唐·王维

在这里我就像个客人。
① 突然感慨
独在异乡为异客

好想亲人啊!
② 要过节了
每逢佳节倍思亲

想象一下,你一个人孤身在外地

③ 想象家里的兄弟

遥知兄弟登高处

只有我没和他们一起插茱萸。
遍插茱萸少一人

九月九日忆山东兄弟
唐·王维

dú zài yì xiāng wéi yì kè
独 在 异 乡 为 异 客,
měi féng jiā jié bèi sī qīn
每 逢 佳 节 倍 思 亲。
yáo zhī xiōng dì dēng gāo chù
遥 知 兄 弟 登 高 处,
biàn chā zhū yú shǎo yì rén
遍 插 茱 萸 少 一 人。

鸟鸣涧
唐·王维

rén xián guì huā luò
人 闲 桂 花 落,
yè jìng chūn shān kōng
夜 静 春 山 空。
yuè chū jīng shān niǎo
月 出 惊 山 鸟,
shí míng chūn jiàn zhōng
时 鸣 春 涧 中。

鸟鸣涧
唐·王维

① 很悠闲的夜晚
② 静得像什么都没有
③ 月亮出来了

桂花都落了!
人闲桂花落

山好像空的
夜静春山空

鸟儿受到惊吓
月出惊山鸟

唧唧
时鸣春涧中

山居秋暝
唐·王维

kōng shān xīn yǔ hòu　　tiān qì wǎn lái qiū
空 山 新 雨 后， 天 气 晚 来 秋。
míng yuè sōng jiān zhào　　qīng quán shí shàng liú
明 月 松 间 照， 清 泉 石 上 流。
zhú xuān guī huàn nǚ　　lián dòng xià yú zhōu
竹 喧 归 浣 女， 莲 动 下 渔 舟。
suí yì chūn fāng xiē　　wáng sūn zì kě liú
随 意 春 芳 歇， 王 孙 自 可 留。

鹿柴
唐·王维

kōng shān bú jiàn rén
空 山 不 见 人，
dàn wén rén yǔ xiǎng
但 闻 人 语 响。
fǎn yǐng rù shēn lín
返 景 入 深 林，
fù zhào qīng tái shàng
复 照 青 苔 上。

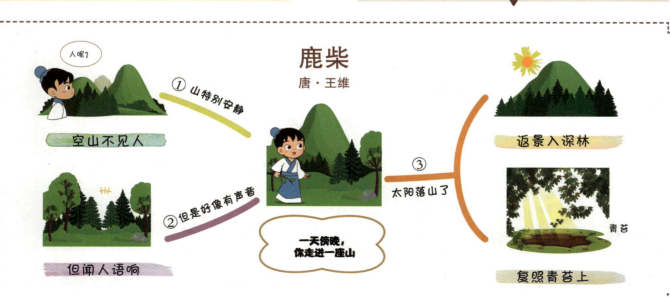

画
唐·王维

远看山有色，
近听水无声。
春去花还在，
人来鸟不惊。

送元二使安西
唐·王维

渭城朝雨浥轻尘，
客舍青青柳色新。
劝君更尽一杯酒，
西出阳关无故人。

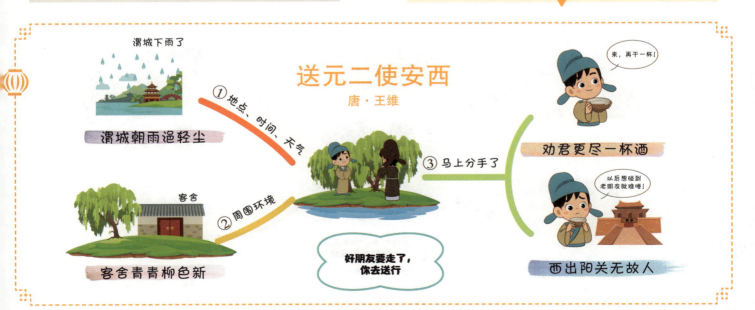

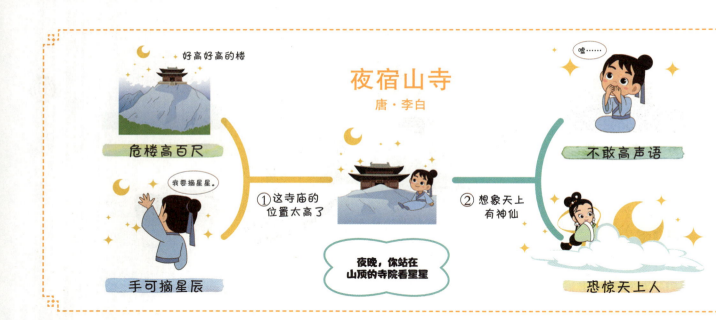

夜宿山寺
唐·李白

wēi lóu gāo bǎi chǐ
危楼高百尺，
shǒu kě zhāi xīng chén
手可摘星辰。
bù gǎn gāo shēng yǔ
不敢高声语，
kǒng jīng tiān shàng rén
恐惊天上人。

望庐山瀑布
唐·李白

rì zhào xiāng lú shēng zǐ yān
日照香炉生紫烟，
yáo kàn pù bù guà qián chuān
遥看瀑布挂前川。
fēi liú zhí xià sān qiān chǐ
飞流直下三千尺，
yí shì yín hé luò jiǔ tiān
疑是银河落九天。

望天门山
唐·李白

tiān mén zhōng duàn chǔ jiāng kāi
天 门 中 断 楚 江 开，
bì shuǐ dōng liú zhì cǐ huí
碧 水 东 流 至 此 回。
liǎng àn qīng shān xiāng duì chū
两 岸 青 山 相 对 出，
gū fān yí piàn rì biān lái
孤 帆 一 片 日 边 来。

静夜思
唐·李白

chuáng qián míng yuè guāng
床 前 明 月 光，
yí shì dì shàng shuāng
疑 是 地 上 霜。
jǔ tóu wàng míng yuè
举 头 望 明 月，
dī tóu sī gù xiāng
低 头 思 故 乡。

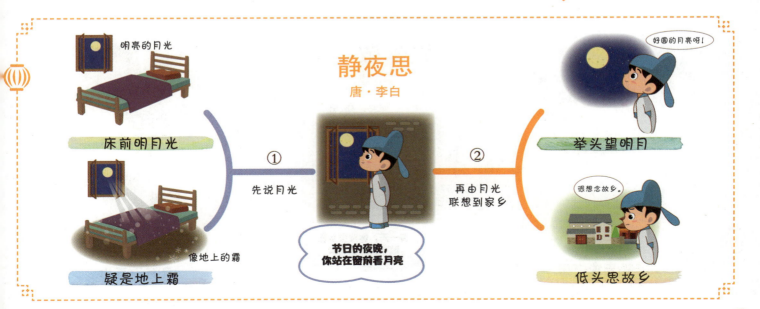

黄鹤楼送孟浩然之广陵
唐·李白

故人西辞黄鹤楼，
烟花三月下扬州。
孤帆远影碧空尽，
唯见长江天际流。

独坐敬亭山
唐·李白

众鸟高飞尽，
孤云独去闲。
相看两不厌，
只有敬亭山。

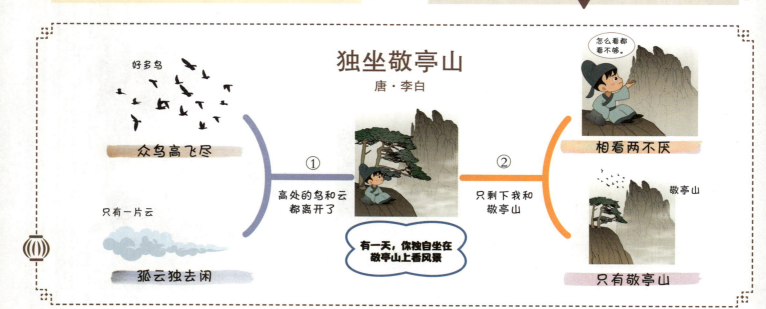

古朗月行（节选）
唐·李白

小时不识月，
呼作白玉盘。
又疑瑶台镜，
飞在青云端。

赠汪伦
唐·李白

李白乘舟将欲行，
忽闻岸上踏歌声。
桃花潭水深千尺，
不及汪伦送我情。

早发白帝城
唐·李白

zhāo cí bái dì cǎi yún jiān
朝辞白帝彩云间，
qiān lǐ jiāng líng yí rì huán
千里江陵一日还。
liǎng àn yuán shēng tí bú zhù
两岸猿声啼不住，
qīng zhōu yǐ guò wàn chóng shān
轻舟已过万重山。

别董大（其一）
唐·高适

qiān lǐ huáng yún bái rì xūn
千里黄云白日曛，
běi fēng chuī yàn xuě fēn fēn
北风吹雁雪纷纷。
mò chóu qián lù wú zhī jǐ
莫愁前路无知己，
tiān xià shuí rén bù shí jūn
天下谁人不识君？

春夜喜雨
唐·杜甫

好雨知时节，当春乃发生。
随风潜入夜，润物细无声。
野径云俱黑，江船火独明。
晓看红湿处，花重锦官城。

江畔独步寻花（其五）
唐·杜甫

黄师塔前江水东，
春光懒困倚微风。
桃花一簇开无主，
可爱深红爱浅红？

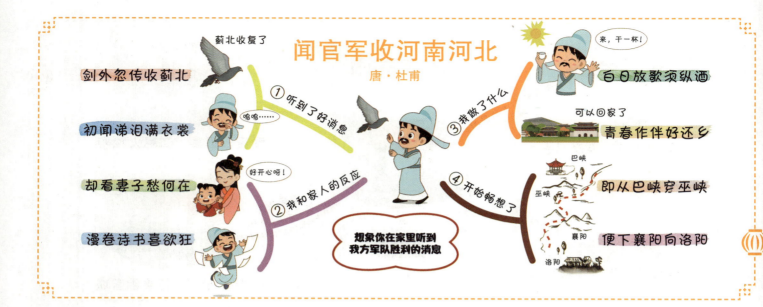

闻官军收河南河北
唐·杜甫

剑外忽传收蓟北，初闻涕泪满衣裳。
却看妻子愁何在，漫卷诗书喜欲狂。
白日放歌须纵酒，青春作伴好还乡。
即从巴峡穿巫峡，便下襄阳向洛阳。

绝句（其一）
唐·杜甫

迟日江山丽，
春风花草香。
泥融飞燕子，
沙暖睡鸳鸯。

绝句（其三）

唐·杜甫

liǎng gè huáng lí míng cuì liǔ
两个黄鹂鸣翠柳，
yì háng bái lù shàng qīng tiān
一行白鹭上青天。
chuāng hán xī lǐng qiān qiū xuě
窗含西岭千秋雪，
mén bó dōng wú wàn lǐ chuán
门泊东吴万里船。

渔歌子（其一）

唐·张志和

xī sài shān qián bái lù fēi
西塞山前白鹭飞，
táo huā liú shuǐ guì yú féi
桃花流水鳜鱼肥。
qīng ruò lì lù suō yī
青箬笠，绿蓑衣，
xié fēng xì yǔ bù xū guī
斜风细雨不须归。

枫桥夜泊
唐·张继

月落乌啼霜满天，
江枫渔火对愁眠。
姑苏城外寒山寺，
夜半钟声到客船。

寒食
唐·韩翃

春城无处不飞花，
寒食东风御柳斜。
日暮汉宫传蜡烛，
轻烟散入五侯家。

滁州西涧
唐·韦应物

独怜幽草涧边生，
上有黄鹂深树鸣。
春潮带雨晚来急，
野渡无人舟自横。

塞下曲（其三）
唐·卢纶

月黑雁飞高，
单于夜遁逃。
欲将轻骑逐，
大雪满弓刀。

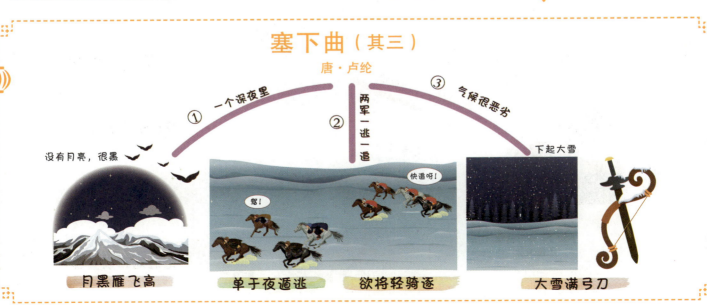

游子吟
唐·孟郊

① 母亲在干什么 — 慈母手中线　游子身上衣

② 母亲在想什么 — 临行密密缝（衣服缝得很细密）　意恐迟迟归（不知道儿子什么时候才能回来。）

③ 通过对比感叹母爱 — 谁言寸草心　报得三春晖

你马上就要去外地工作了

游子吟
唐·孟郊

慈母手中线，游子身上衣。
临行密密缝，意恐迟迟归。
谁言寸草心，报得三春晖。

早春呈水部张十八员外（其一）
唐·韩愈

天街小雨润如酥，
草色遥看近却无。
最是一年春好处，
绝胜烟柳满皇都。

早春呈水部张十八员外（其一）
唐·韩愈

① 街上的景色 — 天街小雨润如酥（小雨很滋润）

② 小草怎样 — 草色遥看近却无

③ 与暮春做比较 — 最是一年春好处（这是一年最美的早春。）　绝胜烟柳满皇都

下雨了，你打着伞走在街上

十五夜望月
唐·王建

中庭地白树栖鸦，
冷露无声湿桂花。
今夜月明人尽望，
不知秋思落谁家。

悯农（其一）
唐·李绅

春种一粒粟，
秋收万颗子。
四海无闲田，
农夫犹饿死。

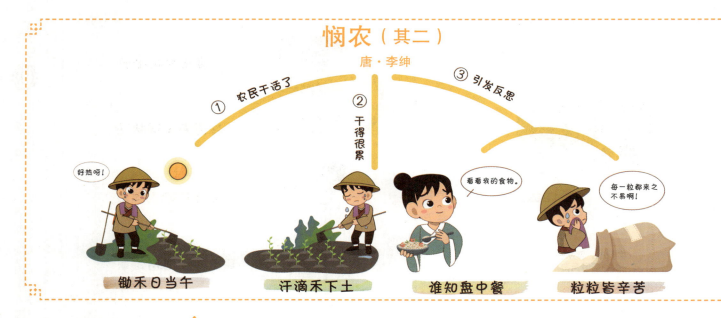

悯农（其二）
唐·李绅

chú hé rì dāng wǔ
锄 禾 日 当 午，
hàn dī hé xià tǔ
汗 滴 禾 下 土。
shuí zhī pán zhōng cān
谁 知 盘 中 餐，
lì lì jiē xīn kǔ
粒 粒 皆 辛 苦。

赋得古原草送别（节选）
唐·白居易

lí lí yuán shàng cǎo
离 离 原 上 草，
yī suì yī kū róng
一 岁 一 枯 荣。
yě huǒ shāo bú jìn
野 火 烧 不 尽，
chūn fēng chuī yòu shēng
春 风 吹 又 生。

大林寺桃花
唐·白居易

rén jiān sì yuè fāng fēi jìn
人 间 四 月 芳 菲 尽，
shān sì táo huā shǐ shèng kāi
山 寺 桃 花 始 盛 开。
cháng hèn chūn guī wú mì chù
长 恨 春 归 无 觅 处，
bù zhī zhuǎn rù cǐ zhōng lái
不 知 转 入 此 中 来。

暮江吟
唐·白居易

yí dào cán yáng pū shuǐ zhōng
一 道 残 阳 铺 水 中，
bàn jiāng sè sè bàn jiāng hóng
半 江 瑟 瑟 半 江 红。
kě lián jiǔ yuè chū sān yè
可 怜 九 月 初 三 夜，
lù sì zhēn zhū yuè sì gōng
露 似 真 珠 月 似 弓。

池上（其二）
唐·白居易

xiǎo wá chēng xiǎo tǐng
小 娃 撑 小 艇，
tōu cǎi bái lián huí
偷 采 白 莲 回。
bù jiě cáng zōng jì
不 解 藏 踪 迹，
fú píng yí dào kāi
浮 萍 一 道 开。

忆江南（其一）
唐·白居易

jiāng nán hǎo
江 南 好，
fēng jǐng jiù céng ān
风 景 旧 曾 谙。
rì chū jiāng huā hóng shèng huǒ
日 出 江 花 红 胜 火，
chūn lái jiāng shuǐ lǜ rú lán
春 来 江 水 绿 如 蓝。
néng bú yì jiāng nán
能 不 忆 江 南？

浪淘沙（其一）
唐·刘禹锡

想象你站在黄河岸边

① 黄河什么样
- 全是沙子 —— 九曲黄河万里沙
- 风浪很大 —— 浪淘风簸自天涯

② 联想到银河
- 银河 —— 如今直上银河去
- 牵牛织女家 —— 同到牵牛织女家

浪淘沙（其一）
唐·刘禹锡

九曲黄河万里沙，
浪淘风簸自天涯。
如今直上银河去，
同到牵牛织女家。

浪淘沙（其七）
唐·刘禹锡

八月涛声吼地来，
头高数丈触山回。
须臾却入海门去，
卷起沙堆似雪堆。

浪淘沙（其七）
唐·刘禹锡

有一天，你站在钱塘江的岸边

① 涛声很大 —— 八月涛声吼地来（好震耳朵！）
② 浪头很高 —— 头高数丈触山回
③ 回归大海 —— 须臾却入海门去
④ 用了一个比喻 —— 卷起沙堆似雪堆（沙堆像雪堆）

望洞庭
唐·刘禹锡

① 近看洞庭湖
- 秋天的月亮 —— 湖光秋月两相和
- 没有打磨的镜子 —— 潭面无风镜未磨

② 远看洞庭湖
- 碧绿的山水 —— 遥望洞庭山水翠
- 青螺 —— 白银盘里一青螺

夜晚,你来到洞庭湖边

望洞庭
唐·刘禹锡

hú guāng qiū yuè liǎng xiāng hé
湖 光 秋 月 两 相 和,
tán miàn wú fēng jìng wèi mó
潭 面 无 风 镜 未 磨。
yáo wàng dòng tíng shān shuǐ cuì
遥 望 洞 庭 山 水 翠,
bái yín pán lǐ yì qīng luó
白 银 盘 里 一 青 螺。

江雪
唐·柳宗元

qiān shān niǎo fēi jué
千 山 鸟 飞 绝,
wàn jìng rén zōng miè
万 径 人 踪 灭。
gū zhōu suō lì wēng
孤 舟 蓑 笠 翁,
dú diào hán jiāng xuě
独 钓 寒 江 雪。

江雪
唐·柳宗元

① 四处都很静
- 山里没有鸟 —— 千山鸟飞绝
- 路上没有人 —— 万径人踪灭

② 一个人出现
- 渔翁 —— 孤舟蓑笠翁
- 钓鱼喽! —— 独钓寒江雪

大雪纷飞的日子,你走在江边

寻隐者不遇
唐·贾岛

有一天，你去山上找一位隐者

① 一询问
② 三回答

你师父去哪里了？

师父去采药了。

就在这座山里。

但是我也不知道具体在哪儿。

松下问童子
言师采药去
只在此山中
云深不知处

寻隐者不遇
唐·贾岛

sōng xià wèn tóng zǐ,
松　下　问　童　子，
yán shī cǎi yào qù。
言　师　采　药　去。
zhǐ zài cǐ shān zhōng,
只　在　此　山　中，
yún shēn bù zhī chù。
云　深　不　知　处。

小儿垂钓
唐·胡令能

péng tóu zhì zǐ xué chuí lún,
蓬　头　稚　子　学　垂　纶，
cè zuò méi tái cǎo yìng shēn。
侧　坐　莓　苔　草　映　身。
lù rén jiè wèn yáo zhāo shǒu,
路　人　借　问　遥　招　手，
pà dé yú jīng bú yìng rén。
怕　得　鱼　惊　不　应　人。

小儿垂钓
唐·胡令能

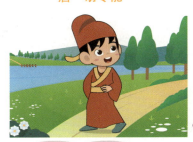

一天，你从一条小河边路过

① 看到一个小孩
② 来了一个路人
③ 小孩为啥不理人

头发乱乱的小孩
莓苔

请问……

蓬头稚子学垂纶
侧坐莓苔草映身
路人借问遥招手
怕得鱼惊不应人

马诗（其五）
唐·李贺

马诗（其五）
唐·李贺

dà mò shā rú xuě,
大 漠 沙 如 雪，
yān shān yuè sì gōu。
燕 山 月 似 钩。
hé dāng jīn luò nǎo,
何 当 金 络 脑，
kuài zǒu tà qīng qiū。
快 走 踏 清 秋。

江南春
唐·杜牧

qiān lǐ yīng tí lǜ yìng hóng,
千 里 莺 啼 绿 映 红，
shuǐ cūn shān guō jiǔ qí fēng。
水 村 山 郭 酒 旗 风。
nán cháo sì bǎi bā shí sì,
南 朝 四 百 八 十 寺，
duō shǎo lóu tái yān yǔ zhōng。
多 少 楼 台 烟 雨 中。

江南春
唐·杜牧

① 自然景象 —— 千里莺啼绿映红（有红有绿）
② 社会景象 —— 水村山郭酒旗风（好多酒家）
③ 南朝的寺庙 —— 南朝四百八十寺（好多寺庙）
④ 楼台淹没在烟雨中 —— 多少楼台烟雨中（烟雨蒙蒙）

想象你在江南感受春天的美景

山行
唐·杜牧

yuǎn shàng hán shān shí jìng xié
远 上 寒 山 石 径 斜，
bái yún shēng chù yǒu rén jiā
白 云 生 处 有 人 家。
tíng chē zuò ài fēng lín wǎn
停 车 坐 爱 枫 林 晚，
shuāng yè hóng yú èr yuè huā
霜 叶 红 于 二 月 花。

清明
唐·杜牧

qīng míng shí jié yǔ fēn fēn
清 明 时 节 雨 纷 纷，
lù shàng xíng rén yù duàn hún
路 上 行 人 欲 断 魂。
jiè wèn jiǔ jiā hé chù yǒu
借 问 酒 家 何 处 有？
mù tóng yáo zhǐ xìng huā cūn
牧 童 遥 指 杏 花 村。

嫦娥
唐·李商隐

yún mǔ píng fēng zhú yǐng shēn
云母屏风烛影深，
cháng hé jiàn luò xiǎo xīng chén
长河渐落晓星沉。
cháng é yīng huǐ tōu líng yào
嫦娥应悔偷灵药，
bì hǎi qīng tiān yè yè xīn
碧海青天夜夜心。

乞巧
唐·林杰

qī xī jīn xiāo kàn bì xiāo
七夕今宵看碧霄，
qiān niú zhī nǚ dù hé qiáo
牵牛织女渡河桥。
jiā jiā qǐ qiǎo wàng qiū yuè
家家乞巧望秋月，
chuān jǐn hóng sī jǐ wàn tiáo
穿尽红丝几万条。

蜂
唐·罗隐

bú lùn píng dì yǔ shān jiān
不论平地与山尖，
wú xiàn fēng guāng jìn bèi zhàn
无限风光尽被占。
cǎi dé bǎi huā chéng mì hòu
采得百花成蜜后，
wèi shuí xīn kǔ wèi shuí tián
为谁辛苦为谁甜？

江上渔者
宋·范仲淹

jiāng shàng wǎng lái rén
江上往来人，
dàn ài lú yú měi
但爱鲈鱼美。
jūn kàn yí yè zhōu
君看一叶舟，
chū mò fēng bō lǐ
出没风波里。

泊船瓜洲
宋·王安石

jīng kǒu guā zhōu yì shuǐ jiān
京口瓜洲一水间,
zhōng shān zhǐ gé shù chóng shān
钟山只隔数重山。
chūn fēng yòu lǜ jiāng nán àn
春风又绿江南岸,
míng yuè hé shí zhào wǒ huán
明月何时照我还。

元日
宋·王安石

bào zhú shēng zhōng yí suì chú
爆竹声中一岁除,
chūn fēng sòng nuǎn rù tú sū
春风送暖入屠苏。
qiān mén wàn hù tóng tóng rì
千门万户曈曈日,
zǒng bǎ xīn táo huàn jiù fú
总把新桃换旧符。

梅花

宋·王安石

qiáng jiǎo shù zhī méi
墙 角 数 枝 梅，
líng hán dú zì kāi
凌 寒 独 自 开。
yáo zhī bú shì xuě
遥 知 不 是 雪，
wèi yǒu àn xiāng lái
为 有 暗 香 来。

书湖阴先生壁（其一）

宋·王安石

máo yán cháng sǎo jìng wú tái
茅 檐 长 扫 净 无 苔，
huā mù chéng qí shǒu zì zāi
花 木 成 畦 手 自 栽。
yì shuǐ hù tián jiāng lǜ rào
一 水 护 田 将 绿 绕，
liǎng shān pái tà sòng qīng lái
两 山 排 闼 送 青 来。

书湖阴先生壁（其一）
宋·王安石

茅檐长扫净无苔

一天，你来湖阴先生家做客

一水护田将绿绕

① 庭院里 花木成畦手自栽

② 庭院外 两山排闼送青来

卜算子·送鲍浩然之浙东
宋·王观

shuǐ shì yǎn bō héng　shān shì méi fēng jù
水 是 眼 波 横，山 是 眉 峰 聚。
yù wèn xíng rén qù nǎ biān　méi yǎn yíng yíng chù
欲 问 行 人 去 那 边？眉 眼 盈 盈 处。
cái shǐ sòng chūn guī　yòu sòng jūn guī qù
才 始 送 春 归，又 送 君 归 去。
ruò dào jiāng nán gǎn shàng chūn　qiān wàn hé chūn zhù
若 到 江 南 赶 上 春，千 万 和 春 住。

六月二十七日望湖楼醉书（其一）
宋·苏轼

hēi yún fān mò wèi zhē shān
黑 云 翻 墨 未 遮 山，
bái yǔ tiào zhū luàn rù chuán
白 雨 跳 珠 乱 入 船。
juǎn dì fēng lái hū chuī sàn
卷 地 风 来 忽 吹 散，
wàng hú lóu xià shuǐ rú tiān
望 湖 楼 下 水 如 天。

六月二十七日望湖楼醉书（其一）
宋·苏轼

一天，你在西湖边喝酒边看风景

① 突然下雨了

黑云翻墨未遮山

雨点像珠子一样

白雨跳珠乱入船

② 雨停了

风把雨吹散了

卷地风来忽吹散

水天相接

望湖楼下水如天

饮湖上初晴后雨（其二）
宋·苏轼

① 不同天气
- 晴天的西湖 —— 水光潋滟晴方好
- 雨天的西湖 —— 山色空蒙雨亦奇

③ 拟人修辞手法
- 西湖和我谁美？—— 欲把西湖比西子
- 怎么化妆都好看。—— 淡妆浓抹总相宜

有一天，你来到西湖边看风景

饮湖上初晴后雨（其二）
宋·苏轼

水光潋滟晴方好，
山色空蒙雨亦奇。
欲把西湖比西子，
淡妆浓抹总相宜。

浣溪沙
宋·苏轼

游蕲水清泉寺，寺临兰溪，溪水西流。
山下兰芽短浸溪，松间沙路净无泥，潇潇暮雨子规啼。
谁道人生无再少？门前流水尚能西！休将白发唱黄鸡。

浣溪沙
宋·苏轼

① 描写兰溪幽雅的风光
- 短小的兰芽 —— 山下兰芽短浸溪
- 干净的沙路 —— 松间沙路净无泥
- 咕咕咕~ —— 潇潇暮雨子规啼
- 游蕲水清泉寺，寺临兰溪，溪水西流

② 展开讨论
- 谁道人生无再少
- 水向西流 —— 门前流水尚能西

③ 发出感悟
- 好想回到少年时代！—— 休将白发唱黄鸡

题西林壁
宋·苏轼

héng kàn chéng lǐng cè chéng fēng
横看成岭侧成峰，
yuǎn jìn gāo dī gè bù tóng
远近高低各不同。
bù shí lú shān zhēn miàn mù
不识庐山真面目，
zhǐ yuán shēn zài cǐ shān zhōng
只缘身在此山中。

惠崇春江晚景（其一）
宋·苏轼

zhú wài táo huā sān liǎng zhī
竹外桃花三两枝，
chūn jiāng shuǐ nuǎn yā xiān zhī
春江水暖鸭先知。
lóu hāo mǎn dì lú yá duǎn
蒌蒿满地芦芽短，
zhèng shì hé tún yù shàng shí
正是河豚欲上时。

赠刘景文
宋·苏轼

荷尽已无擎雨盖，
菊残犹有傲霜枝。
一年好景君须记，
最是橙黄橘绿时。

清平乐
宋·黄庭坚

春归何处？寂寞无行路。若有人知春去处，唤取归来同住。
春无踪迹谁知？除非问取黄鹂。百啭无人能解，因风飞过蔷薇。

三衢道中
宋·曾几

梅子黄时日日晴，
小溪泛尽却山行。
绿阴不减来时路，
添得黄鹂四五声。

夏日绝句
宋·李清照

生当作人杰，
死亦为鬼雄。
至今思项羽，
不肯过江东。

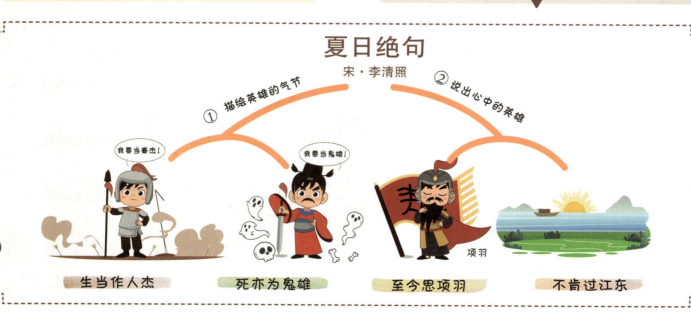

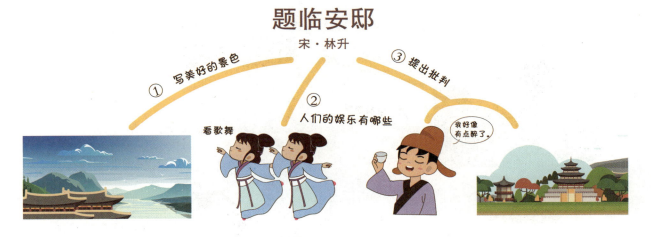

题临安邸

宋·林升

山外青山楼外楼，
西湖歌舞几时休？
暖风熏得游人醉，
直把杭州作汴州。

秋夜将晓出篱门迎凉有感（其二）

宋·陆游

三万里河东入海，
五千仞岳上摩天。
遗民泪尽胡尘里，
南望王师又一年。

示儿
宋·陆游

死去元知万事空,
但悲不见九州同。
王师北定中原日,
家祭无忘告乃翁。

四时田园杂兴(其十二五)
宋·范成大

梅子金黄杏子肥,
麦花雪白菜花稀。
日长篱落无人过,
惟有蜻蜓蛱蝶飞。

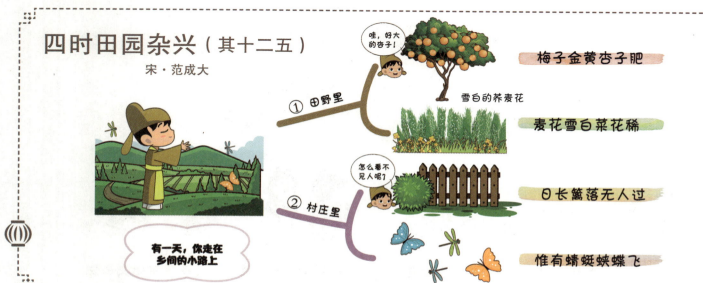

四时田园杂兴（其三十一）
宋·范成大

① 大人们特别忙 ② 孩子们也不闲着

昼出耘田夜绩麻
村庄儿女各当家
童孙未解供耕织
也傍桑阴学种瓜

现在是农家夏忙的时候

四时田园杂兴（其三十一）
宋·范成大

zhòu chū yún tián yè jì má
昼 出 耘 田 夜 绩 麻，
cūn zhuāng ér nǚ gè dāng jiā
村 庄 儿 女 各 当 家。
tóng sūn wèi jiě gòng gēng zhī
童 孙 未 解 供 耕 织，
yè bàng sāng yīn xué zhòng guā
也 傍 桑 阴 学 种 瓜。

小池
宋·杨万里

quán yǎn wú shēng xī xì liú
泉 眼 无 声 惜 细 流，
shù yīn zhào shuǐ ài qíng róu
树 阴 照 水 爱 晴 柔。
xiǎo hé cái lù jiān jiān jiǎo
小 荷 才 露 尖 尖 角，
zǎo yǒu qīng tíng lì shàng tóu
早 有 蜻 蜓 立 上 头。

小池
宋·杨万里

① 有泉水 ② 有树 ③ 有荷花 ④ 有蜻蜓

细细地流淌 哇，荷花要开了

泉眼无声惜细流 树阴照水爱晴柔 小荷才露尖尖角 早有蜻蜓立上头

稚子弄冰
宋·杨万里

zhì zǐ jīn pén tuō xiǎo bīng
稚子金盆脱晓冰，
cǎi sī chuān qǔ dāng yín zhēng
彩丝穿取当银钲。
qiāo chéng yù qìng chuān lín xiǎng
敲成玉磬穿林响，
hū zuò bō lí suì dì shēng
忽作玻璃碎地声。

晓出净慈寺送林子方（其二）
宋·杨万里

bì jìng xī hú liù yuè zhōng
毕竟西湖六月中，
fēng guāng bù yǔ sì shí tóng
风光不与四时同。
jiē tiān lián yè wú qióng bì
接天莲叶无穷碧，
yìng rì hé huā bié yàng hóng
映日荷花别样红。

宿新市徐公店（其二）
宋·杨万里

篱落疏疏一径深，
树头新绿未成阴。
儿童急走追黄蝶，
飞入菜花无处寻。

观书有感（其一）
宋·朱熹

半亩方塘一鉴开，
天光云影共徘徊。
问渠那得清如许？
为有源头活水来。

观书有感（其二）

宋·朱熹

① 昨夜的江边　② 江上的巨舰发生变化　③ 现在的江上

昨夜江边春水生　艨艟巨舰一毛轻　向来枉费推移力　此日中流自在行

观书有感（其二）
宋·朱熹

zuó yè jiāng biān chūn shuǐ shēng
昨夜江边春水生，
méng chōng jù jiàn yì máo qīng
艨艟巨舰一毛轻。
xiàng lái wǎng fèi tuī yí lì
向来枉费推移力，
cǐ rì zhōng liú zì zài xíng
此日中流自在行。

春日
宋·朱熹

shèng rì xún fāng sì shuǐ bīn
胜日寻芳泗水滨，
wú biān guāng jǐng yì shí xīn
无边光景一时新。
děng xián shí dé dōng fēng miàn
等闲识得东风面，
wàn zǐ qiān hóng zǒng shì chūn
万紫千红总是春。

春日

宋·朱熹

① 去泗水寻找春天　② 看到春天　③ 赞美春天

胜日寻芳泗水滨　无边光景一时新　等闲识得东风面　万紫千红总是春

清平乐·村居

宋·辛弃疾

茅檐低小,溪上青青草。醉里吴音相媚好,白发谁家翁媪?大儿锄豆溪东,中儿正织鸡笼。最喜小儿亡赖,溪头卧剥莲蓬。

西江月·夜行黄沙道中

宋·辛弃疾

明月别枝惊鹊,清风半夜鸣蝉。稻花香里说丰年,听取蛙声一片。七八个星天外,两三点雨山前。旧时茅店社林边,路转溪桥忽见。

乡村四月

宋·翁卷

① 乡村景色如何
② 下起了蒙蒙细雨
③ 看不到一个闲人 都在忙
④ 农事忙不停

绿遍山原白满川 | 子规声里雨如烟 | 乡村四月闲人少 | 才了蚕桑又插田

乡村四月
宋·翁卷

绿遍山原白满川，
子规声里雨如烟。
乡村四月闲人少，
才了蚕桑又插田。

夜书所见
宋·叶绍翁

萧萧梧叶送寒声，
江上秋风动客情。
知有儿童挑促织，
夜深篱落一灯明。

夜书所见
宋·叶绍翁

秋天的夜晚，你乘船在江上漂泊

① 天气变冷了
② 思念家乡（突然好想念故乡。）
② 怀念童年（挑促织啦！）
夜深了

萧萧梧叶送寒声
江上秋风动客情
知有儿童挑促织
夜深篱落一灯明

游园不值
宋·叶绍翁

春天的时候,你去拜访一位朋友

① 朋友不在家
-  会不会是怕我留下脚印呢? — 应怜屐齿印苍苔
-  没有人开门 — 小扣柴扉久不开

② 意外惊喜
-  — 春色满园关不住
- 一枝红杏伸出来 — 一枝红杏出墙来

游园不值
宋·叶绍翁

应怜屐齿印苍苔,
小扣柴扉久不开。
春色满园关不住,
一枝红杏出墙来。

雪梅（其一）
宋·卢钺

梅雪争春未肯降,
骚人阁笔费评章。
梅须逊雪三分白,
雪却输梅一段香。

雪梅（其一）
宋·卢钺

① 梅花和雪争香　② 比颜色　③ 比香味

都不肯认输

梅雪争春未肯降

谁更加美呢?

骚人阁笔费评章　　梅须逊雪三分白

梅花更香。

雪却输梅一段香

村晚
宋·雷震

cǎo mǎn chí táng shuǐ mǎn bēi
草 满 池 塘 水 满 陂，
shān xián luò rì jìn hán yī
山 衔 落 日 浸 寒 漪。
mù tóng guī qù héng niú bèi
牧 童 归 去 横 牛 背，
duǎn dí wú qiāng xìn kǒu chuī
短 笛 无 腔 信 口 吹。

墨梅
元·王冕

wǒ jiā xǐ yàn chí tóu shù
我 家 洗 砚 池 头 树，
duǒ duǒ huā kāi dàn mò hén
朵 朵 花 开 淡 墨 痕。
bú yào rén kuā hǎo yán sè
不 要 人 夸 好 颜 色，
zhǐ liú qīng qì mǎn qián kūn
只 留 清 气 满 乾 坤。

石灰吟
明·于谦

qiān chuí wàn záo chū shēn shān
千锤万凿出深山，
liè huǒ fén shāo ruò děng xián
烈火焚烧若等闲。
fěn gǔ suì shēn hún bú pà
粉骨碎身浑不怕，
yào liú qīng bái zài rén jiān
要留清白在人间。

画鸡
明·唐寅

tóu shàng hóng guān bú yòng cái
头上红冠不用裁，
mǎn shēn xuě bái zǒu jiāng lái
满身雪白走将来。
píng shēng bù gǎn qīng yán yǔ
平生不敢轻言语，
yí jiào qiān mén wàn hù kāi
一叫千门万户开。

舟夜书所见

清·查慎行

① 黑夜里的渔灯
② 渔灯像什么
③ 来了一阵微风
④ 河面波光粼粼

像萤火虫一样

是星星吗

月黑见渔灯　　孤光一点萤　　微微风簇浪　　散作满河星

舟夜书所见
清·查慎行

月黑见渔灯，
孤光一点萤。
微微风簇浪，
散作满河星。

长相思
清·纳兰性德

山一程，水一程，身向榆关那畔行，夜深千帐灯。
风一更，雪一更，聒碎乡心梦不成，故园无此声。

竹石
清·郑燮

咬定青山不放松，
立根原在破岩中。
千磨万击还坚劲，
任尔东西南北风。

所见
清·袁枚

牧童骑黄牛，
歌声振林樾。
意欲捕鸣蝉，
忽然闭口立。

己亥杂诗（其一百二十五）

清·龚自珍

① 自然环境　② 社会环境　③ 提出建议

九州生气恃风雷　万马齐喑究可哀　我劝天公重抖擞　不拘一格降人才

己亥杂诗（其一百二十五）
清·龚自珍

jiǔ zhōu shēng qì shì fēng léi
九州生气恃风雷，
wàn mǎ qí yīn jiū kě āi
万马齐喑究可哀。
wǒ quàn tiān gōng chóng dǒu sǒu
我劝天公重抖擞，
bù jū yì gé jiàng rén cái
不拘一格降人才。

村居
清·高鼎

cǎo zhǎng yīng fēi èr yuè tiān
草长莺飞二月天，
fú dī yáng liǔ zuì chūn yān
拂堤杨柳醉春烟。
ér tóng sàn xué guī lái zǎo
儿童散学归来早，
máng chèn dōng fēng fàng zhǐ yuān
忙趁东风放纸鸢。

村居
清·高鼎

住在江南村庄的你，有一天去踏青

① 景色很美
- 草长莺飞二月天
- 拂堤杨柳醉春烟

② 儿童天真烂漫
- 儿童散学归来早
- 忙趁东风放纸鸢

这才是孩子爱读的
古诗词 下

方木鱼 — 编著

马尔克斯文创 — 绘

北京理工大学出版社
BEIJING INSTITUTE OF TECHNOLOGY PRESS

版权专有　侵权必究

图书在版编目（CIP）数据

这才是孩子爱读的古诗词：全3册/方木鱼编著；马尔克斯文创绘. -- 北京：北京理工大学出版社，2023.8（2025.4重印）

ISBN 978-7-5763-2379-5

Ⅰ.①这… Ⅱ.①方… ②马… Ⅲ.①古典诗歌—中国—小学—教学参考资料 Ⅳ.① G624.203

中国国家版本馆CIP数据核字（2023）第087108号

责任编辑：李慧智	**文案编辑**：李慧智
责任校对：王雅静	**责任印制**：施胜娟

出版发行 / 北京理工大学出版社有限责任公司
社　　址 / 北京市丰台区四合庄路6号
邮　　编 / 100070
电　　话 /（010）68944451（大众售后服务热线）
　　　　　　（010）68912824（大众售后服务热线）
网　　址 / http://www.bitpress.com.cn

版 印 次 / 2025年4月第1版第2次印刷
印　　刷 / 武汉林瑞升包装科技有限公司
开　　本 / 710 mm × 1000 mm　1/16
印　　张 / 24
字　　数 / 400千字
定　　价 / 138.80元（全3册）

图书出现印装质量问题，请拨打售后服务热线，负责调换

序
PREFACE

你知道吗？惊艳了时光的最美《诗经》其实是先秦古人的流行歌词本。

你知道吗？《敕勒歌》背后隐藏着一场"兵来将挡，水来土掩"的惨烈厮杀。

南宋年间，有一位刚烈的女词人，当她听说自己的丈夫弃城逃跑时，就写了一首诗讽刺丈夫和那些投降派。你知道是哪首诗吗？

……

《毛诗序》里说："诗者，志之所之也。在心为志，发言为诗，情动于中而形于言。言之不足，故嗟叹之；嗟叹之不足，故咏歌之；咏歌之不足，不知手之舞之足之蹈之也。"诗是人的情感所在，在心中就是"志"，说出来就是"诗"。心中动了感情，就会通过言语表达出来。如果言语不足以表达，就会感叹；如果感叹不足以表达，就会通过吟咏歌唱来表达；如果吟咏歌唱还不足以表达，就会情不自禁地手舞足蹈了。

我一直想为孩子们写一些东西。常常想，课本或史书上的某个名字、某段话、某篇文章，它们的背后到底隐藏了什么？如何让一个个名字、一篇篇文章活过来？

就从诗歌说起吧。很多小学生在背古诗词的时候，经常会犯的通病，就是要么忘了背题目，要么把作者和朝代张冠李戴。即便将诗词本身背得滚瓜烂熟，却对里面的内容一知半解。这种生吞活剥地学习古诗词的方式，未免有些暴殄天物。

文学离不开人，诗词也是，探寻熠熠生辉的中国古典诗词背后的故事，让诗词背后的人活起来，帮助中小学生摆脱死记硬背的固有模式，让他们走进古诗词的故事中去，自然而然地将古诗词融入记忆之中，便是这套《这才是孩子爱读的古诗词》出版的初衷。

一首诗，从酝酿到诞生，再到流传，最终摆在我们的案头，历经千百年。一首诗诞生于何时何地，何人何事，何感何悟？一位伟大的诗人，从呱呱坠地到寒窗苦读，在人世中历

经沉浮，直至油尽灯枯，究竟经历了怎样的喜怒哀乐、悲欢离合的一生？当代的孩子们究竟要走多远的路程，经过多少年，才能读懂这些呕心沥血的诗篇？我们试图从尘封的文字中勾勒还原出当时的细节，力图呈献给大家一个个清晰、立体、有生命感的画面。但这又谈何容易？

  南宋淳熙二年（1175年），苏轼逝世七十多年后，诗人陆游和范成大都在四川做官，两个人经常聚在一起喝酒。范成大多次建议陆游给苏轼的诗写注解，陆游都以自己能力不够为由谢绝了。范成大觉得是陆游过于自谦了，陆游便随口提起苏轼的两首诗，一首是"五亩渐成终老计，九重新扫旧巢痕"，另一首是"遥知叔孙子，已致鲁诸生"，问范成大应该怎么解释。

  范成大不以为意，想了想说："东坡来到黄州以后，考虑着不会被朝廷起用了，于是说'新扫旧巢痕'。后来，建中初年，朝廷又召回元祐旧臣，所以说'已致鲁诸生'。大概是这样吧。"

  陆游摇了摇头，说："这正是我不敢从命的原因啊。以前的时候，朝廷以昭文馆、史馆、集贤院三馆养士，储备将相之才，苏轼便曾在史馆任职。然而，王安石变法时，撤销三馆，史馆没了，苏轼的史官职务自然就没了。所以才说'九重新扫旧巢痕'。再说'遥知叔孙子，已致鲁诸生'，两句诗写于苏轼生命中的最后一年。诗里引用了一个典故：汉朝初年，叔孙通奉命制朝仪，征召鲁国诸生三十余人到中央，有两个鲁生说什么也不肯应召，被叔孙通笑骂为'鄙儒'。苏轼为什么引用这个典故呢？因为这会儿元祐旧臣都被重用了，只有他和弟弟苏辙领一份干俸，挂个闲职，不是和'鄙儒'差不多吗？如果不知道这背后的情况和心境，是不可能真正读懂这两首诗的。"自此，"陆游不注东坡诗"成为文坛一大憾事。

  时过境迁，许多诗作的线索已经不甚清晰，包括写作时间、写作地点已俱不可考，甚至不乏一些在学术上存在争议的观点。尽管反复修改、小心考证，但治学犹如登山，码字犹如码砖，障目之叶难免，我们只能通过阅读并参考大量史料，尽全力去揭开冰山之一角，以期给孩子的阅读和学习带来一缕阳光、一方助力。而更多真相，还有待孩子们去探讨、挖掘！

方木鱼
癸卯年初春于古运河畔临清

目录 CONTENTS

第 8 章　两宋诗词

05 书湖阴先生壁
　　写在墙壁上的诗 …………………… 2

06 卜算子·送鲍浩然之浙东
　　传唱千年的送别歌词 ……………… 5

07 六月二十七日望湖楼醉书
　　望湖楼上望西湖 …………………… 8

08 饮湖上初晴后雨
　　阴晴不定的西湖 …………………… 11

09 浣溪沙
　　清泉寺中的顿悟 …………………… 14

10 题西林壁
　　揭开庐山的真面目 ………………… 17

11 惠崇春江晚景
　　画里描绘的春天 …………………… 20

12 赠刘景文
　　景文兄，别灰心丧气 ……………… 23

13 清平乐
　　春天去哪里了 ……………………… 26

14 三衢道中
　　茶山居士过三衢 …………………… 29

15 夏日绝句
　　巾帼不让须眉 ……………………… 32

16 题临安邸
　　西湖歌舞几时休 …………………… 35

17 秋夜将晓出篱门迎凉有感
　　皇上，快收复中原吧 ……………… 38

18 示儿
　　写给儿子的绝笔诗 ………………… 42

19 四时田园杂兴二首
　　田园中的诗情画意 ………………… 45

20 小池
　　夏天的小池真美 …………………… 50

21 稚子弄冰
　　小孩学"打春牛" …………………… 53

22 晓出净慈寺送林子方
　　西湖边的送别 ……………………… 56

1

目录 CONTENTS

23 宿新市徐公店
　　行万里路，写万首诗 …………… 59

24 观书有感二首
　　讲读书之道的诗 ……………… 62

25 春日
　　梦中的泗水之滨 ……………… 67

26 清平乐·村居
　　其乐融融的乡下人家 ………… 70

27 西江月·夜行黄沙道中
　　黄沙岭上黄沙道 ……………… 73

28 乡村四月
　　很忙很忙的四月 ……………… 76

29 夜书所见
　　是谁在夜里斗蟋蟀 …………… 79

30 游园不值
　　游园遭遇闭门羹 ……………… 82

31 雪梅
　　咏梅诗的巅峰之作 …………… 85

32 村晚
　　仅靠一首诗留名的诗人 ……… 88

第 9 章　元明清诗歌

01 墨梅
　　梅花屋主的梅花情缘 ………… 92

02 石灰吟
　　做石灰一样的人 ……………… 95

03 画鸡
　　雄鸡一唱天下白 ……………… 98

04 舟夜书所见
　　三十年磨一剑 ………………… 101

05 长相思
　　绝世才子的思乡情 …………… 104

06 竹石
　　我是一株坚挺的竹子 ………… 107

07 所见
　　富豪诗人的乡村生活 ………… 110

08 己亥杂诗
　　规模庞大的组诗 ……………… 113

09 村居
　　战乱中的春天 ………………… 116

附录 ……………………………… 119

第 8 章
两宋诗词

　　宋代文学以词最为出色,但诗也有闪亮之处。其中王安石的咏史诗和写景诗尤其出色,苏轼诗词双修,写景诗和哲理诗成就较大。而"苏门四学士"中以黄庭坚的诗歌成就最为突出。这一时期的江西诗派也开始崭露头角。南宋时期,爱国主义成为诗歌的主题,其中尤袤、杨万里、范成大、陆游被称为"中兴四大诗人",又称"南宋四大家"。

　　宋词和唐诗并称双绝,是继唐诗之后中国古代文学皇冠上的又一颗光彩夺目的钻石。宋词受后蜀《花间集》影响巨大,逐渐衍生出以苏轼、辛弃疾为代表的豪放派和以柳永、李清照等为代表的婉约派。最终宋词和唐诗、元曲一起,成为中国文学殿堂里最耀眼的文体。

05 书湖阴先生壁

> 诗词有故事 / 写在墙壁上的诗

宋神宗元丰三年（1080年）前后，已经退休的王安石在江宁钟山（今南京紫金山）附近盖了几间房子，又整理了一下宅院，就过起了寻常百姓的生活。因为住址距江宁城东门七里地，距钟山主峰紫金山恰好也是七里地，恰在二者中间，所以名为"半山园"。

王安石每天骑着一头毛驴，带上一两个小书童，访遍金陵的山水名胜。不外出的时候，王安石会和朋友们饮酒作诗。不过，王安石仍旧关注着朝廷的一举一动。宋神宗也没有忘记他，时刻关心着他的生活，并且一直想给他在南京当地安排个官职。可王安石都拒绝了，至少目前，他只想做个普普通通的老百姓。

在半山园内，王安石结交了一众好朋友，包括书法家米芾、画家李公麟，甚至之前反对他变法的苏轼也在北归途中专门来拜访他。

王安石有个邻居，叫杨德逢，号湖阴先生，两个人的关系很好。闲来无事的时候，王安石就会到杨德逢的庭院中赏花、闲聊，在这里，他能找到一种久违的安宁。饮酒吟诗，那是他们最喜欢的节目，每次见面必不可少。当然，有时候他们也会玩点儿新花样，比如投掷土块这样幼稚的游戏，也能玩得不亦乐乎。

这一天，阳光明媚，微风习习，王安石又到杨德逢家里做客了。杨德逢也被这样的好天气所感染，心情大好。他在院子里支起桌子，亲自下厨准备了几道小菜，又拿出珍藏已久的美酒，和王安石开怀畅饮。不知道是不是醉眼蒙眬的原因，此时此刻，杨德逢家的小院在王安石的眼里，格外优美。王安石连纸都懒得找了，借着酒意直接在杨德逢家的墙壁上写下了一首《书湖阴先生壁》。

写了一首之后，大概是意犹未尽，王安石恍然觉得自己还在半山园的家中，提笔又写了一首："桑条索漠楝花繁，风敛余香暗度垣。黄鸟数声残午梦，尚疑身属半山园。"亦取名为《书湖阴先生壁》。

书湖阴先生壁（其一）

宋·王安石

茅檐❶长扫净无苔❷，
花木成畦❸手自栽。
一水护田将绿绕，
两山排闼❹送青来。

【注释】

❶ 茅檐（yán）：茅草屋檐下。
❷ 苔：青苔。
❸ 畦（qí）：由田埂分成的一整块一整块的田地。
❹ 排闼（tà）：开门。闼，小门。

译文赏析

茅草房屋因为常打扫，干净得没有一丝青苔。花草树木整齐成行，是主人亲手栽种的。一条小河护卫着田地，将绿苗围绕其中，两座青山也好像打开门送来绿色。

这是一首题壁诗。前两句写杨家庭院内的优美风景。首句写庭院洁净，次句写庭院秀美。后两句写庭院外的大环境，其中"一水护田"和"两山排闼"历来为人称道。山川本是无情之物，一个"护"字运用拟人的手法将水绕田的场景写出情感。"排闼"犹如神来之笔，将青青的山色写出了动感。"绿"和"青"运用借代的修辞手法，代农作物，新奇生动。

全诗表现了诗人对邻居湖阴先生的欣赏和赞美之情，以及对隐居生活的热爱。

直击考点

《书湖阴先生壁（其一）》的作者是____代政治家_____，字____，号____。这首诗的前两句描写湖阴先生居住环境的特点是_____，侧面烘托了湖阴先生的_____形象。"一水护田将绿绕，两山排闼送青来"运用了____的修辞手法，其中"护田"和"排闼"表达了诗人对_____之情。

06

卜算子·送鲍浩然之浙东

诗词有故事 / 传唱千年的送别歌词

宋仁宗嘉祐二年（1057年），二十三岁的王观考中进士。这一年的科举被称为"千年进士第一榜"，因为还选拔出苏轼、苏辙、曾巩、张载、程颢、程颐等一大批优秀人才，随便拎出来一个都是响当当的人物。

考上进士后，王观在基层做了几年小官。在江都任职时，他写了一篇《扬州赋》，洋洋洒洒三四千字，把扬州的山川风貌、历史人文写了个遍。一时间，王观名满天下。当时的皇帝宋神宗对王观赞赏有加，当即召王观入宫，特许他可以穿红色的官服，还赏赐他银色奖章。

有一天，王观进殿面见宋神宗，宋神宗正在和嫔妃们喝酒。妃嫔们一边喊着"万岁"，一边一杯又一杯地劝宋神宗喝酒。一会儿，嫔妃们又跳起舞来。宋神宗早听说王观填的词堪称一绝，于是命他填首词。王观倒是很用心地写了一首《清平乐·黄金殿里》，本想借机拍拍皇帝的马屁，谁知道，一不小心拍在了马腿上。传说这首词被高太后看见了，高太后认为王观是王安石的门生，而她对王安石变法早就心生不满，于是就说这首词过度渲染宫廷的奢靡生活，亵渎了皇帝的形象，是为大不敬。宋神宗一听觉得有理，第二天就罢了王观的官。

因为一篇文章出尽风头，又因为一首小词跌落谷底，王观从此成为一介草民，流浪江湖。王观对这过山车般的命运倒也看得开，还给自己起名"逐客"，江湖人称"王逐客"。

去哪里混饭吃呢？王观很快找到了新的目标。他拿起手中的笔，来到歌楼酒肆，靠给人填词作曲谋生。王观一出手就是流行金曲，一不小心就会成为千古名篇。没过多久，王观的水平就达到了和婉约派词人秦观并驾齐驱的程度，二人并称"二观"。

这年春末的一天，王观在越州大都督府送好友鲍浩然回两浙东路的老家。王观心中不舍，拿过纸笔，填了一首《卜算子·送鲍浩然之浙东》。短短八句歌词，一下子就成了词坛名作，传唱千年。

卜算子❶·送鲍浩然之浙东

宋·王观

水是眼波横，山是眉峰聚。欲❷问行人去那边？眉眼盈盈❸处。
才始❹送春归，又送君归去。若到江南赶上春，千万和春住。

【注释】

❶卜算子：词牌名。
❷欲：想，想要。
❸盈盈：美好的样子。
❹才始：方才。

译文赏析

水像美人婉转流动的眼波，山像美人紧紧蹙起的眉毛。想问行人要到哪里去？要到山水交汇的地方。刚刚把春天送走，又要送你归去。如果你到江南赶得上春天，千万要把春天留住。

这是一首送别词，构思别致，将送春与送别融为一体，表现了词人对春天的眷恋和对友人的依依惜别之情。上片写浙东山水，风光秀丽。前两句对仗工整，把流水比喻成美人的眼波，把山色比喻成美人的眉峰，化无情为有情，活泼巧妙，意蕴生动。下片写送别之情，直抒胸臆。"才始送春归，又送君归去"，刚送走春天，又要送别好朋友，心中更添愁情。结尾句表达词人对友人的美好祝愿，希望友人可以和春天同在，想象别致，耐人寻味。

声律启蒙

这是一首词。"卜算子"是它的词牌名，"送鲍浩然之浙东"是它的词题。每个词牌都有固定的一种词调，"调有定句，句有定字，字有定声"，不能随意更改，就像给曲子填词一样，曲子是固定的，词可以变化。例如这首词就根据要求分为上下两段（也称片或者阕），每段四句，字数分别为五五七五，每片的二、四句最后一个字为韵脚，分别是"聚""处""去""住"，押仄韵。

直击考点

2021年广东省深圳市小升初试卷

《卜算子·送鲍浩然之浙东》是北宋词人王观创作的词。这首词虽然是一首送别词,但并无消极想法。"才始送春归,又送君归去。_____,_____"充分表达了词人心中对鲍浩然的不舍与祝福。

07 六月二十七日望湖楼醉书

诗词有故事 / 望湖楼上望西湖

宋仁宗景祐三年（1037年）的腊月十九，一位文学巨匠——苏轼出生了。苏轼小时候，由于父亲苏洵常年游学在外，教育苏轼和弟弟苏辙的任务就落在了母亲程氏身上。苏轼读书很刻苦，曾一字一句地手抄三遍八十万字的《汉书》，这让他直到四十多岁时还能背诵全文。

嘉祐元年（1056年），苏洵带着苏轼、苏辙兄弟来到东京汴梁（今河南开封）参加科考，苏轼写了一篇"高考满分作文"《刑赏忠厚之至论》。当时，为了防止作弊，考完之后会先由办事员重新誊抄一份，抹除原作者的笔迹和姓名。主考官欧阳修读到这篇文章，还以为是自己的得意门生曾巩的作品，觉得把他列为第一有徇私舞弊的嫌疑，于是阴差阳错，苏轼这篇文章就成了第二名。复试之后就是殿试，宋仁宗目睹苏家兄弟的风采后，回到后宫高兴地对皇后说："哎呀，真好，我给子孙物色了两位宰相人选。"不过，刚考上进士不久，苏轼的母亲就去世了。苏家兄弟不得不随着父亲一同回家守丧。1061年，苏轼又参加了一次用于选拔

"非常之才"的制科考试,结果考了个最高等,自此正式开启为官之路。

苏轼当了几年官,皇帝变成了宋神宗。神宗大力支持王安石变法,苏轼却向皇帝上书,要求罢免王安石。皇帝完全听不进苏轼的意见,心灰意冷的苏轼自请外放杭州通判。

宋神宗熙宁五年(1072年)六月二十七日,苏轼忙完公务,和几位好友泛舟西湖。六月天,娃娃脸,刚刚还晴空万里,转眼就大雨倾盆,苏轼一行人只好登上望湖楼避雨。望湖楼原名看经楼、先得楼,本是吴越王钱弘俶在昭庆寺旁边建的一座附属楼,本意是坐在这里读经看书所用,可后来人们发现坐在这里观赏西湖景色正好,到了宋朝就把这座楼改名为"望湖楼"。苏轼坐在楼内,一边饮着美酒,一边看着雨中的西湖,诗兴大发,一口气写了五首《六月二十七日望湖楼醉书》。

六月二十七日望湖楼醉书（其一）

宋·苏轼

黑云翻墨❶未遮山，
白雨跳珠❷乱入船。
卷地风来忽吹散，
望湖楼下水如天。

【注释】

❶ 翻墨：打翻的墨水，形容云的颜色很深。

❷ 白雨跳珠：雨点大而猛，白而透明，像跳动的珍珠。

译文赏析

乌云像打翻的墨水，尚未完全遮住山形，白花花的雨点像珍珠一样乱跳到船上。忽然一阵风卷地袭来，吹散了满天乌云，望湖楼下水光和天光映成一片。

这是一首描写望湖楼雨景的写景诗，分别从云翻、雨跳、风卷、天晴来描写西湖景象，表达了诗人对西湖雨景的喜悦之情。前两句的"黑云翻墨"和"白雨跳珠"形成强烈色彩对比，把乌云比作墨水，用珍珠形容雨点，形象逼真，有形有色。后两句写雨过天晴，以"水如天"结束了这场骤雨，并和前面的"卷地风"形成对照，处处彰显着诗人遣词造句的深厚功底。

声律启蒙

这首诗运用了借对手法。借对分"借义"和"借音"两种。借义指借某个词多个释义的一个，与对应的词对仗。借音指借同音的另一个字，实现对仗。首句的"珠"，借用同音字"朱"，从颜色上与"墨"相对，属于借音。

直击考点

《六月二十七日望湖楼醉书（其一）》中的"湖"指的是_____。四句诗分别写了四个场景，依次是_____、_____、_____、_____。

08 饮湖上初晴后雨

诗词有故事 / 阴晴不定的西湖

宋神宗熙宁六年（1073年）二月二十一日，苏轼和几位好友一起来到了杭州的石屋洞。在石屋洞内壁的东侧，苏轼在墙上写了一行字："陈襄、苏颂、孙奕、黄颢、曾孝章、苏轼同游，熙宁六年二月二十一日。"那时的苏轼还是个小弟，再加上谦虚，他把自己的名字放在了最后。

过了一段时间，眼看着天气好转，苏轼又和朋友们来到西湖上喝酒游玩。刚开始的时候，天气还是晴朗的，可过了一会儿，天空竟然下起了蒙蒙细雨。苏轼爱喝酒，但酒量不行，没喝几杯就醉了。借着微醺的酒意，他的灵感被激发了出来，写了一首《饮湖上初晴后雨》："朝曦迎客艳重冈，晚雨留人入醉乡。此意自佳君不会，一杯当属水仙王。"早晨迎客的时候，天上还有朝霞，到傍晚大家喝得差不多了，却下起了雨。当时，西湖旁边有座水仙王庙，是祭祀钱塘龙君的，苏轼觉得身边的朋友们尚未体会到雨中游西湖的美妙，只能把这份欣喜和钱塘龙君分享。

就在这短暂的大半天里，苏轼同时欣赏到了西湖的晴光照水和雨雾迷蒙，他心中感慨，就像人生有起有落，有得意，也有失意，可无论如何，都是最好的安排。可能是觉得不尽兴，苏轼想到这里，又写了第二首《饮湖上初晴后雨》。

这一年春天，苏轼还去了於潜县境内视察，他抽空到寂照寺拜访於潜僧慧觉禅师。寺内有一座绿筠轩，种满了竹子，苏轼在那里写下了爱竹名句："可使食无肉，不可居无竹。无肉令人瘦，无竹令人俗。"

苏轼来杭州，并不是被贬，只不过是离朝外任。这里也是他唯一两次任职的地方，前后共计五年。他在这里凭湖观雨，在这里疏浚西湖、开凿钱塘六井，还结交了一大批志同道合的朋友，百姓们都对他心怀感激。因此，这段时光，苏轼是很开心惬意的。

饮湖❶上初晴后雨（其二）

宋·苏轼

水光潋滟❷晴方好，
山色空蒙❸雨亦奇。
欲把西湖比西子❹，
淡妆浓抹总相宜❺。

【注释】

❶ 湖：杭州西湖。
❷ 潋滟（liàn yàn）：水波荡漾的样子。
❸ 空蒙：细雨迷蒙的样子。
❹ 西子：西施，古代四大美女之首。
❺ 相宜：合适，符合。

译文赏析

水波荡漾，晴天的西湖景色正好，山色朦胧，雨中景致也很奇妙。想要把西湖比作美女西施，无论是浓妆还是淡妆都很合适。

这是一首写西湖美景的诗，既有湖光，又有山色，既写晴天，又写雨景，表达了诗人对西湖的喜爱和赞美之情。首句写晴天的西湖，"潋滟"写出了西湖的水波荡漾，波光粼粼。次句写雨天的西湖，"空蒙"勾勒出西湖周围雨中群山朦胧的景象。最后两句将西湖比作西施，以二者的神似写出诗人对西湖由衷的赞美，言简意丰，给人想象的空间。

直击考点

《饮湖上初晴后雨（其二）》的作者是＿＿代＿＿＿＿。这首诗描写了＿＿＿＿＿（地点）的晴姿雨态。其中描写晴天景象的诗句是"＿＿＿＿＿＿＿＿＿＿，"描写雨中景象的诗句是"＿＿＿＿＿＿＿＿。""欲把西湖比西子，淡妆浓抹总相宜"两句运用了＿＿＿＿的修辞手法，把＿＿＿＿比作＿＿＿＿＿。

09 浣溪沙

诗词有故事 / 清泉寺中的顿悟

宋神宗元丰二年（1079年），四十三岁的苏轼摊上件案子，差点儿要了他的命。原来，围绕着王安石变法，朝廷上形成了新、旧两党。新党人士用鸡蛋里挑骨头的态度从旧党人士苏轼写的诗里找到了嘲讽变法的诗句，以包藏祸心、愚弄朝廷、对皇帝大不敬等理由，蛮横地把正在湖州任职的苏轼押解进京，关进御史台的监狱。这就是北宋著名的"乌台诗案"。

这样的情形，连被罢相退居金陵的王安石都看不过去了。王安石和苏轼虽是政敌，可在文学上惺惺相惜。王安石当即给皇帝上书说："哪有盛世杀有才之士的道理呢？"宋神宗的祖母也在重病之中过问此事："听说你要杀了你爷爷给你物色的宰相人选？"接下来又有很多人替苏轼求情。最终，苏轼死里逃生，躲过一劫。

死罪可免，活罪难逃。出狱之后，苏轼被贬为黄州（今湖北黄冈）团练副使，这是一个常用来安置贬降官员的职位。

黄州山高水远，生活枯燥乏味，但苏轼总能找到乐子。他自由出入荒山大川，和田间农夫、水边渔夫、山间樵夫、市井商贩都成了朋友，今天去刘家吃糕饼，明天去潘家喝水酒，日子过得倒也快活。苏轼还在郡城东门外的小山坡上寻得了五十多亩荒地，亲自去开荒耕种，还栽植了很多树。接着又在田间地头盖了五间农舍，取名"东坡雪堂"，苏轼则自号"东坡居士"。

有一年三月，苏轼前往黄州邻近的蕲州（今湖北浠水），准备在那儿买块田地。不想中途生了病，幸好得到名医医治，他很快痊愈。苏轼心情大好，顺道游览了蕲水清泉寺。清泉寺在蕲水城门外二里地，那里有王羲之的洗笔泉，而且邻近兰溪。在这里，身处逆境的苏轼突然感悟到了人生的真谛，一首《浣溪沙》顺势而生。而这首词一经传播，便让沉寂多年的清泉寺名声大振。

浣溪沙[1]

宋·苏轼

游蕲水清泉寺，寺临兰溪，溪水西流。
山下兰芽短浸溪，松间沙路净无泥，潇潇[2]暮雨子规[3]啼。
谁道人生无再少？门前流水尚能西！休将白发唱黄鸡[4]。

【注释】

[1]浣溪沙：原为唐教坊曲名，后用作词牌名。
[2]潇潇：形容雨声。
[3]子规：杜鹃。
[4]唱黄鸡：此处用黄鸡报晓指代时光流逝。

译文赏析

游蕲水清泉寺，寺庙在兰溪旁，溪水向西流。山脚下刚长出来的兰花幼芽还浸在溪水中，松林间的沙石路被雨水冲得一尘不染。傍晚时分，细雨潇潇，布谷声声。谁说人生没有再少年的时候？门前的流水还能向西流！不要在老年时期感叹时光的飞逝。

这首词写清泉寺兰溪风光，表达词人身处逆境而老当益壮、自强不息的精神。

上片写暮春三月兰溪的雨后景色，首句"浸"字写出兰花的生命力顽强。次句"松间沙路净无泥"化用白居易"沙路润无泥"，更显出兰溪的洁净。下片即景抒情，就眼前之景生发出感慨和议论，以设问句"谁道人生无再少"开启词人对人生的思考，并融入哲理，告诫人们不要哀叹自伤，而应该珍惜光阴，奋发有为，这和苏轼一贯的乐观心态是分不开的。

直击考点

2021年浙江省义乌市小升初考试 >>>

经典诗词是我国的文化瑰宝，深深影响着我们的精神生活。夏天闻荷香，我们会想到"接天莲叶无穷碧，_____"。冬天看雪飘，我们会想到"忽如一夜春风来，_____"。遇到挫折和困难时，我们又会想起清代郑燮《竹石》中的"_____，任尔东西南北风"。遇到老人自怨自艾、哀叹老去，我们会借用宋代苏轼《浣溪沙》中的"_____？门前流水尚能西！_____"来安慰他。

10 题西林壁

诗词有故事 / 揭开庐山的真面目

宋神宗元丰七年（1084年），四十八岁的苏轼得到一个好消息，迁汝州团练副使。宋神宗终于想起了苏轼，毕竟是个人才嘛。虽然他被平调，仍然"不得签书公事"，但汝州离东京汴梁不足四百公里，其意不言自明。

四月，苏轼收拾好行装，离开待了四五年的黄州。途中，苏轼经过江西九江，住在庐山北麓的圆通寺。不过这次他没有上山，要先去筠州（今江西高安）探访自己的弟弟苏辙。当年发生"乌台诗案"，苏辙上书表示愿意用官职为哥哥赎罪，于是苏辙被贬谪筠州，负责卖烟卖酒兼收税，而且五年内不得调动。和弟弟匆匆见了一面，苏轼返回九江，打算在这里等待晚几日从黄州出发的家人。

在等待的间隙，苏轼在诗僧道潜的陪同下游览庐山。庐山太有名了，在苏轼之前，已经有很多名人在庐山题诗留字。苏轼不想被人拿来比较，上山前发誓说："此次庐山之行，我决不写一诗一词，不留一字一画。"

结果，苏轼刚上山就遭遇了挑战。山上的僧人和游客听说苏轼来了，自觉排着队站在道路两边，就等着一睹苏轼的风采，要是能握个手、得个签名啥的，就更好了。进山之后，架不住大家的热情，苏轼的诗是一首接一首。

在白石寺的李氏山房，在庐山瀑布，在开先寺漱玉亭，在栖贤寺三峡桥，在温泉旁边，苏轼都留了诗。在东林寺，他和"僧中之龙"东林常总禅师有过一番深谈。最后，苏轼来到西林寺，他曾经无数次读到文人墨客为庐山而写的诗句，曾在梦中多次来到此地。多年的官场沉浮和大自然的洗礼让苏轼成长了很多，也领悟了许多，他面壁良久，留下了著名的《题西林壁》。

从庐山下来之后，苏轼与家人会合，一起朝汝州而去。六月底，苏轼路过江宁，顺道去拜访了赋闲在家的王安石。两个同样才高八斗的文人，终于一笑泯恩仇。

题❶西林壁

宋·苏轼

横看❷成岭侧成峰，
远近高低各不同。
不识庐山真面目，
只缘❸身在此山中。

【注释】

❶题：题写。
❷横看：从正面看。庐山呈南北走向，横看即从东或西看。
❸缘：因为，由于。

译文赏析

　　从正面看，庐山连绵起伏；从侧面看，山峰耸立；从远处、近处、高处和低处看则呈现出不同的样子。之所以看不清庐山的真面目，是因为身处庐山之中。

　　这是一首写景题壁诗，还是一首哲理诗。前两句写从远、近、高、低各处观察庐山的观感。后两句即景说理，谈游庐山的体会。这首诗表面是说庐山，其实蕴含着人们观察、看待事物的哲理，当局者迷，旁观者清。由于人们所处位置、角度不同，认识事物难免有偏差，所以面对复杂的事物，想要了解事物的全貌和真相，有时候需要跳出当前的认知范围，站在更高层次上看问题。

声律启蒙

　　这是一首七言绝句。这首诗的韵脚为"峰"（二冬韵）、"同"（一东韵）、"中"（一东韵），可以看出来二、四句押的是本韵"东"韵，而首句借用邻韵"冬"韵押韵，这样的诗被称为"孤雁出群格"，就好像一只孤单的白雁远离一群黑雁。如果最后一个韵脚押的是邻韵，那么就称为"孤雁入群格"，就像一群黑雁中混入了一只白雁。

直击考点

《题西林壁》中"题"的意思是_____。诗人从____、____、____、____、____、____六个角度观察了庐山。这首诗告诉我们：要想对某个事物有全面的、符合实际的认识，就必须站在客观的立场上。这是"_____，_____"两句所要表达的含义。

11

诗词有故事 / 画里描绘的春天

宋神宗元丰七年（1084年），苏轼一路上走走停停，直到年底才到泗州。到了泗州后，苏轼忽然上表请求到太湖畔的常州宜兴休养，表达不想继续当官的愿望。苏轼对常州这个地方很有好感，而且曾在这里置有田产。

次年正月，苏轼的请求获得批准。可三月的时候，朝廷发生了件大事——宋神宗驾崩了，年仅十岁的赵煦即位，是为宋哲宗。太皇太后高氏垂帘听政，高太后很反感王安石变法，她一掌权就迫不及待地起用司马光等一批旧党老臣。苏轼也因为曾反对王安石变法，迎来了仕途上的高光时刻。

苏轼先是被起用为登州（今山东蓬莱）知州，可仅仅到任五天，就被召回京城。半个月后，苏轼升为起居舍人，三个月后再升任中书舍人。这还不算完，官运来了挡都挡不住。不久，苏轼再次升官，担任翰林学士、知制诰、知礼部贡举。好像是为了弥补苏轼之前被贬的不幸，短短几个月时间，苏轼就从八品小官升到正三品，这个蹿升速度实在太快了。

有一天，苏轼偶然间看到两幅画，是北宋初年的惠崇和尚画的，其中一幅是鸭戏图，另一幅是飞雁图。北宋初期有九大诗僧，排在第一位的便是淮南惠崇，他能诗善画，王安石最喜欢他，还说"画史纷纷何足数，惠崇晚出吾最许"。惠崇曾经从自己的诗里选了一百句心仪的诗句，分别配上一幅画，然后刻在石头上，立在长安城内。这一百幅石刻后来被人们称为"《百句图》刻碑"。

这时的苏轼，有些春风得意。当看到惠崇的名画《春江晚景图》时，他几乎不假思索，就写下了两首脍炙人口的《惠崇春江晚景》。

除了我们熟悉的第一首写鸭子的诗外，第二首写鸿雁的诗也同样精彩："两两归鸿欲破群，依依还似北归人。遥知朔漠多风雪，更待江南半月春。"

惠崇春江晚景（其一）

宋·苏轼

竹外桃花三两枝，
春江水暖鸭先知。
蒌蒿❶满地芦芽❷短，
正是河豚❸欲上❹时。

【注释】

❶蒌蒿（lóu hāo）：多年生草本植物。在水中生长，嫩芽可食，有青蒿、白蒿等。
❷芦芽：芦苇的嫩芽，可食用。
❸河豚：东方鲀的俗称，肉味鲜美，体内有剧毒。
❹上：指逆江而上。

译文赏析

竹林外的桃花已经三三两两地开放了，水中的鸭子最先感觉到了初春江水的回暖。河边到处长满蒌蒿，芦苇也长出了嫩芽，正是河豚逆流而上的时候。

这是一首题画诗。首句的"三两枝"点明时节是早春。次句"春江水暖鸭先知"化用唐人孟郊诗句"何物最先知？虚庭草争出"。第三句仍然紧扣早春，描摹出蒌蒿和芦芽的状态。末句写出了画面上本没有的"河豚欲上时"。苏轼的弟子张耒曾记载长江一带的居民吃河豚需要用蒌蒿、芦芽和菘菜同煮，这里则体现了苏轼对美食的关注。

全诗生动描写了早春时节的春江景色，画中景物有静有动，充满了浓厚的生活气息，也表达了诗人对美好春光的喜爱之情。

直击考点

《惠崇春江晚景（其一）》的作者是____代_____，字_____，号_____，是宋词_____派词人代表。这首诗描写了_____时节大地复苏的景象，通过_____、_____、_____、_____、_____五种事物来描写春天的到来。

12 赠刘景文

诗词有故事 / 景文兄,别灰心丧气

宋哲宗元祐四年(1089年),苏轼以龙图阁学士的身份重回杭州,任杭州太守。苏轼这次来杭州,正赶上大旱,饥荒和瘟疫并行。苏轼一边建造药坊,成立了杭州第一家公立医院安乐坊,一边上书朝廷请求赈灾。为了解决干旱问题,苏轼还派人将湖底的淤泥挖出来,并用这些淤泥修了一条供人行走的大路,这就是后来有名的"苏堤"。

在修建苏堤时,苏轼得到刘季孙的大力支持。刘季孙,字景文,当时担任两浙兵马都监,驻扎杭州,比苏轼大几岁。

刘景文的父亲刘平曾经做过宋仁宗朝的太尉。康定元年(1040年),宋朝和西夏在三川口打了一场仗。率军打仗的刘平因没等到支援,兵败战死。宋仁宗大怒,斩了那个故意拖延不支援刘平的家伙,还提出要嘉奖升迁刘平的子孙。眼看着刘景文就要升迁了,不想却传来刘平没死的消息,而且还留在了西夏。这下可好了,刘景文从英雄后人瞬间变成叛徒子孙,他的境遇一落千丈,升迁彻底没戏了。

刘景文学识渊博,家里藏书很多,苏轼认为他和当时喜欢抄书藏书的名士李常有一拼。苏轼很理解刘景文的苦恼,经常写诗宽慰他。

这一年初冬,苏轼和刘景文来到西湖边上。看着湖里的荷花已经凋残,再看看已经六十岁的刘景文,苏轼希望刘景文能够忘掉过去,重新振作,老骥伏枥,于是提笔写下了《赠刘景文》。

苏轼不仅写诗相赠,还向皇帝上书,请求起用刘景文。在苏轼的举荐之下,刘景文得以升任知州,不过可惜的是,仅仅过了两年,刘景文就去世了。

杭州任满后,苏轼又被召回京城,可惜因为与当权派政见不合,再度被贬,而且是一贬再贬,最终被贬到海南岛儋州(今海南儋州市)。宋徽宗元符三年(1100年)四月,朝廷大赦,苏轼复任朝奉郎,可惜他在北归途中就病逝了,享年六十五岁。

赠刘景文

宋·苏轼

荷尽已无擎❶雨盖❷，
菊残犹有傲霜❸枝。
一年好景君须记，
最是橙黄橘绿时❹。

【注释】

❶ 擎（qíng）：举，托举。
❷ 雨盖：雨伞，比喻荷叶舒展的样子。
❸ 傲霜：不向寒霜屈服。
❹ 橙黄橘绿时：此处指秋末冬初。

译文赏析

荷花凋谢，连那雨伞状的荷叶也没了，开败了的菊花倒是有花枝傲立于寒霜中。您一定要记住，一年中最好的光景，正是这橙子金黄、橘子青绿的秋冬时节啊。

这是苏轼送给好友刘景文的一首勉励诗。首句写枯荷，因为秋末冬初时节，叶子都荡然无存了，给人凄寂之感。次句笔势一振，"傲霜枝"三字写出了菊的孤高贞洁，为接下来的感叹造势。三、四句将旁人眼里"美人迟暮""强弩之末"的秋末冬初时节形容为万物成熟、饱满丰硕的好日子，给人昂扬向上之感。这首诗意在鼓励好友珍惜大好时光，努力作为。

直击考点

2021年广东省深圳市小升初考试

下列说法不正确的一项是（　）。

A."粉墨登场""行头""压轴"这些词语与戏曲有关，但在生活中也常用。比如描写茶馆的说书人，用上"行头"一词，可以这么说：一方木桌、一块醒木加上一杯清茶、一把折扇，这便是说书人的全部行头，当然，还离不了那张嘴。

B.喝腊八粥，建筑商雕刻蝙蝠，寒食节不能生火做饭，这些都是中国风俗。

C."荷尽已无擎雨盖，菊残犹有傲霜枝。""不识庐山真面目，只缘身在此山中。"这些诗句均赋予事物以人的品格和志向。

13 清平乐

诗词有故事 / 春天去哪里了

宋仁宗庆历五年（1045年）六月，江西九江双井黄氏家族喜添男丁。黄父给儿子取名黄庭坚，庭坚是上古时期圣贤皋陶的字。

黄庭坚从小就聪明异常，五岁能背五经，七岁的时候写了一首牧童诗："骑牛远远过前村，短笛横吹隔陇闻。多少长安名利客，机关用尽不如君。"可谓是一鸣惊人。

宋英宗治平四年（1067年），黄庭坚参加进士考试，考取了三甲第一名，全国第三十一名，从此走上仕途。在基层干了几年后，黄庭坚在一次朝廷招考中因为成绩优异，被授予国子监教授。正是这个时候，他认识了大诗人苏轼，两个人成为亦师亦友的知己。

黄庭坚的为官之路也和苏轼一样，不怎么顺畅。王安石变法时，黄庭坚和苏轼一起站在旧党也就是保守派一边，所以苏轼所遭受的被贬经历，黄庭坚也没逃过。

有一段时间，黄庭坚被贬到戎州，也就是今天的四川省宜宾市，住在一座破庙里。他自称"身如槁木，心如死灰"，还把居住的屋子称作"槁木庵"和"死灰寮"。后来他又把在城南租的房子叫"任运堂"，表示自己听天由命，安分守己。

宋徽宗崇宁三年（1104年）三月，黄庭坚被贬到宜州（今广西宜山）。起初，黄庭坚租住在民房里，结果当地官府受奸相蔡京的指使，处处刁难他，把他撵到城南一间四壁透风的破屋子里，后来又把他逼到了佛寺里。再后来，黄庭坚竟然被撵到城头透风漏雨的戍楼里去住。即便如此，黄庭坚仍然没放弃读书吟诗，对酒当歌。这时候的黄庭坚已经是一个老人，生命也进入了人生的最后一年。就是在这种情况下，他颇为无奈地写下了《清平乐》。

第二年九月三十日，黄庭坚病逝在他最后落脚的戍楼里，享年六十一岁，而他被调往永州的诏令还在路上……

清平乐

宋·黄庭坚

春归何处？寂寞①无行路②。若有人知春去处，唤取③归来同住。
春无踪迹谁知？除非问取④黄鹂。百啭⑤无人能解⑥，因风飞过蔷薇。

【注释】

① 寂寞：清静，寂静。
② 行路：指春天来去的踪迹。
③ 唤取：喊回来。
④ 问取：询问。
⑤ 百啭（zhuàn）：鸣声婉转多样。啭，鸟鸣。
⑥ 解：懂得，理解。

译文赏析

春天回到哪里去了？找不到春天的踪迹，清静寂寞。如果有人知道春天的去处，请把它叫回来和我同住。谁知道春天的踪迹呢？除非去问问黄鹂。黄鹂婉转的鸣叫，无人能懂。一阵风起，黄鹂随风飞过了蔷薇。

这是一首惜春、恋春的词，表达了词人对美好春光的珍惜与热爱。

上片写春天在不知不觉中过去了，词人因为春天消逝而内心落寞。词人希望友人知道春天的去处，从而把它唤回来。当词人意识到无人知道春天的去向后，就把希望寄托在了黄鹂身上。下片便从无人知春去处写起，想要问黄鹂，却看到黄鹂飞走、蔷薇花开，明白夏天已来，春天已经过去了。

全词用曲笔渲染，感情几经波折，体现出词人构思的精妙，以及对生命和美好事物的留恋。

直击考点

《清平乐》的作者是_____代_____，这是一首_____（体裁）。这首作品运用的主要修辞手法是_____，表达了作者对_____之情。

14 三衢道中

诗词有故事 / 茶山居士过三衢

曾几,字吉甫,生于宋神宗元丰七年(1084年),是江西赣州人,后来迁到河南府。曾几的祖上世代为官,他的三个哥哥都是当朝进士。曾几很早就被送入太学读书,由于学习刻苦,再加上天资聪慧,很快就展现出过人的才华。

曾几对父母很孝顺,母亲死后,他为母亲吃素十五年。后来,曾几的哥哥曾弼在执行任务时,不小心淹死了。曾弼没有后人,朝廷就任命曾几为将仕郎,赐他同上舍出身。

后来,曾几的另一个哥哥曾开在担任礼部侍郎时,因为反对秦桧议和,被罢了官职。曾几受到牵连,也被罢了官。

曾几隐居在江西上饶的广教寺,还把大量的藏书搬到那里。寺庙旁边有座茶山,曾几就住在庙中,与茶山为伴,每天读读书、喝喝茶,还给自己起了个雅号叫"茶山居士"。就这样,曾几从绍兴十八年(1148年)到绍兴二十五年(1155年),一直赋闲了七八年。

上饶与衢州相邻,衢州又叫三衢,也就是今天的浙江省常山县,因为境内有三衢山,故而得名。南宋定都杭州,衢州是两湖、江西、福建等地进入临安的必经之路。曾几隐居期间,多次经过衢州,与当时衢州的名士多有来往。这期间,曾几还收了几个学生,其中就包括后来大名鼎鼎的诗人陆游。

有一年初夏时节,曾几又去衢州游历。在梅雨季节,难得遇到几个大晴天。心情大好的曾几,先是租了一艘小船,沿小溪而下。只见山涧两侧的梅子树上长满了金黄的梅子,微风吹过,顿觉香气怡人。待船行到小溪尽头,曾几走下船,开始沿着山路继续前行。山上的树木非常茂盛,路边的野花也都开了,像星星一般点缀在一片绿茵之中。曾几放慢脚步,边走边欣赏周边的美景。几声黄鹂鸟婉转的鸣叫,在寂静的山涧中响起,曾几一时间有感而发,写下一首《三衢道中》。

三衢道中

宋·曾几

梅子黄时①日日晴，
小溪泛②尽③却山行④。
绿阴⑤不减来时路，
添得黄鹂四五声。

【注释】

①梅子黄时：指五月，梅子成熟的季节。
②泛：乘船。
③尽：尽头。
④却山行：再走山间小路。却，再。
⑤阴：树荫。

译文赏析

梅子成熟的季节，日日都是晴天，乘船来到小溪尽头，再改走山路。山路上绿树成荫，也不比水路逊色，深林中的几声黄鹂鸣叫增添了幽趣。

这是一首记行诗，描写了初夏时节的景色和诗人山行时的愉悦心情。首句点明出行时间是在梅雨时节。次句写出行路线是先走水路再走山路，一个"却"字写出诗人愉悦的心情。三、四句写绿荫和黄鹂鸣叫声，尤其是末句"添得"二字写出了诗人游兴正浓。

诗人将一次普通的出行写得错落有致，平中见奇，虽然全诗都是景语，没有情语，却能体现出诗人愉悦的心情。

直击考点

《三衢道中》的作者是____代诗人_____，他是诗人_____的老师。这首诗写的是_____（季节）的景色，从诗中_____、_____、_____这几处可以看出来。这首诗体现了诗人_____的心情。

15 夏日绝句

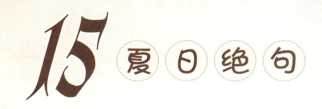

诗词有故事 / 巾帼不让须眉

宋神宗元丰七年（1084年），李清照在济南府出生了。她的父亲是有名的文学家李格非，母亲是当朝宰相的女儿。

李清照在父母的呵护下无忧无虑地长大了。有一天，她在院子里荡秋千时，忽然看见一个谦谦君子来访。李清照有些害羞，连鞋子都没来得及穿就跑开了，头上的金簪也跑掉了。待跑到门口发现无处躲藏，她信手拈来一枝青梅放在鼻子边上，假装在赏花。这副形象打动了公子哥赵明诚。

后来，李清照如愿嫁给了赵明诚。刚结婚的几年，他们住在青州，还给自己的住所起名"归来堂"。夫妻二人都很喜欢诗词歌赋，还喜欢研究金石，可谓志趣相投，相处起来非常愉悦。李清照最爱和丈夫比赛谁掌握的知识多，比如说出哪句诗、哪个典故在哪本书的哪一页，结果往往是李清照赢。幸福的时光总是短暂的。后来，赵明诚外出做官，李清照想念丈夫，只好写信表达相思之情："一种相思，两处闲愁。此情无计可消除，才下眉头，却上心头。"

1127年的靖康之变改变了很多人的命运，其中就包括李清照和她的丈夫赵明诚。天下大乱，她和丈夫二十年来收集的文物大半化为灰烬。这时候赵明诚正在江宁奔丧，李清照一个人整理了十多车文物，一路上与兵匪周旋，从青州奔赴江宁。

南宋高宗建炎三年（1129年），任建康（江宁于1129年改名建康）知府的赵明诚遭遇手下叛乱。为了保命，赵明诚竟然一个人顺着绳子从城墙上逃跑了。这件事让李清照对赵明诚大失所望，觉得他这样子太没志气。后来，李清照和丈夫赵明诚一起向江西方向逃亡。一路上，两个人谁也不搭理谁。走到乌江的时候，李清照站在楚霸王项羽兵败自刎的地方，心中被一股豪情激荡着，面对着滔滔江水，她随口吟出了那首《夏日绝句》。

赵明诚听到了李清照的诗之后，羞愧难当，他为自己缺乏男子汉气概的举动深深自责。几个月之后，赵明诚就病死在了建康城。

夏日绝句

宋·李清照

生当作人杰[1],
死亦为鬼雄[2]。
至今思项羽[3],
不肯过江东[4]。

【注释】

[1] 人杰：人中豪杰。
[2] 鬼雄：鬼中的英雄，用于称颂为国捐躯者。
[3] 项羽：楚国贵族，秦亡后称西楚霸王，后与刘邦争天下，兵败垓下，于乌江自刎而亡。
[4] 江东：泛指长江下游地区，也是项羽当初随叔父项梁起兵之地。

译文赏析

活着就要做人中豪杰，死了也要做鬼中英雄。人们至今还思念项羽，只是因为他不肯苟且偷生回江东。

这是一首借古讽今的怀古诗。本诗起调高亢，语出惊人，一、二句开宗明义，直抒胸臆，提出人活着要建功立业，报效朝廷，死了也要流芳后世，气壮山河，做个"千秋鬼雄"。三、四句借"楚汉之争"中项羽的故事讽刺丈夫赵明诚弃城逃跑，进而讽刺了南宋朝廷的逃跑主义，表达了诗人渴望恢复故土的思想感情。末句的"不肯"二字，历来为人称道，因为"不肯"不是"不能"，也不是"不想""不愿"，充分展现了项羽的英雄气概。

李清照被誉为宋词婉约派代表人物，但这首探讨人生价值取向的诗却压倒一众须眉，其胸襟气魄让无数男儿汗颜。

直击考点

《夏日绝句》的作者是_____代女词人_____，号_____，是_____派词人代表。但《夏日绝句》却一改词人的风格，极富英豪丈夫之气。这首诗运用了_____的手法，表达的价值观是_____。

16 题临安邸

诗词有故事 / 西湖歌舞几时休

南宋高宗绍兴二年（1132年），赵构在"人间天堂"杭州大修楼堂馆所，一座座明堂、太庙拔地而起，浑然忘记了徽、钦二帝还在金人的大帐之中过着猪狗一样的日子。上行下效，南方的达官显贵和富商大贾也过起了纸醉金迷的生活。杭州的西湖也得了个"销金锅"的称号。

南宋孝宗淳熙年间，已经成了太上皇的赵构游览西湖。他在断桥边一家酒楼的屏风上看到一首名为《风入松》的诗，结尾两句为"明日再携残醉，来寻陌上花钿"。这首词是太学生俞国宝春日酒醉游西湖后写的。作者满心遗憾，打算明日再来西湖游春买花。赵构读了以后，觉得这首词不错，美中不足的是结尾太寒酸，建议改成"明日重扶残醉"，还当即下令授予俞国宝官职。一个太学生，仅凭一首寻欢作乐的词就获得官职，这怎么不让人寒心呢？

正直的官员得不到重用，报国无门，很多人选择了隐居，生活在绍兴的林升就是其中一员。林升，字云友，又字梦屏，温州人，擅长诗文，做过几天小官，因为看不惯官场的风气，得罪了不少人，仕途非常不顺。

这一天，林升来到杭州有名的酒馆——楼外楼酒楼，点了几碟小菜外加一壶酒。这家酒楼楼下坐着的都是普通的客人，楼上却是达官贵人们的专有场所。心情愤懑的林升一边借酒消愁，一边不由得看向楼上。一声声悠扬的小曲传出来，接着是舞姬们翩翩起舞，不时能听到一阵阵肆无忌惮的大笑声。林升是一位爱国人士，他把范仲淹的"先天下之忧而忧，后天下之乐而乐"当作自己的人生信条。他最看不惯的就是那些贵族官员日夜歌舞升平，根本不管生活在水深火热中的百姓死活，也全然忘记了国破家亡的耻辱。

想到这里，林升再也按捺不住心中的怒火。他回到临时居住的客栈，就在客栈的墙壁上写下了《题临安邸》。

题临安邸❶

宋·林升

山外青山楼外楼,
西湖歌舞几时休❷?
暖风熏❸得游人醉,
直❹把杭州作汴州❺。

【注释】

❶邸(dǐ):旅店。
❷休:休止,停止。
❸熏:吹。
❹直:简直。
❺汴(biàn)州:汴京,今河南开封市。

译文赏析

山外有青山,楼外有高楼,西湖游船上的歌舞啊,何时才能停止呢?湖边上温暖的风把人吹得醉醺醺的,简直把杭州当成了汴州。

这是一首题壁讽喻诗。诗人以辛辣的语言无情讽刺了当政者纵情声色的腐朽本质,表达出对于朝廷不思收复失地的失望和气愤之情。

首句写杭州城外的山和楼,突出繁华景象。次句以反问的语气点出西湖岸边权贵们醉生梦死的歌舞人生。一个"休"字写出了诗人对现实社会的心痛,更暗含对朝廷"休"战言和政策的不满。三、四句中"暖风"和"游人"都有深层含义:"暖风"除了指自然风,还指社会上的淫靡之风;"游人"除了指一般游客,还指那些苟且偷安只知道寻欢作乐的当政者。

全诗构思巧妙,用词精当,是讽喻诗中的杰作。

直击考点

《题临安邸》是一首_____,作者是____代_____。诗的前两句抓住了临安城的特点:重重叠叠的_____,鳞次栉比的_____和无休止的轻歌曼舞,写出了当年虚假的繁荣太平景象。第三句中"暖风"指_____,游人指_____。

17 秋夜将晓出篱门迎凉有感

诗词有故事 / 皇上，快收复中原吧

北宋徽宗宣和七年（1125年），靖康之变爆发的前一年，陆游出生在淮河的一条船上。传说陆游的母亲生他之前曾经梦到过词人秦观，于是就把秦观的字"少游"和他的名字颠倒过来，给儿子取名陆游，字务观。

陆游家有多少藏书呢？南宋高宗绍兴十三年（1143年），宋高宗重建皇家图书馆，干的第一件事就是派人去陆游家抄书，结果一下抄了一万三千多卷。在这样的环境下长大，我们大致可以想见陆游为什么那么有才了。

转眼间，时间来到南宋高宗绍兴二十三年（1153年），陆游参加了一场专门针对有功名的官员的考试——锁厅试。结果那一年，秦桧的孙子秦埙也参加了，而且秦桧明示考官，自己的孙子一定要得第一。可是考官看了陆游的卷子后，很受震撼，顶住压力把陆游录取为第一名。结果复试的时候，秦桧直接把陆游的卷子给封起来了。

陆游失去了竞争的资格，直接回到山阴老家。宋孝宗即位之后，不仅恢复了岳飞的名誉，还给了陆游一个"赐进士出身"的身份，算是弥补了秦桧对陆游的打击。

陆游是坚定的主战派，他和主张抗金的丞相张浚成了好友。不久，陆游就因为力劝张浚用兵遭到罢免。而这样先起用后罢免的遭遇，陆游一生中共遭遇了五次。南宋孝宗淳熙三年（1176年），陆游第二次被免职，此时他已经五十多岁了，给自己起了个外号叫"放翁"。

宋光宗赵惇即位后，改元绍熙，百官各升一级，刚当上礼部郎中的陆游再提恢复中原的大计，结果第三次被罢官。陆游怀着满腔悲愤，回到了山阴老宅。

绍熙三年（1192年）初秋的一个凌晨，天气依然炎热，陆游因睡不着觉，干脆出门走走。他走出院门，看见夜空中只有寥寥数颗星星，邻家的大公鸡已经开始打鸣了。陆游习惯性地向北眺望，想到自己的壮志未酬，却又无计可施，心痛又无奈之下连吟了两首《秋夜将晓出篱门迎凉有感》。

秋夜将晓出篱门迎凉有感（其二）

宋·陆游

三万里河东入海，
五千仞❶岳上摩天❷。
遗民泪尽胡尘里，
南望王师❸又一年。

【注释】

❶仞（rèn）：古代长度单位，一仞合八尺或七尺。
❷摩天：迫近高天，形容很高。摩，接触或触摸。
❸王师：指宋朝的军队。

译文赏析

万里黄河一路向东流入大海，几千仞高的山峰直上青天。受到侵略的中原人民在金人压迫下早已流干了眼泪，他们一年年盼望着朝廷军队可以北伐中原。

这是一首抒发悲愤之情的感怀诗。开头两句"三万里河东入海，五千仞岳上摩天"对仗工整，大气磅礴，一横一纵，一水一山，将北方中原、半个中国的形胜勾画出来。然而，诗人意在以乐景写哀情，这样的大好河山却落入了金人之手，怎能不让人悲愤？接下来两句意境深沉，"泪尽"一词，写出遗民的无尽酸辛。结句的"又"字更加剧了心情的沉痛，因为盼望北伐中原、收复失地的人们的愿望又落空了。

本诗借遗民的殷切盼望写诗人的失望之情，意在引起南宋当权者的警觉，激起他们恢复中原的志向。

直击考点

《秋夜将晓出篱门迎凉有感（其二）》的作者是____代诗人_____，号_____。这首诗标题中"将晓"的意思是_____，诗的前两句向我们展示了_____，后两句表达了诗人对_____的爱国情怀。

18 示儿

> **诗词有故事** / 写给儿子的绝笔诗

陆游一生有两件事情放不下，一个是他的前妻唐婉，一个就是收复中原。陆游年轻的时候，因为母亲的强硬，被迫和妻子唐婉离婚了。离婚后不久，两个人在沈园见过一面，自此沈园成了陆游魂牵梦萦的地方。后来，陆游又多次游沈园，有时候一坐就是一整天，却再也没遇见过唐婉。因为唐婉那次和陆游相见之后不久，就忧郁成疾，离开了人世。后来，陆游因为行动不便，无法再去沈园，他就把沈园的模样通过写诗记录下来。去世前的几个月，他在儿子的搀扶下最后一次去了沈园。

除了和唐婉有关的沈园，陆游想得最多的就是收复中原。南宋高宗绍兴二十五年（1155年）的一个冬夜，狂风暴雨打在陆游家的屋顶上，像是千军万马过境。第二天，陆游起身写了一首有名的《十一月四日风雨大作》："僵卧孤村不自哀，尚思为国戍轮台。夜阑卧听风吹雨，铁马冰河入梦来。"

七十八岁的时候，陆游重新被朝廷起用，入朝编修国史。南宋宁宗开禧二年（1206年），韩侂胄在军事准备严重不足的情况下决定兴兵北伐。兵败之后，韩侂胄被杀，朝廷签订《嘉定和议》。陆游听着这一个又一个坏消息，仰天长叹，老泪纵横。失去希望支撑的陆游，健康状况急速恶化。自知时日无多的他早已将生死置之度外，唯一让他悲愤不能自持的，就是不知道什么时候能够看到祖国的统一。

南宋宁宗嘉定二年（1209年）秋天，陆游一病不起。入冬以后，天气越来越冷，陆游的身体也每况愈下。除夕前一天，陆游从浑浑噩噩中醒来，突然说要写诗。在儿孙的搀扶下，陆游挣扎着坐起来，又让人拿来纸笔，哆嗦着双手写下了他人生中的最后一首诗《示儿》。

对于家事、私事，陆游只字未提，唯一不能释怀的，只有国事。写完这首绝笔诗之后，陆游撒手离去，享年八十六岁。

示儿❶

宋·陆游

死去元知❷万事空，
但悲不见九州❸同❹。
王师❺北定❻中原❼日，
家祭无忘告乃翁❽。

【注释】

❶示儿：写给儿子看。
❷元知：本来就知道。元，本来，原来。
❸九州：指中国。
❹同：统一。
❺王师：指南宋军队。
❻北定：平定北方。
❼中原：指淮河以北被金人占领之地。
❽乃翁：你们的父亲，此处指陆游。

译文赏析

原本就知道人死之后一无所有，只是伤心无法看见国家统一。在朝廷的军队收复中原的日子，家中举行祭祀时不要忘了告诉我这个消息。

这是一首著名的爱国诗，也是陆游的绝笔诗，题目"示儿"相当于遗嘱，表达了诗人渴望收复中原、祖国统一的强烈愿望。首句"元知"二字表明诗人对生死的态度。虽然已将生死看淡，但紧接着次句写出诗人临终最大的遗憾就是"但悲不见九州同"，心中的悲痛、遗憾一览无余。三、四句写出诗人唯一的遗愿就是"王师北定中原日，家祭无忘告乃翁"。诗人至死都坚信朝廷会有收复中原的那一天，其爱国、报国之情感天动地，令人泪目。

全诗用笔曲折，真情流露，基调激昂，再现了诗人临终时复杂的思想情绪和忧国忧民的爱国情怀。

直击考点

《示儿》的作者是_____，写于_____时。"死去元知万事空，但悲不见九州同"两句中，"元"的意思是_____，"但"的意思是_____。诗中表达诗人遗憾的句子是"_____"，表达诗人遗愿的句子是"_____，_____"。

19 四时田园杂兴二首

诗词有故事 / 田园中的诗情画意

北宋钦宗靖康元年（1126年），平江府吴县，也就是今天的苏州，范成大出生了。范家家世显赫，他的父亲范雩官至秘书郎，母亲蔡氏是北宋书法家蔡襄的孙女、宰相文彦博的外孙女。范成大自幼过着衣食无忧的日子，不过，在他十七八岁的时候，随着父母相继离世，家境日益贫困。俗话说，长兄如父，范成大带着俩妹妹从杭州返回苏州，勉强将俩妹妹嫁出后，一个人跑到昆山县的荐严寺读书，这一读就是十年。

时间来到南宋高宗绍兴二十四年（1154年），二十九岁的范成大高中进士。与范成大一同上榜的还有他后来的好哥们儿杨万里。

范成大为官清明，百姓都很爱戴他。因为性子比较直，范成大得罪不少人，多次遭到罢免。不过因为他在百姓中口碑极佳，所以又多次被朝廷起用。范成大辗转杭州、丽水、桂林、成都等地任职，但他最喜欢的还是自己的故乡苏州。

南宋孝宗乾道六年（1170年），四十五岁的范成大迎来了人生中的高光时刻——出使金国。朝中大臣一听到这个任务都连连摇头。任务像击鼓传花一样落到范成大头上，范成大没有拒绝。这可不是一趟说走就走的旅行，而是充满着危险和不确定性。弱国无外交，范成大是抱着必死的决心去的。结果，他凭着一份让敌人都佩服的胆略和勇气平安归来了，这足以让那些议和派闭嘴。

淳熙十年（1183年），范成大得了一场病。他一连五次上表请求告老还乡，但是都没有被批准。最后，他挂了份闲差，隐居于苏州的石湖附近。

在隐居石湖的十多年里，范成大种梅、养菊、交友、写诗，还编了本《吴郡志》。他常常和诗人杨万里对诗，还邀请词人姜夔来他的范宅小住。范成大亲自下田劳作，同时创作了大量优秀的作品，其中包括六十首《四时田园杂兴》，分为春、晚春、夏、秋、冬五个部分，描述了苏州的田园风光和自己悠闲恬淡的心情。

四时田园杂兴❶（其二十五）

宋·范成大

梅子金黄杏子肥，
麦花❷雪白菜花稀。
日长篱落❸无人过，
惟有蜻蜓蛱蝶❹飞。

【注释】

❶杂兴：有感而发，随兴而写的诗。
❷麦花：荞麦花。
❸篱落：篱笆。
❹蛱（jiá）蝶：蝴蝶的一种。

译文赏析

梅子金黄，挂满枝头，杏子也变得饱满。田里的荞麦开花，一片雪白，油菜花稀稀落落，正在结籽。夏日白天渐渐变长，篱笆旁边没有人经过，只有蜻蜓和蝴蝶飞来飞去。

这首诗真实地描写了江南初夏的田园风光。前两句写梅子黄、杏子肥、麦花白、菜花稀，生动再现了江南农村的景物特点。第三句侧面描写了农民的辛勤劳动，正是因为他们早出晚归下地干活，所以路上才很少见到行人。末句的"蜻蜓蛱蝶"静中有动，以动写静，显得更静。

全诗虽然没有一个字写农民的辛苦劳动，但字里行间却能读出农民的繁忙，同时表达了诗人对田园生活的热爱。

直击考点

《四时田园杂兴（其二十五）》的作者是____代诗人_____。诗中用梅子黄、_____、_____、_____，写出了_____（季节）南方农村景物的特点，表达了诗人_____的思想感情。

47

四时田园杂兴（其三十一）

宋·范成大

昼出耘田①夜绩麻②，
村庄儿女各当家。
童孙未解③供④耕织，
也傍⑤桑阴学种瓜。

【注释】

①耘田：耕耘田地，泛指灌溉、除草、施肥等田间劳动。
②绩麻：用麻搓成线或绳。
③未解：不懂。
④供：从事，参加。
⑤傍：靠近。

译文赏析

　　白天去田间地头劳动，夜晚回家还要搓麻线，村里的男男女女各有各的活要干。儿童虽然不会耕田织布，但是也在那桑树下的阴凉处学着大人的样子种瓜。

　　这首诗描写的是夏日农村的生活场景。前两句写农民的辛苦劳动，"儿女"并不是指儿子和女儿，而是泛指男人与女人。后两句写农村儿童的天真可爱，他们不会像大人那样耕织，只会有样学样地种瓜，又生怕被太阳晒着，所以是在桑树下阴凉处像过家家一样玩耍。全诗笔调清新，描写细腻，读来逸趣横生，表现了诗人对农村生活的热爱和对农民劳动的赞美。

直击考点

2021年广东省深圳市小升初考试 >>>

南宋诗人翁卷《乡村四月》中的"乡村四月闲人少"绘尽农家四月繁忙的景象,而南宋诗人范成大的《四时田园杂兴》(其三十一)"＿＿＿＿＿＿,＿＿＿＿＿＿。＿＿＿＿＿＿,＿＿＿＿＿＿"对农村初夏时的紧张劳动气氛做了较为细腻的描写。

诗词有故事 / 夏天的小池真美

南宋高宗建炎元年（1127年），杨万里在江西省吉水县出生了。他的父亲杨芾是个穷秀才，靠着仅有的一点儿学问给人当私塾先生。杨父希望儿子将来可以鹏程万里，光耀门楣，于是给他起名万里，字廷秀。杨父不舍得吃，不舍得穿，却很喜欢买书，十年间藏书数千卷。杨万里的母亲去世很早，他小小年纪跟着父亲游学各地，遍访名师，到二十岁左右的时候，已经把各种经典文章融会贯通。

南宋高宗绍兴二十四年（1154年），杨万里和他的叔叔一同考中进士。叔侄俩同时榜上有名，老杨家在当地露了大脸。两年后，杨万里得了个赣州司户参军的小官，后来又被调到零陵县当县丞。

有一天，杨万里在抗金名相张浚的儿子张栻府上做客，认识了一个有个性的"流浪汉"刘子驹。刘子驹因为看不惯上级，辞官之后穷得连饭都吃不上，晚上就睡在祖宗的坟地旁。刘子驹也是个诗词好手，杨万里拿出自己写的诗虚心向他请教。刘子驹随便翻了翻，说："你这种诗，写的都是前人写剩下的，没什么意思。"

杨万里回到家之后，越想越羞愧，于是一把火把自己之前的作品都烧了。思路一转天地宽，杨万里不再从故纸堆里寻找诗意了，他走出书斋，走进大自然，深入基层，来到百姓家中，来到田间地头，不再追求"句句有出处，字字用典故"，而是尽可能做到明白如话，写身边人，写身边事。

南宋孝宗淳熙三年（1176年）春末，端午节快到了，杨万里信步来到户外，村旁的溪水里、池塘里都种着莲花。池塘边有一眼泉水，正悄无声息地流着。阳光照在水面上，娇嫩的荷叶刚刚露出尖角，一只蜻蜓忽然停在上面。原来静止的画面忽然动了起来，这种来自生命的力量带给杨万里极大的触动。学了这么多年诗，杨万里终于可以做到读写随心、收放自如了。于是，一首诚斋体诗歌代表作《小池》就这样诞生了。

小池

宋·杨万里

泉眼❶无声惜细流，
树阴照水爱晴柔❷。
小荷才露尖尖角，
早有蜻蜓立上头。

【注释】

❶泉眼：泉水的出口。　　❷晴柔：晴天柔和的风光。

泉眼无声无息是因为爱惜水流，树荫倒映在水面上，是因为喜欢这晴天里柔和的风光。荷叶刚刚从水面露出尖角，就有蜻蜓飞来，立在它上面。

这是一首描写初夏池塘景色的小诗，表达了诗人对生活的热爱之情。首句写泉眼又细又小，其中的"惜"字把泉眼拟人化，赋予它以爱惜的感情。次句写树荫遮住水面，一个"爱"字同样化无情为有情。三、四句分别写小荷及蜻蜓，展现了夏天的勃勃生机。

杨万里的诗歌师法自然，语言通俗易懂。全诗围绕题目"小池"在"小"字上做文章，充满了无限的生命力，并富有诗情画意。

直击考点

2021年湖北省某重点小学小升初考试

根据下列诗句的内容，按照时间顺序排列正确的一组是（　　）。
①清明时节雨纷纷　②爆竹声中一岁除　③二月春风似剪刀
④小荷才露尖尖角　⑤遥知兄弟登高处　⑥天津桥下冰初结
A.①④③⑤②⑥　B.③①④⑤②⑥　C.②③①④⑤⑥　D.③①④②⑤⑥

21 稚子弄冰

诗词有故事 / 小孩学"打春牛"

南宋孝宗淳熙四年（1177年）四月，五十一岁的杨万里升任常州知州，这是他人生中第一次担任一个州县的最高行政长官。

1179年立春那天，杨万里作为常州的州官，参加了当地的打春牛活动。打春牛又叫鞭春，是一项古老的民俗，从西周时期就开始了。到了唐宋两朝，这项活动尤其盛大。

一开始的时候，春牛一般是用土塑成或者用纸糊的，里面装上五谷，迎春的时候让人装扮的"句芒神"举鞭抽打，一直打到春牛倒地，肚里的五谷流出来，以象征五谷丰登，这就是传统的"打春牛"。北宋时期，开封府要在立春前一天向皇宫进献春牛。牛身长三尺六寸五，象征一年的三百六十五天；牛尾长一尺二寸，象征一年十二个月；牛蹄子象征四季；柳条鞭子长二尺四寸，代表二十四节气。人们把春牛运进宫的途中，会伴有鼓乐歌舞表演，街上还有许多商贩在售卖"小春牛"，很是热闹。第二天立春日，皇帝会象征性地用柳条鞭子在春牛背上打三下，立春被称为"打春"即由此而来。

南宋打春牛和北宋差不多，不过皇家"鞭春"的地点转到了临安。而其他城、县，也要锣鼓喧天、鞭炮齐鸣地把春牛迎到府衙里，然后在立春日的一大早由郡守率领官员用彩色木杖击打春牛三下，表示春天来了，要早早赶牛下田耕种，不要误了农时。

主持完"打春牛"仪式，杨万里无意中看到一群小孩在玩"打春牛"游戏：他们用泥做了一头牛，并涂上颜色，拴上缰绳。一个孩子装扮成句芒神的模样，用一根鞭子鞭打泥牛。剩下的小孩从金盆里弄出一块冰当作锣鼓，敲敲打打。

杨万里看在眼里，脱口吟了一首《观小儿戏打春牛》："小儿著鞭鞭土牛，学翁打春先打头。黄牛黄蹄白双角，牧童绿蓑笠青篛。"

孩子玩得兴高采烈，杨万里也看得兴起。突然，冰做的锣鼓"咔嚓"一声掉在地上。杨万里呆立片刻后，一首《稚子弄冰》已然在胸中。

稚子[1]弄冰

宋·杨万里

稚子金盆脱晓冰，
彩丝穿取当银钲[2]。
敲成玉磬[3]穿林响，
忽作玻璃[4]碎地声。

【注释】

[1] 稚子：幼儿，小孩子。
[2] 钲（zhēng）：古代乐器，铜制，形似钟而狭长，常在行军时敲打。
[3] 磬（qìng）：古代打击乐器，形似曲尺，多用玉石制成，可悬挂。
[4] 玻璃：水玉，古时的天然玉石，与现在的玻璃不同。

译文赏析

儿童早晨起来把冻在铜盆里的冰块脱出来,再用彩线把冰穿起来当作钲来敲。声音像玉磬一样穿过树林,忽然间冰锣碎裂落地,发出玉石破碎般的声音。

这是一首记述儿童玩冰的诗。首句"金盆"即铜盆,因为颜色金黄,所以称金盆。"晓冰"说明冰是儿童头天夜里冻好,第二天迫不及待拿出来玩。次句彩线穿银锣,写冰块很漂亮。第三句用夸张的手法写冰锣发出的声音既清脆悦耳,又传得很远,侧面体现儿童的兴高采烈。末句以意外作结,儿童看到这个结果是愣在原地,还是哇哇大哭?留给人想象的空间。

全诗围绕一个"稚"字,将童趣化为诗趣,充满了诗人对童真的尊重,以及对自由自在的生活的向往。

直击考点

《稚子弄冰》中诗人通过_____的手法使童趣化为诗趣。稚的意思是_____,金盆的意思是_____。全诗通过对小孩子一系列的_____描写,刻画了一个_____的儿童形象。

22 晓出净慈寺送林子方

诗词有故事 / 西湖边的送别

南宋孝宗淳熙八年（1181年），杨万里来到岭南道（今广东省）。在韶州担任提点刑狱时，他平反了不少冤假错案，还顺手平定了梅州和潮州的几拨土匪暴乱。宋孝宗很高兴，赐他八个大字："仁者有勇，秀才知兵。"

1187年，杨万里从地方上来到京城任职，担任尚书省左司郎中兼东宫侍读，也就是太子的老师。不到一年时间，杨万里又升官了，担任秘书少监。这个时候，他遇见了林子方。林子方是福建莆田双阙林氏族人，当时担任直阁秘书，负责给皇帝起草诏书，是杨万里的下属。

两个人一见如故，很快成了好朋友。他们常常谈论着抗金强国的主张，在诗词上也经常互相切磋。林子方为人正直、为官清明，除了杨万里，他还和当时的周必大、陈俊卿等一大批名流雅士是好友。

不久，林子方外任福建路转运判官。这一天一大早，杨万里在净慈寺和林子方话别。净慈寺在西湖南岸、雷峰塔的对面，和灵隐寺并称。寺内的钟声格外洪亮，有名的"南屏晚钟"就在净慈寺内，寺内有多位得道高僧。

两个人来的时候天上还挂着残月，他们穿过荷塘，走在杨柳依依的小路上，从南山到北山，转了一圈又一圈。杨万里在《晓出净慈寺送林子方》第一首里这样写道："出得西湖月尚残，荷花荡里柳行间。红香世界清凉国，行了南山却北山。"

对于好友的这次任职，杨万里既有不舍，又有些不同看法。在他看来，"直阁秘书"虽然官不大，但能随时见到皇帝，这种待遇不是每个人都能有的。在古代的官职中，文官带"直"或武官带"中"字的，基本上都是在皇帝身边干活的人。在这个职位上，林子方很有可能像西湖六月的荷花一样，大红大紫。可去了福建，天高皇帝远，再回来就难了。

想到这里，杨万里借着净慈寺里的荷花，写下了第二首《晓出净慈寺送林子方》。

晓出净慈寺送林子方（其二）

宋·杨万里

毕竟①西湖六月中，
风光不与四时同。
接天②莲叶无穷③碧，
映日荷花别样红④。

【注释】

① 毕竟：到底。
② 接天：像与天空相接。
③ 无穷：无边无际。
④ 别样红：特别红。

译文赏析

到底是西湖六月里的景色，风光与其他季节大不相同。碧绿的荷叶无边无际，与天相接，阳光下的荷花分外鲜艳娇红。

这是一首写夏日西湖风光的诗。前两句写六月西湖给诗人的总的感受。"毕竟"二字看似突兀，却造句大气，突出了西湖六月风光的与众不同。三、四句是脍炙人口的名句，"接天莲叶无穷碧，映日荷花别样红"，大红大绿给人以强烈的视觉冲击力，"无穷碧"和"别样红"色彩对比强烈，令人回味。

全诗前两句虚写，直陈诗人的感受；后两句实写，描绘荷花的具体形象。虚实结合，相得益彰。尤其是后两句，对仗工整，却不事雕琢，用语平淡，展现了诗人高超的语言能力。

直击考点

《晓出净慈寺送林子方（其二）》的作者是南宋诗人_____。诗中描绘的是_____（时间）的荷花，特点是_____。诗中运用了_____的修辞手法，突出了西湖六月与其他时节风光的不同。全诗表达了诗人_____之情。

23 宿新市徐公店

诗词有故事 / 行万里路，写万首诗

1189 年，杨万里的学生赵惇即位，是为宋光宗。宋光宗很尊重自己的这位老师，有意提拔他，但安排的却是杨万里最不愿意做的工作——迎送金国使者。作为最坚定的主战派，杨万里实在无法忍受这种屈辱。在路过常州的时候，他在《再过常州》中写道："旧游休再至，再至只成悲。"

绍熙三年（1192年），杨万里担任江东转运副使，负责淮西和江东的军马钱粮工作。寒食节前一天，杨万里开始了他为期两个月的巡视工作。他从江宁府长干桥，也就是今天的南京出发，先后经过牛首山、金陵镇栖隐寺。在牛首山，他想起岳飞曾在这里大败金兵，心中感慨，其中一首诗这样写："出了长干过了桥，纸钱风里树萧骚。若无六代英雄骨，牛首诸山肯尔高。"

寒食节这天，杨万里在栖隐寺吃了早饭后出发，中午来到太平州（今安徽马鞍山一带），在这里的褚家坊清风亭小憩，之后继续赶路。当晚，杨万里来到新市，新市水陆环绕，舟车通利，是当时的交通要道。杨万里住在新市一家徐姓店主的客栈里。吃过晚饭，他拿出纸笔，把这一天的所见所闻记录下来，一口气写了十来首诗，其中就包括一首《宿新市徐公店》。

因为这一天是寒食节，所以他写道："春光都在柳梢头，拣折长条插酒楼。便作在家寒食看，村歌社舞更风流。"春天来了，有人把杨柳条折下来插到酒楼上。虽然现在出门在外，但还是要像在家中一样过寒食节。欣赏下村里的歌舞，倒也热闹。大概是意犹未尽，杨万里睡不着，又写了第二首《宿新市徐公店》。

一路上，杨万里写了二百多首诗，仅在题目中就出现了八十多个地名。他把诗歌当成了自己的工作日志，记录下了自己的沿途见闻和感受。

宿新市徐公店（其二）

宋·杨万里

篱①落疏疏②一径③深，
树头新绿未成阴。
儿童急走④追黄蝶，
飞入菜花无处寻。

【注释】

①篱：篱笆。
②疏疏：稀疏。
③径：小路。
④急走：奔跑。走，跑。

译文赏析

　　稀疏的篱笆旁,一条小路通向远方,树上新长出的叶子还未形成树荫。儿童奔跑着追赶黄色的蝴蝶,蝴蝶飞入菜花丛中,无处可找。

　　这是一首描写寒食节气农村景色的诗歌。前两句为静态描写。首句篱笆和小路,点明地点是农村,篱笆的稀疏和小路的幽深形成对照,互相映衬,突出农村的宁静。次句写树荫尚未浓密,凸显季节特点。三、四句是动态描写,描写了儿童追蝶的场面,"急走"和"追"把儿童天真活泼、好奇好胜的神态和心理描绘得惟妙惟肖、栩栩如生,充满童真童趣。

　　全诗写的都是平凡之物、平凡之景,但景物和人物巧妙结合,动静相间,成功刻画了恬淡自然的农村生活和清新宁静的乡村风光。

直击考点

　　《宿新市徐公店(其二)》的作者是_____,号_____。这是一首描写农村景色的诗歌,运用了_____手法,描绘了一幅春意盎然的儿童_____图。其中"_____""_____"都说明当时是暮春季节。

24 观书有感二首

诗词有故事 / 讲读书之道的诗

南宋高宗绍兴十三年（1143年），朱熹十四岁时，他的父亲朱松自知时日无多，让朱熹母子去福建投奔他的好友刘子羽。交代完后事，朱松在建安水南的环溪精舍去世了。刘子羽在武夷山下的五夫里建了一座楼，供朱熹母子度日。此楼以朱熹祖籍徽州婺源（今属江西）的紫阳山命名，称紫阳楼。

紫阳楼前面有一片鱼塘，朱熹小时候经常在那里读书、玩耍。朱熹时刻牢记父亲的遗训，把读书作为第一要务。有一天晚上，朱熹又在挑灯夜读。母亲见了，难免心疼，于是煮了一碗莲子羹，端给朱熹喝。朱熹一抬头，看到母亲粗糙的双手和鬓角的白发，心中愧疚，于是孝顺地让母亲先喝。母亲很欣慰，慈爱地对朱熹说："沈郎啊，莲乃花中君子，出淤泥而不染，莲子从采摘到做成羹汤，其中最重要的步骤就是取芯。因为要是将莲子和着芯吃下去会很苦的，但去了芯之后就无比甘甜了。莲浑身是宝，你要做一个像莲一样的人。"沈郎是朱熹的小名。

朱熹很聪明，他瞬间明白了："莲子苦芯"就是"怜子苦心"，苦尽才会甘来。这就是朱熹母亲"煮莲教子"的故事。

十九岁时，朱熹考上进士，可他只短暂地当了几年官，就因为看不惯官场习气而著书立说讲学去了。因为朱熹对儒学颇有研究，所以后人称他为朱子。

有一年，朱熹应友人之邀去外地讲学，台下的学子向他请教读书之道。朱熹想起自己小时候读书的情景，想起了紫阳楼前的鱼塘。那儿的水始终清澈见底，他读书读累了的时候，就会思考读书学习的道理。后来他渐渐悟出，只有像圣人一样，读书的时候内心清澈如永不枯竭的源头活水，孜孜以求，才能不断进步。而书读得多了，好似百川入海，自然能融会贯通。想到这里，朱熹决定以紫阳楼前的池塘和江水来讲读书之道，于是提笔写下了两首《观书有感》。

观书有感（其一）

宋·朱熹

半亩方塘一鉴❶开，
天光云影共徘徊❷。
问渠❸那得❹清如许❺？
为有源头活水❻来。

【注释】

❶鉴：镜子。
❷徘徊（pái huái）：来回走动。
❸渠：它，第三人称代词，此处指方塘水。
❹那得：怎么会。那，同"哪"。
❺清如许：这样清澈。如许，如此，这样。
❻活水：流动的水。

半亩大小的方形池塘像镜子一样展现在眼前，天色和浮云的影子在水面上浮动。如果要问池塘里的水为何如此清澈，那是因为有流水源源不断地输送进来。

这是一首劝人读书的哲理诗，寓意很深。前两句中对于半亩方塘的所在，人们至今争论不休，但通常认为是朱熹幼年读书、玩耍所在的池塘。"鉴"就是镜子，具有双重含义，一指半亩方塘清澈如镜，二指诗人希望学问这面镜子可以照亮人生，照亮世界，照出一片天光云影。三、四句"问渠那得清如许？为有源头活水来"是名句，"渠"不是水渠，而是"它"的意思。正是因为有了源头活水，"方塘"的水才可以又深又清，而且映出天光云影。诗人借源头活水说明人要不断摄取新鲜知识，丰富学识。

直击考点

《观书有感（其一）》的作者是_____时期教育家_____，因对儒学有所研究，被称为_____。"源头活水"在诗中比喻_____。"问渠那得清如许？为有源头活水来"两句阐述的道理是：_____。

观书有感（其二）

宋·朱熹

昨夜江边春水生，
艨艟❶巨舰一毛轻。
向来❷枉费推移力❸，
此日中流❹自在行。

【注释】

❶ 艨艟（méng chōng）：古代的战船，攻击性很强。
❷ 向来：原先，指春水上涨之前。
❸ 推移力：人力助推。
❹ 中流：河流中心。

译文赏析

昨天夜里，江边春水大涨，大船就像一片羽毛一样轻盈。以前费了老大的力气也推不动它，今天却在江水中自由漂流。

这是《观书有感》的第二首，同样是一首哲理诗。前两句"昨夜江边春水生，艨艟巨舰一毛轻"，正是因为一场大雨，导致江水上涨，所以原来搁浅的"艨艟巨舰"才可以像羽毛般漂浮起来。三、四句突出"春水"的作用，有说法认为这里的春水是指平时的基本功，又或者是突然而至的灵感。

诗人以水上行舟为例，讲述读书学习要有个循序渐进的过程，初学时要有"推移"之力，后来慢慢掌握了规律，就能"自在"而行了。

直击考点

《观书有感（其二）》是一首_____诗，"艨艟巨舰"在诗中象征_____，"春水"象征_____。"向来枉费推移力，此日中流自在行"两句阐述的道理是_____。

25 春日

诗词有故事 / 梦中的泗水之滨

又是一年春来，繁花似锦，绿柳成荫。朱熹带领着弟子来到郊外的小路上。"在孔子的故乡山东曲阜有两条河流，分别叫作洙水和泗水，孔子的家就在这两条河之间。想当年，孔子在洙水、泗水之间聚徒讲学，经常带着学生们去泗水河畔赏春、踏青、采风。孔子死后，他的弟子们就把他葬在了泗水河畔。"朱熹边走边和身边的弟子交谈。

"可惜，南宋朝廷偏安一隅，金人占据淮河以北，齐鲁大地完全沦陷，处于金国的统治之下。我一直想从儒家经典学说中寻求救国图存之道，然而我始终无缘到泗水一游，去孔夫子生活过的土地上走一走、看一看。将来，等我百年之后……"想到山河破碎，朱熹有些伤感。

"夫子，您又来了，天气如此晴好，我们还是不要谈论这么伤感的话题了。您看这花，开得万紫千红，夫子您还是继续讲学吧。"其中一位弟子打断了朱熹的话。

"好，我前段时间讲过读书有'三到'，有谁还记得是哪'三到'吗？"朱熹收拾好心情，开始提问了。

"我知道，心到、眼到、口到。"……

这天晚上，朱熹又拿出儒家经典著作来读。迷迷糊糊中，伴着绵绵醉人的花香，他来到一处水边，看见一个头顶凹陷如山丘、大耳垂肩、双手过膝的人向他缓缓走来。这不是孔子吗？朱熹正要上前去拜，孔子却率先发问："朱熹，你看这姹紫嫣红开遍，春日生机无限，你可寻到了救国图存之道吗？"朱熹一激灵，从梦中醒来。

第二天，朱熹上课时，有一位弟子提问："夫子，请问怎么样才能追寻圣人之道呢？"朱熹想到昨夜的梦，突然醒悟：谁说追寻圣人之道只有去泗水之滨？虽然没有实地去过那里，但在朱熹心中，他早已神游物外，心骛八极，把那里当成了自己心中的圣地。想到这里，朱熹忍不住又打了个比喻，挥笔写下了《春日》一诗。

春日

宋·朱熹

胜日①寻芳②泗水③滨④，
无边光景一时新。
等闲⑤识得东风⑥面，
万紫千红总是春。

【注释】

① 胜日：春光明媚、天气晴朗的日子。
② 寻芳：游春，踏青。
③ 泗水：河名，在山东省。
④ 滨：水边。
⑤ 等闲：平常，轻易。
⑥ 东风：春风。

译文赏析

春光明媚的日子在泗水河边踏青游玩，无边的春光焕然一新。轻易就能看出春天的样子，万紫千红，百花齐放，到处都是春天的美景。

这首诗表面上是一首写景诗，描写了春天的美好景致，实际是一首哲理诗，表达了诗人在乱世中愿意献身儒学、追求圣人之道的人生理想。

首句依次点明时间、地点和目的。多数观点认为朱熹一生并未到过泗水，所以这是朱熹在借景说理。"寻"字一方面写出诗人的兴致，另一方面写出诗人对世间大道的追寻。次句"无边"二字说明诗人从广处着眼，写出春回大地后的焕然一新。三、四句具体写春色之新。表面上是说东风吹过，世界一片万紫千红。实际上"东风"暗喻诗人希望儒家的思想可以拯救南宋当时的社会乱象，"万紫千红"比喻一个风清气正、生机勃勃的社会。全诗构思巧妙，把哲理寄寓在景色描写之中，却又不露一丝说理痕迹，这也是朱熹说理诗一贯的特点。

直击考点

《春日》的作者是____代_____，是_____集大成者。这首诗表面是描绘春日美好的_____诗，实则是一首_____诗，"寻芳"暗喻_____，"泗水"暗喻_____，"东风"暗喻_____。全诗表达了诗人_____的美好愿望。

26 清平乐·村居

诗词有故事 / 其乐融融的乡下人家

南宋高宗绍兴十年（1140年）五月的一天，济南府历城县辛府，辛弃疾诞生了。辛弃疾的祖父辛赞本是南宋官员，只因上司献城投降，辛赞迫不得已做了金国的官。辛弃疾从小就目睹了人们在金人统治下遭受的屈辱和磨难，早早立下了恢复中原的志向。爷爷领着辛弃疾走南闯北，拜访名师，还教他骑马练剑和用兵之道。

1161年，金宋开战。身在沦陷区的辛弃疾参加了义军，因为一举擒获了义军叛徒的首领，而一战成名。二十三岁时，辛弃疾正式投归正统，在南宋朝廷做了官，却始终得不到重用。南宋孝宗淳熙八年（1181年）十一月，辛弃疾被以"用钱如泥沙，杀人如草芥"等罪名罢去了所有职务。

辛弃疾早在任隆兴府（今江西南昌）兼江西安抚使时，就做好了归隐的打算，他看中了上饶带湖附近的一块地方，在那里兴建了一座庄园。他在地势较高的地方建了一百多间房屋，有楼有亭，有竹子海棠，又在地势较低的地方开辟了一百多亩荒地种植水稻等庄稼和蔬菜。既然不能"了却君王天下事，赢得生前身后名"，那就干脆回归田园、退隐躬耕吧。辛弃疾给带湖庄园取名为"稼轩"，顾名思义，就是为了看庄稼而专门盖的房子，并自号"稼轩居士"。

这年夏日的一天，辛弃疾沿着一条小溪散步时，看见旁边有几间十分简陋的茅草屋。屋外，一对白发苍苍的老夫妻正一边喝着小酒，一边悠闲地聊着天，不时传出阵阵笑声。辛弃疾被这温馨的画面所吸引，不由得上前去攀谈。原来，这是一对老夫妇，膝下有三个儿子。大儿子是个农民，在溪东头的豆田里锄草。二儿是个篾匠，正在树荫下编鸡笼。小儿子正是上学的年纪，最顽皮淘气，正趴在溪边剥莲蓬吃呢。一家人的日子虽然清贫，却其乐融融。辛弃疾被一家人的幸福所感染，在回去的路上，写下了一首《清平乐·村居》。

清平乐❶·村居

宋·辛弃疾

茅檐低小，溪上青青草。醉里吴音❷相媚好❸，白发谁家翁媪❹？

大儿锄豆溪东，中儿正织鸡笼。最喜小儿亡赖❺，溪头卧剥莲蓬。

【注释】

❶ 清平乐：词牌名。
❷ 吴音：吴地的方言。
❸ 相媚好：互相逗趣、取乐。
❹ 翁媪（ǎo）：老翁和老妇。
❺ 亡赖：无赖，此处指小孩顽皮、淘气。

译文赏析

草屋的茅檐又低又矮小，溪边长满了青青的小草。吴地的方言似乎带着几分醉意，听起来又温柔又美好，那满头白发的是谁家的老翁和老妇？大儿子正在溪东豆田里锄草，二儿子正在编织鸡笼。最令人喜欢的是调皮捣蛋的小儿子，他正卧在溪头剥着刚摘下的莲蓬。

这首《清平乐》描绘了一幅和谐宁静的田园生活。上片先写村居周围的环境，茅屋、小溪、青草，清新秀丽、朴素恬静。紧接着写一对恩爱的满头白发翁媪喝酒聊天，场面幸福温馨。下片采用白描的手法写三个儿子的活动，大儿锄豆，二儿编鸡笼。但最引人瞩目的还要属小儿，一个"卧"字写出了小儿的天真、活泼和调皮捣蛋，将小儿"亡赖"的人物形象凸显得愈发鲜明。

声律启蒙

这首词共46个字。一般按字数将词分为小令、中调和长调三种。58字及以内的词为小令，最短的小令为16个字；59字到90字的词为中调；长调在90字以上。所以，这首词属于小令。

直击考点

《清平乐·村居》的下片采用_____的手法，直接写出三个儿子的不同形象：大儿_____；中儿_____；最喜小儿亡赖，_____。（用原文回答）

27 西江月·夜行黄沙道中

诗词有故事 / 黄沙岭上黄沙道

上饶城西四十里的乾元乡有座黄沙岭，岭高大约十五丈，岭上有两眼泉水，还有几十亩农田。闲居带湖期间，辛弃疾不止一次来到黄沙岭，每一次都会有新的发现和体验。他还在这里建了一座书堂，并在书堂里写了不少有关黄沙岭的词作。

一个夏夜，辛弃疾再次途经黄沙岭。这天的月色十分皎洁，夜空中散落着几颗星星，璀璨明亮，仿佛给整个大地蒙上了一层神秘的面纱。本来着急去客栈休息的辛弃疾，不由得放慢了脚步。池塘里传来的阵阵蛙叫声，伴着树上的蝉鸣声，像是为这盛夏季节召开的音乐会，入耳亲切动听。一阵暖风吹来，他似乎闻到了田野里的稻花香。突然下起了蒙蒙细雨，辛弃疾只得快步走到客栈，借着刚刚的喜悦，写下了一首《西江月·夜行黄沙道中》。

刚开始在带湖隐居的时候，辛弃疾的心情还是十分愉快的。尤其是第一次被贬时，他一边读着陶渊明的诗集，一边过着诗酒田园的生活。那时的他，不知道自己未来还要被贬五六次。

南宋宁宗庆元二年（1196年），对于五十七岁的辛弃疾来说，非常不顺。先是这年春天，他的带湖庄园失火，辛弃疾不得不带着全家移居铅山的瓢泉新居。他把失火的原因归罪于自己饮酒贪杯，于是发誓戒酒。接着，辛弃疾因被人诬告，被剥夺了所有在朝廷的头衔。以前，辛弃疾还能仗着虚名领取朝廷俸禄，可这下倒好，彻底成了平头老百姓，辛弃疾的心情可想而知。辛弃疾破了酒戒，由读《离骚》而转读《庄子》。没办法，既然无法像屈原那样忠君爱国，那就让庄子来开导下自己吧。

开禧三年（1207年），金国兵临城下，朝廷终于想起了六十八岁的辛弃疾。而这时的辛弃疾，已经是一个重病在床的老人。可怜他临死之时，还一直在病榻之上高呼："杀贼！杀贼！"

西江月① · 夜行黄沙②道中

宋 · 辛弃疾

明月别枝惊鹊，清风半夜鸣蝉。稻花香里说丰年，听取蛙声一片。
七八个星天外，两三点雨山前。旧时③茅店④社林⑤边，路转溪桥忽见⑥。

【注释】

① 西江月：词牌名。
② 黄沙：即黄沙岭，在江西上饶。
③ 旧时：往日。
④ 茅店：用茅草盖的乡村旅店。
⑤ 社林：土地庙附近的树林。
⑥ 见：同"现"，显现，出现。

译文赏析

明月升上树梢，惊飞了枝头的喜鹊，清凉的夜风吹来远处的蝉鸣。稻田里蛙声阵阵，似乎在说着今年是个丰收年。天边几颗星星闪烁，山前下起了淅淅沥沥的小雨。以前的茅店小屋还在土地庙旁的树林里，转过小溪的桥头，茅店忽然出现。

这首词以近乎白描的手法描绘了一幅生动优美的山乡夏夜图。上片依次写了鹊叫、蝉鸣、蛙声，以及稻花香，诗人将这些寻常事物巧妙组合，营造一种令人神往的夏夜景色，并最终落在丰收年这样一个充满幸福感的场景上。下片写星星、雨点、茅店、溪水，但星是寥落的星，雨是轻微的雨，因为诗人醉心于丰收年的喜悦中，竟然连以前熟悉的茅屋旅店在哪里都给忘记了。尾句的"忽见"表达了诗人愉悦的心情和豁达的心胸。

直击考点

《西江月·夜行黄沙道中》的作者是____代____派词人____。这首词描写的是____（季节），从____、____、____等声音可以看出来。"稻花香里说丰年，听取蛙声一片"二句表达了词人_____的情感。

28 乡村四月

诗词有故事 / 很忙很忙的四月

翁卷，字续古，一字灵舒，浙江永嘉人，在家族兄弟中排行第十，所以人称"翁十"。翁家虽然算不上名门望族，但仅在翁卷的直系血亲中，就出了至少七位县令。翁卷有个伯父叫翁忱，他在当巴陵县令时，曾经主持重修过岳阳楼。在这样的家族氛围中，翁卷自然受到了很好的熏陶。

不过，翁卷这人非常有个性。他年轻时只参加了一次省试，没有考中。从那之后，他就决定此生不再应试。为了讨生活，也为了心中的诗歌梦，翁卷以平民布衣的身份游走四方，足迹遍布浙江、江西、福建、湖南及江淮等地。

不过，翁卷并非没有干过大事。他曾经多次奔赴抗金前线，甚至还在诗人辛弃疾的帐下效力过。南宋宁宗嘉泰三年（1203年），朝廷中主战派韩侂胄掌权后，重用诗人辛弃疾，任命他为绍兴知府兼浙江东路安抚使。这一年秋天，辛弃疾邀请四方诗人办了一次诗会，翁卷也在受邀人员之列。两年以后，身在江淮前线的辛弃疾四处招兵买马，急需人才，翁卷便手提一柄孤剑来到辛弃疾幕府中。

后来，翁卷隐居在永嘉一个山村里，搭了三四间茅草屋，平时种些花草树木，还种了一些高粱。翁卷每日吟诗作画、上山采药、划船游玩，倒也优哉游哉，安闲自在。

身为布衣的翁卷对底层劳动人民和弱势群体的痛苦有着深深的同情。比如他的《东阳路傍蚕妇》："两鬓樵风一面尘，采桑桑上露沾身。相逢却道空辛苦，抽得丝来还别人。"蚕妇的形象很容易让人想起白居易的《卖炭翁》。

有一年四月的一天，翁卷行走在凹凸不平的山路上，因为刚下过雨，山路有些湿滑，杜鹃声声啼叫，远处的稻田里，刚刚忙完养蚕的农民们正披着蓑衣戴着斗笠，忙着插秧除草。走遍整个村庄，都没有看到一个闲人。翁卷内心深受触动，一首《乡村四月》吟诵出来。

乡村四月

宋·翁卷

绿遍山原^❶白满川^❷，
子规^❸声里雨如烟。
乡村四月闲人少，
才了蚕桑又插田。

【注释】

❶ 山原：山陵和原野。
❷ 白满川：指稻田里的水色映着天空的光辉。川，平地。
❸ 子规：杜鹃鸟。

山坡田野间草木茂盛，稻田里的水色映着天空的光辉。杜鹃鸟声声啼鸣，细雨如烟。乡村的四月，几乎看不到闲人，农人们刚刚摘完桑叶养蚕，又要忙着去插秧了。

这是一首描写江南农村初夏风光的诗。前两句描写自然风光。首句中"绿"和"白"分别写树木葱茏和水光如天。次句写江南特有的风景，梅雨时节，杜鹃啼鸣。后两句写农事繁忙，农村没有闲人。尤其是末句，"蚕桑"和首句"绿遍山原"对应，而"插田"和"白满川"相对应。

全诗语言明快，色彩鲜明，形象生动，把自然之美和劳动之美和谐统一在四句诗中，表达了诗人对乡村生活的热爱和对劳动人民的赞美。

直击考点

《乡村四月》的作者是_____代诗人_____。本诗运用_____手法描绘出_____（地点）_____时节的景象。前两句着重写_____，后两句着重写_____。全诗表现了诗人对_____的热爱与欣赏，以及对_____的赞美。

29 夜书所见

诗词有故事 / 是谁在夜里斗蟋蟀

南宋宁宗庆元年间，年幼的叶绍翁还不到上学的年龄，就经常跟着父亲和兄长到当时的乡学里去玩。看到小朋友们摇头晃脑地读书背诗，叶绍翁打心眼里羡慕，当然，也偷偷学了不少。叶绍翁家门前有一汪泉水，长大一些后，叶绍翁就在这里读书写字、洗砚涮笔。

叶绍翁，字嗣宗，号靖逸。严格来讲，叶绍翁应该姓李。叶绍翁祖籍福建，他的祖上李颖士曾经救过南宋开国皇帝宋高宗赵构。当时，赵构从越州南下，跑到明州。眼看着金兵就要渡过钱塘江追了过来，李颖士招募了几千名乡兵，举着大旗，严阵以待。金兵不知虚实，不敢贸然前进，宋高宗得以安全转移。李颖士因为护驾有功，一路升到刑部郎中。李颖士在朝中为官时，和宰相赵鼎关系比较好。赵鼎反对秦桧卖国，后来竟然绝食而死。李颖士也因此受到牵连，被罢官，李家自此家道败落。李颖士生怕家人受到秦桧的迫害，于是就把自己的后代从建宁府浦城县送到浙江龙泉的一户叶姓人家抚养，从此改姓叶。

叶氏家训里说"读可荣身，耕可致富"，叶绍翁就在"耕读报国"的家训里日复一日地成长。当时的叶氏名人、"永嘉学派"集大成者叶适的事迹深深鼓舞着叶绍翁。此外，朱熹的紫阳学派和陆九渊的象山学派对叶绍翁影响也不小。

开禧二年（1206年），宋宁宗下诏北伐。战争的年代，最痛苦的还是普通百姓。好多人被迫远离家乡，逃难避祸。十几岁的叶绍翁也跟着叔叔叶泳离家远行，漂泊四方。

一个秋夜，叶绍翁坐在船里，听见梧桐叶萧萧飘落的声音。阵阵秋风吹来，他有些想家了。他想起了小时候，也是在这个季节，经常在夜晚的时候，和小伙伴们一起拿着竹枝在篱笆外斗蟋蟀的情景。真的好怀念小时候啊！可是，在这样一个秋夜里，自己却漂泊天涯。想到这里，叶绍翁心中的愁绪涌上来，提笔写下了《夜书所见》。

夜书所见

宋·叶绍翁

萧萧❶梧叶送寒声，
江上秋风动客情❷。
知有儿童挑❸促织❹，
夜深篱落一灯明。

【注释】

❶ 萧萧：风声。
❷ 客情：旅客思乡之情。
❸ 挑：捉弄。
❹ 促织：蟋蟀，蛐蛐。

译文赏析

瑟瑟秋风吹动梧桐叶，送来阵阵寒意，江上秋风阵阵，让旅客起了思乡之情。远处篱笆下面有一点灯火，想必是孩子们正在斗蟋蟀吧。

这是一首描写秋夜见闻的诗，抒发了诗人的羁旅之愁和思乡之情。前两句写实景。首句"萧萧梧叶"营造出萧瑟的秋夜氛围，一个"送"字，以动衬静，动静结合。次句"江上秋风"说明地点，并进一步烘托出寒秋气氛，一个"动"字以景入情，情景交融。后两句是诗人展开想象的虚景。通过儿童斗蟋蟀，流露出诗人对童年生活的留恋，以儿童的快乐和无忧无虑来反衬此刻的孤独和羁旅之愁。

全诗构思极为巧妙，除了运用借景抒情、动静结合的写作手法外，还将悲欢虚实交织来写，读来令人唏嘘喟叹，言语虽少而意境无尽。

直击考点

《夜书所见》的作者是____代诗人_____。这首诗题目的意思是_____，写的是____季的景色。诗中"挑"的意思是_____，"促织"就是_____。作者看到"_____"，料想"_____"，由此想起自己的家乡和童年。

30 游园不值

诗词有故事 / 游园遭遇闭门羹

叶绍翁跟着叔叔叶泳来到都城临安太学读书,并通过考试,当上了负责文字工作的朝官。正因为这段经历,叶绍翁对一些朝廷秘闻多有了解,后来还写了一部《四朝闻见录》,记载宋高宗、孝宗、光宗、宁宗四朝的轶闻趣事。

十多年后,叶绍翁辞官归隐,在西湖边上筑了一栋"东庵"别业。西湖东临都城临安,而叶绍翁的大宅子就坐落在西湖东岸。诗人周端臣在参观了叶绍翁的宅子之后,羡慕地写了一首诗称赞:"一庵自隐古城边,不是山林不市廛。落月半窗霜满屋,卧听宰相去朝天。"你这大宅子,不在山林之中,也不是普通的民房,而是闹中取静,大隐在京城边上。你躺在家里就能听到宰相和其他大臣们上朝的声音。这小日子真滋润啊。

叶绍翁和诗人真德秀、葛天民等人交往密切,并多有诗歌往来。叶绍翁晚年还来到岳飞的墓地旁,写了一首《题鄂王墓》,来表达自己对岳飞的崇敬。

这一天,春光明媚,叶绍翁去拜访一位友人。在一般情况下,人们去拜访朋友,都会提前约好。可叶绍翁这次没打招呼就直接上门了。朋友平日里喜欢养花弄草,叶绍翁很想去看看。结果他敲了很久的门,朋友却久久未开。这下有点儿尴尬。叶绍翁心想:这朋友也太不够意思了,明明在家,却不开门,莫不是怕我踩坏了他的青苔?他转身想走,却在不经意间看到一枝红杏从墙头上伸了出来,粉红的杏花缀满枝头。哼,你能关得住满园花草,可怎么能关住这春色无边呢?叶绍翁想要调侃下这位友人,一首《游园不值》已然在他胸中酝酿。

后来,临安钱塘人陈起在钱塘棚北大

街睦亲坊，也就是今天的弼教坊经营了一家书肆，从事出版、卖书和藏书业务。陈起把当时有名望的六十二位诗人的作品结集为一本名为《江湖小集》的小册子，其中就收录了叶绍翁的诗。叶绍翁就此被归为江湖诗派诗人。

游园不值①

宋·叶绍翁

应怜屐齿②印苍苔，
小扣柴扉③久不开。
春色满园关不住，
一枝红杏出墙来。

【注释】

❶ 不值：去某地不合时，未能遇到想见之人。值，遇到。
❷ 屐（jī）齿：木屐底下突出的部分。屐，木鞋。
❸ 柴扉（fēi）：用木柴、树枝编成的门。

译文赏析

应该是担心我的木屐踩坏他的青苔，我轻轻敲打柴门却久久没人开。满园子的春色是关不住的，一枝红杏就把枝条伸到墙外来了。

这是一首写春日游园见闻的小诗。前两句叙事，交代诗人访友不遇，但是将原因说得很幽默风趣，并为下文做铺垫。三、四句"春色满园关不住，一枝红杏出墙来"，实际上化用了陆游的诗句"杨柳不遮春色断，一枝红杏出墙头"。诗人将"春色"和"红杏"拟人化，景中含情，景中寓理，给人以哲理启示和精神鼓舞。诗人一方面说明春色是关不住的，另一方面说明新生事物的发展是任何外力的封锁和禁锢无法阻止的。全诗描写了田园风光的幽静惬意，表达了诗人对春天的喜爱之情，同时赞美了新生事物的生命力，给人以精神鼓舞。

直击考点

诗中春光无限。我们可以欣赏韩愈笔下"天街小雨润如酥，_____"的春意萌动，体会杜甫诗中"随风潜入夜，_____"的春风雨露，想象韩翃眼里"_____，寒食东风御柳斜"的春日生机，感受叶绍翁笔下"_____，一枝红杏出墙来"的春意盎然，一览朱熹眼中"等闲识得东风面，_____"的春光绚烂。

31 雪梅

诗词有故事 / 咏梅诗的巅峰之作

卢钺字威仲，号元庵，出生于南宋光宗绍熙四年（1193年）。卢钺的童年很不幸，父母早亡，家境贫寒，常年过着饥一顿饱一顿的日子。生活的艰苦没有磨灭卢钺求知的欲望，他读书非常刻苦，真的到了废寝忘食的地步。但卢钺的运气实在不佳，直到五十二岁才考中进士。

卢钺刚考中进士，就干了件大事。这一年，议和派权相史嵩之的父亲死了。照例史嵩之要回家为父亲守丧，宋理宗却急着起用他，这令群臣很不满，可大家敢怒不敢言。这时，初生牛犊卢钺虽然远在江西，还是个微不足道的芝麻小官，却大着胆子上了第一道奏疏，公然反对皇帝起用史嵩之。迫于压力，宋理宗放弃了自己的计划。凭借名望和才学，卢钺后来入朝为官，不过，正是因为这件事，在宋理宗一朝始终没得到重用。

直到宋理宗驾崩，他的儿子宋度宗继位，已经快七十岁的卢钺才踏上晋升的快车道。然而好景不长，卢钺因为被同乡诬陷，不得不罢官回到苏州。无事一生轻的卢钺，没事就写写诗，讲讲学，纵情山水。

后来的理学家熊禾曾经拜访过卢钺，并写诗赞美卢钺的家乡："虽然文章亦未授，山深最喜习气淳。万方飒飒声一概，此地未着袭马尘。"这个地方，民风淳朴，山清水秀，让人不由得喜欢上这里。

眼见着山河破碎，南宋小朝廷却偏安一隅，卢钺内心的苦闷只有自己知道。当时的许多文人志士都报国无门，纷纷从梅花中寻找精神寄托。卢钺也不例外，甚至得了个卢梅坡的外号。他的两首《雪梅》诗一出，直接就成了历代咏梅诗中的巅峰之作。

除了广为人称颂的第一首《雪梅》，卢钺的第二首写得也很有意思："有梅无雪不精神，有雪无诗俗了人。日暮诗成天又雪，与梅并作十分春。"

雪梅（其一）

宋·卢钺

梅雪争春未肯降❶，
骚人❷阁笔❸费评章❹。
梅须逊雪三分白，
雪却输梅一段香。

【注释】

❶ 降：服输。
❷ 骚人：诗人。
❸ 阁笔：放下笔。阁，同"搁"，放下。
❹ 评章：评议，议论。

译文赏析

梅花和雪花都争做春天的代表，谁也不肯认输。诗人不知如何评判梅与雪的高下，只得搁笔细细思量。梅花要逊让雪花三分晶莹洁白，雪花却输给梅花一段清香。

这是一首咏物说理诗。首句采用拟人的手法，写梅花和雪花争春，别出心裁，生动活泼，表明二者都认为自己才是早春的代表。次句紧承前句，写诗人对这一评判陷入两难境地，"评章"即评价。三、四句写对梅和雪的评判。搁笔细细思量之后，诗人给出自己的判断，雪比梅白，梅比雪香，二者仍然是平分秋色，难分伯仲，各有所长。

全诗写得妙趣横生，同时借梅雪争春告诫人们，尺有所短，寸有所长，应该取长补短，才能日臻完美。

直击考点

《雪梅（其一）》的作者是____代诗人_____。诗中通过描写_____与_____争春，让诗人思考后评价二者皆有特色，雪更_____，梅花更_____。诗中运用了_____的修辞手法，从"_____"字可以看出来。这首诗告诉我们的道理是_____。

32 村晚

> 诗词有故事 / 仅靠一首诗留名的诗人

雷震是洪州（今江西南昌）人，生活在南宋末年。雷家在当地也算得上书香门第，雷震小时候读书很刻苦，既为了光耀门楣，也想有机会施展才华、报效朝廷。

经过十余年的寒窗苦读，雷震在南宋度宗咸淳元年（1265年）如愿考中了进士。只不过，雷震生不逢时，那一年距离南宋灭亡还有十四年。尽管金朝已经灭亡多年，但蒙古帝国的铁骑已然大举南下。宋度宗更是昏庸无道，把国家交给大臣贾似道打理，此时的南宋朝廷上下一片乌烟瘴气。

雷震满心的抱负当然没有实现，在南宋苟延残喘的几年里，他仅在底层当了几年小官。南宋灭亡后，雷震选择归隐乡间，隐没山林，过着晴耕雨读、种花吟诗的日子。

这一天，读了几卷书、画了几幅画的雷震有些腰酸背痛。他决定出门走走，顺便到老朋友家串个门。夏日的山林，空气格外清新，雨后的池塘水仿佛要满溢出来。绿油油的水草疯长，像一片绿色的海洋。傍晚时分，远山衔着落日倒映在水面上，像一幅水墨画。晚霞映着天空，一片灿烂。

忽然，一阵悠扬的笛声传来。紧接着，就看见一个七八岁的小牧童横坐在一头老黄牛背上，慢慢地从树林深处走来。他的手里拿着一支自制的竹笛，随意吹着自创的曲子。老牛仿佛听懂了曲子似的，一会儿摇摇脑袋，一会儿甩甩尾巴，时不时还发出"哞哞"的叫声。悦耳的笛声伴着黄牛的叫声，穿过池塘，穿过青山，穿过树

林，越飘越远。

　　乱世之中，这难得的宁静的乡村黄昏让雷震来了诗兴，他随口吟出一首《村晚》。

　　如果不是这首《村晚》，雷震这个名字大概率要埋没在历史的尘烟里了。时过境迁，关于雷震的绝大部分生平已经模糊了，而我们只能从诗人留下的诗篇中想象他的风采了。

村晚

宋·雷震

草满池塘水满陂❶，
山衔落日浸寒漪❷。
牧童归去横牛背，
短笛无腔❸信口❹吹。

【注释】

❶ 陂（bēi）：池塘。
❷ 寒漪（yī）：水上波纹。
❸ 腔：曲调。
❹ 信口：随口。

译文赏析

池塘边长满了青草，水几乎要溢出来了，山像是衔着落日一样倒映在水面上。放牛的孩子横坐在牛背上，慢慢地朝家而去，拿着短笛随意吹着不成调的曲子。

这是一首描写农村傍晚情景的七言绝句，饶有生活情趣。诗的前两句写景，首句两个"满"字可以看出时间是仲夏时节，充满勃勃生机。次句的"衔"字用拟人化的手法写日落西山，紧接着的"浸"字生动形象地写出了远山和落日倒映在水中。三、四句写人，主要围绕着牧童吹笛展开，一个"横"字和"信口"，表明牧童随意地横坐在牛背上，胡乱地吹着短笛，充分表现出牧童的调皮可爱、无忧无虑和悠闲自在。

全诗意境优美，描绘了一幅世外桃源般的乡村晚景，写出了诗人对乡村自然风光的赞美和对自由自在的生活环境的向往。

直击考点

《村晚》的作者是____代诗人_____。这首诗描绘了一幅_____图。一、二句描写_____、_____等静景，三、四句描写"牧童信口吹笛"的____景，由____及____，层次分明。全诗表达了诗人对_____之情。

第9章 元明清诗歌

　　元明清时期诗词的成就远不及唐宋，但仍然涌现了不少名篇佳作。元代以曲的文学形式独领风骚。诗歌方面，元初赵孟頫推崇唐诗，风格清丽婉约；元好问诗学苏轼，古朴豪放。元朝中期诗坛上出现了元代四大家，到了元末则出现了一大批直接揭露社会黑暗和阶级矛盾的作品，王冕便是代表诗人。明朝诗坛上出现了众多流派，如台阁体、弘正体、公安体、竟陵体等。清代诗词在唐宋之后大放异彩，初期出现了一批遗民诗人，康熙年间的王士禛（后改名王世祯）倡导"神韵说"，诗风清新蕴藉，被尊为清代第一诗人，而纳兰性德的词则独步清代词坛。

01 墨梅

诗词有故事 / 梅花屋主的梅花情缘

王冕是浙江诸暨人,幼年好学。他的祖上也做过官,但到他父亲这一代已经成为一贫如洗的农民。王冕一岁能说话,三岁对答如流。七八岁的时候,父亲让他去放牛,他却偷偷溜到学堂里去旁听人家读书。结果,人回来了牛没回来,挨打是跑不了的。

王冕少年离家,寄宿在寺庙里。夜里,他常常坐在佛像的膝盖上,就着佛前的长明灯读书。别人都被面目狰狞的佛像吓得不得了,王冕却神色安然。王冕青年拜师,跟着大儒韩性学习,韩性很看好王冕,引导他熟读《春秋》。后来,韩性去世,大家干脆推荐王冕代替韩性给大家讲学。

别看王冕学问很大,可是连着参加了好几次科举考试,都没考上。一气之下,王冕一把火把科举考试的辅导书和文章烧了个精光。之后,王冕就走上了诗人们都喜欢的道路——游山玩水,下东吴,入淮楚,饱览名山大川。

后来,王冕归隐老家的九里山,买了一块地,种了点芋头,以及五十亩豆子,一百亩谷子,五百株桃树、杏树,还有一千株梅花。王冕又挖了个水池,养了一千多条鱼,还造了艘小船叫"浮萍轩"。在梅花树旁边,王冕盖了座房子,取名"梅花小屋",自号"梅花屋主"。

春夏两季,王冕光脚下田,锄禾日当午,栽竹、植茶、种桑麻,晚上画画。闲来无事时,王冕就弹琴赋诗,饮酒长啸,过得倒是惬意无比。赶上年景不好的时候,冬天草屋破漏,没有棉衣棉被,米缸里也没有粮食,王冕就去卖画,而他的妻子去挖野菜。

王冕最擅长画梅花,很多人慕名前来买他的画。王冕会根据画幅的大小来决定画的价格,比如能换多少粮米、多少匹布。

王冕一生爱梅,不仅种了数不清的梅树,还画了数不清的梅花,也写了多首梅花诗。其中,就包括题在梅花图上的《墨梅》。

墨梅

元·王冕

我家洗砚池头树，
朵朵花开淡墨❶痕。
不要人夸好颜色，
只留清气满乾坤❷。

【注释】

❶淡墨：中国水墨画中的墨色有焦、浓、重、淡、清五种。
❷乾坤：天地。

译文赏析

我家洗砚池边有一棵梅树，梅花朵朵开放，宛如用淡淡墨汁点染而成。不需要别人夸奖它的颜色多么好看，只要将清香之气弥漫存留在天地之间。

这是一首托物言志的题画诗。前两句直接描写墨梅。"洗砚池"点明这并非真正的梅花，而是用水墨画的梅花。"朵朵"说明梅花开放之满，"淡"既说明画法技巧，又写出梅花的特点。后两句赞美梅花的品格，托物言志。梅花不以外形、色彩取悦众人，而是通过高洁的品格赢得人们的盛赞。诗人借梅花自喻，通过描写墨梅的清香和高洁，表达了自己贞洁自守、不肯向世俗献媚低头的人生态度和高尚情操。

直击考点

2021年湖北省黄冈市小升初考试

下面诗句赞美的事物及其所象征的精神不正确的一项是（　　）。

A.粉骨碎身浑不怕，要留清白在人间。（石灰——坚贞不屈）
B.千磨万击还坚劲，任尔东西南北风。（竹——刚正不阿）
C.不要人夸好颜色，只留清气满乾坤。（柳——高洁品质）
D.何当金络脑，快走踏清秋。（马——远大抱负）

02 石灰吟

诗词有故事 / 做石灰一样的人

明朝永乐年间的一天晚上，在杭州府钱塘县太平里，等待妻子生产的于仁做了个怪梦。一位穿着红袍、戴着金幞头的神仙对他说："我曾经想救大宋，可惜没成功。再过些年，明朝将有一大劫，我想投胎到你家，去救明朝于水火。"于仁梦醒后，就听到了婴儿的啼哭声，是个儿子。于仁结合自己的梦境，给儿子起名谦，表达谦谢之意。

于谦从小勤奋好学，志向远大。父亲经常拿写下"人生自古谁无死，留取丹心照汗青"的民族英雄文天祥来教育他，而于谦也视文天祥为师。

明成祖永乐十二年（1414年），十七岁的于谦参加乡试，可惜没有考中。失意的于谦跟着母亲回江西走亲戚。他们从杭州到江西，乘船沿钱塘江逆流直上，先到常山，再改走山路。在常山，于谦见到了工匠烧石灰。那山山体遍白，宛如雪山，山下窑口青烟滚滚。于谦勤奋好学，就向当地人请教石灰开采、烧制、出窑、运输的全过程。之后，于谦顺道去了文天祥的吉安老家和任职地。带着无比崇敬的心情，又联想到常山的所见所闻，于谦一时激情澎湃，写下了千古名篇《石灰吟》。

又经过六年的苦读，二十三岁的于谦再次进京参加会试，这回一下考了个第一名。本来大好前途就在眼前了，谁知，殿试时，性格耿直的于谦竟然当着皇帝的面提了很多批评的建议。这样的话皇帝怎么会高兴呢？他当即给了于谦最后一名的成绩。于是，于谦被下放到地方，从基层做起。

明英宗正统十四年（1449年）九月，在土木堡战役中，瓦剌军大败明军，还俘获了明英宗朱祁镇。瓦剌军兵临北京城下，想拿明英宗要挟朝廷。当时已当上兵部左侍郎的于谦本着"社稷为重，君为轻"的原则，建议另立新帝，并指导北京保卫战，取得了巨大的胜利。至此，于谦兑现了他年轻时的诺言，保住了北京城，也保住了明朝的江山。

石灰吟

明·于谦

千锤万凿^❶出深山，
烈火焚烧若等闲^❷。
粉骨碎身浑不怕，
要留清白^❸在人间。

【注释】

❶千锤万凿：无数次锤打开凿，形容开采石灰艰难。
❷若等闲：好像很平常的事情。
❸清白：指石灰洁白的本色，又比喻高尚的节操。

译文赏析

石灰要经过无数次的锤打开凿才能从深山里开采出来，熊熊烈火的焚烧对它而言不过是稀松平常的事情。即使粉身碎骨也没有什么可怕的，只要把高尚的气节留在人间。

这是一首托物言志的咏物诗。前两句描写，后两句抒情言志。首句写开采石灰的不易。次句"若等闲"三个字写出石灰的从容不迫、气定神闲，"烈火焚烧"还象征着仁人志士遭受的严峻考验。三句中"粉骨碎身"写出从石头到粉末的过程。最后一句直抒胸臆，要做一个像石灰一样纯洁清白的人。

全诗借写石灰表达了诗人不畏艰险、不怕牺牲、为国尽忠的精神以及清白做人、光明磊落的高尚品格和人生追求。

直击考点

2021年重庆市开州区小升初考试

＿＿＿＿＿＿＿＿＿＿，要留清白在人间。

03 画鸡

诗词有故事 / 雄鸡一唱天下白

明宪宗成化六年（1470年），苏州府吴门县的酒馆老板唐广德喜当爹，因为这一年是庚寅虎年，没多少文化的唐广德就给儿子取名叫唐寅，又因为是长子，顺便起了个字，叫伯虎。

唐寅从小聪明，读书识字毫不费力，用他爹的话说就是"此儿必成名"。十六岁的时候，唐寅在苏州府试中考了个第一。本来应该来个乘胜追击，没想到他的人生接连受到重创——父亲、母亲、妻子、儿子、妹妹相继离世。多亏了好友祝枝山的鼓励，唐寅才走出阴影，读书备考。二十八岁时，聪明绝顶的唐寅又考了个乡试第一名，江湖人称"唐解元"。

第二年，唐寅进京赶考。本来是奔着连中三元去的，谁知，竟然被人陷害，卷入了科场舞弊案，还被关进了大狱。后来，朝廷给了他一个浙江某地的小官。唐寅觉得耻辱，坚决不去。

回乡之后，唐寅靠卖画、给人写墓志铭为生。唐寅从小就有绘画天赋，他曾经拜当时的大画家、吴门画派的创始人沈周为师。唐寅出门的时候，画笔从不离身，看见什么都要画上几笔。正因为如此勤奋专研，唐寅的画技提高飞快，仅仅几年后就超越了他的师父。

有一天，唐寅在街上看到一只大公鸡，它浑身雪白，头顶上的大红鸡冠格外显眼。公鸡大摇大摆地走在街上，竟然有几分英姿。唐寅来了兴致，他一路追着公鸡走了好远，观察它的神态、走路的样子，然后铺纸泼墨，抽出腰间的画笔，画了一幅公鸡图。画完之后，他左看右看，总觉得画上少些什么。思索片刻，他又在图上题了一首《画鸡》诗。

攒了几年钱，唐寅盖了一座桃花坞，院子里种满了桃花。就这样，唐寅在桃花坞里过了十几年逍遥自在的日子。明世宗嘉靖二年（1523年）十月二日，唐寅因病去世，享年五十四岁。临终时，他写了一首绝笔诗："生在阳间有散场，死归地府又何妨？阳间地府俱相似，只当漂流在异乡。"

画鸡

明·唐寅

头上红冠不用裁❶，
满身雪白走将❷来。
平生不敢轻言语，
一叫千门万户开。

【注释】

❶裁：裁剪。　　❷将：助词，无实意。

它头上鲜红的鸡冠并不是裁剪出来的，披着一身雪白的羽毛走来。公鸡从不轻易鸣叫，但它一打鸣，千家万户的门就会打开。

这是一首题画诗。首句写公鸡的外貌特征，"不用裁"写出了公鸡未经修饰的自然美。次句写公鸡的动作、神态，勾画出一只红冠白羽、威风凛凛的大公鸡形象。三句描写公鸡不敢"轻言语"的心理状态，意在突出结句公鸡天明啼叫，人们纷纷迎接新的一天到来的场景。三、四句动静结合，形成对比，运用拟人的手法写出公鸡报晓的天性，显示了公鸡的权威形象，不鸣则已，鸣必惊人。

直击考点

《画鸡》的作者是_____代_____，字_____。诗中体现出公鸡的外形特征是"_____""_____"；体现公鸡的性格特点的诗句是"_____，_____"。

04 舟夜书所见

诗词有故事 / 三十年磨一剑

清顺治七年（1650年），端午节刚过，查慎行出生了。只是那时候，按家中辈分，他叫查嗣琏。查嗣琏小时候也是个神童，五岁能写诗，六岁懂声律。十八岁的时候，他凭借一句"绝奇世事传闻里，最好交情见面初"的诗被诗人陆嘉淑看中，并把闺女嫁给了他。

不过，查嗣琏的科举之路不大顺利。清康熙十年（1671年），他参加童子试，还没考完，母亲就得了重病，去世了。过了几年，父亲也撒手西去。查嗣琏决定去别人幕府中任职，以此撑起家庭重担，还拜了王士禛为师，继续读书。

查嗣琏的才华被纳兰明珠赏识，于是被聘为纳兰明珠的大儿子纳兰揆叙的老师。对了，纳兰揆叙还有个弟弟，叫纳兰性德。

1689年的一天，查嗣琏在洪昇家看戏，演的是讲唐玄宗和杨玉环爱情故事的《长生殿》。而一个月前，康熙帝的皇后才刚刚去世。在国丧期间看戏，大不敬。得，撞枪口上了，查嗣琏被撵回老家。

放归途中，查嗣琏拜访了明代大臣于慎行的故居之后，联想到自己之前犯的错，他决定改名查慎行，提醒自己时刻谨言慎行。之后，不甘心的查慎行多次参加会试，都没考上，精神上饱受打击。1703年，查慎行终于进士及第。康熙帝很赏识、器重查慎行，不仅允许查慎行进出南书房，还经常带着他出游，观灯、赏花、避暑、随驾南巡。

有一天，查慎行坐船离京办事，船顺水漂流。一路上，他顾不得欣赏美景，一直忙着写东西，仆人也没敢打搅他。等到查慎行搁下笔，想出去透透气时，才发现天都黑了。他站在船舷边，望着茫茫河面，只听远处有一艘渔船，一盏渔灯散发出微弱的光来。一阵微风吹来，灯影斑斑点点，像是满河的星星一样。查慎行被这一景象所打动了，又拿起笔，铺纸研磨，写下了小诗《舟夜书所见》。

舟夜书①所见

清·查慎行

月 黑 见 渔 灯，
孤 光 一 点 萤②。
微 微 风 簇③浪，
散 作 满 河 星。

【注释】

①书：书写。
②萤：萤火虫。此处指灯光微弱。
③簇：簇拥，聚集。

漆黑没有月亮的夜晚，只看见渔船上的灯亮着，那孤独的灯光就像微弱的萤火虫的光芒。微风吹起了一簇簇波浪，映在水面上的灯光，随风动荡，化作散落满河的星星。

这首诗用白描的手法写出了舟夜所见的景色。前两句为静态描写，明暗色彩对比鲜明。首句的"月黑"指夜晚因为没有月亮漆黑一片，由此突出了"渔灯"的亮。次句的"孤"不仅写环境的苍茫，更暗含着诗人内心的孤单。后两句为动态描写。三句的"簇"字，既写出了是微风，又形象地刻画了浪。末句写风吹灯影四散，就像星星铺满了河面，让人眼前一亮。"散"字是全诗的诗眼，让人仿佛身临其境，意境奇美开阔。

全诗明暗相衬，动静相间，勾画了一幅生动的舟夜渔火图。

直击考点

《舟夜书所见》的作者是____代诗人_____。这首诗写的是____（地点）_____（时间）诗人所见的景色。诗中写"_____"把江中水吹起浪，江中的灯光倒影散作"_____"。"舟夜书所见"的"书"的意思是_____。

05 长相思

诗词有故事 / 绝世才子的思乡情

清顺治十一年（1655年）腊月十二，北京城满族贵族明珠府中，一位公子哥含着金钥匙出生了。明珠翻了翻《易经》，读到一句"君子以成德为行"，于是给儿子取名纳兰成德。后来，为了避太子的讳，改名性德，字容若。

纳兰性德在读书识字、骑马射箭的日子中一天天长大。文武双全的纳兰性德于十八岁参加乡试，考中举人。十九岁参加会试，成为贡士。等到参加殿试的时候，纳兰性德竟然生病了，因此错过了出仕的机会。

三年后，又一轮殿试中，纳兰性德如愿参加，并且考了个二甲第七名，赐进士出身，被康熙帝留在身边做侍卫。这在别人眼里简直是求而不得的美差，可纳兰性德才不稀罕。他骨子里是个文人，翰林院才是他的梦想所在。正直的纳兰性德完全看不惯官场的黑暗，也无法接受父亲的所作所为，却敢怒不敢言。更让他郁闷的是，在他成为带刀侍卫的第二年，他的妻子卢氏因为难产去世了。这一年，纳兰性德二十三岁。为了悼念自己的妻子，纳兰性德写了很多作品。

康熙二十一年（1682年）二月，纳兰性德和曹寅陪康熙帝东巡。浩浩荡荡七万人从北京出发，前往白山黑水间的盛京，也就是今天的辽宁沈阳。

一行人翻过长城，越往北走，天气越寒冷。大

家跋山涉水，山上的雪没过了小腿，河中的水冰冷刺骨。这是纳兰性德第一次来到离京城这么远的地方，荒凉、寂寞，关外的一切都是那么陌生。晚上，大家在雪山之中安营扎寨，帐篷里冷气逼人，星星点点的灯光就像寒夜中的星星。赶了一天的路，大家都疲惫不堪。纳兰性德在睡梦中又回到了家乡，他梦到自己和弟弟读书吟诗、骑马射箭的日子，还梦见和父亲聊天下棋的场景。醒来之后，纳兰性德越发怀念曾经无忧无虑的日子，于是写下了《长相思》。

长相思

清·纳兰性德

山一程,水一程,身向榆关❶那畔行,夜深千帐灯。
风一更❷,雪一更,聒❸碎乡心梦不成,故园❹无此声。

【注释】

❶榆关:即今山海关。
❷更:旧时一夜分五更,每更大约两小时。
❸聒(guō):声音吵闹嘈杂,此处指风雪声。
❹故园:故乡,此处指北京。

译文赏析

跋山涉水,走了一程又一程,将士们不辞辛苦向着山海关进发。夜已经深了,千万个帐篷里都点起了灯。帐篷外正刮着风、下着雪,嘈杂的风雪声惊醒了睡梦中的将士们,家乡可没有这样的风雪声啊。

《长相思》又名《双红豆》。词的上片写出巡塞外、夜间扎营的场景。"山一程,水一程"写路途遥远。"身向榆关"点明行军地点,又暗含心在京城的无奈。词的下片写诗人思念家人,眷恋故土。"风一更,雪一更"突出环境恶劣。"聒碎乡心"用夸张的手法表达了诗人难以入眠的原因。"故园无此声"表达了诗人对故乡的眷恋,直戳心底。这首词运用白描、对比、反复、借景抒情等手法写行军之苦,抒发了诗人孤独悲凉的思乡之情和对行军生活的憎恶。

声律启蒙

这是一首词。每片的开头两句都运用了叠韵。叠韵就是重复用前一句的韵,例如词中的"山一程,水一程","风一更,雪一更",前后韵都相同,是为叠韵。

直击考点

《长相思》的作者是____代词人_____,字_____。诗中叠用"一程"表现了_____;叠用"一更"表现了_____。全诗表达了诗人_____的思想感情。

06 竹石

诗词有故事 / 我是一株坚挺的竹子

清康熙三十二年（1693年），郑板桥，原名郑燮，出生在江苏兴化一个没落的家庭，他的父亲是位私塾先生。郑板桥三岁的时候，母亲就去世了，他是跟着乳母费氏长大的。费氏每天一大早背着小郑板桥到集市上卖东西，自己饿肚子，也要先买个烧饼给小郑板桥吃。后来费氏的儿子当上了八品官，要接她去享福，可她舍不得郑板桥，仍然留在郑家。

五岁的时候，郑板桥去拜见继母郝氏的族叔郝梅岩，接受了书法和绘画启蒙，这为他后来成为一位书画艺术家打下了基础。十六岁时，郑板桥跟着兴化三大诗人之一的陆种园学习诗词创作。

郑板桥的科举之路十分不顺，考了二十多年，才以倒数第三名的成绩考中进士。乾隆七年（1742年），郑板桥去山东担任范县县令，五年后调潍县，又做了七年知县。郑板桥的知县干得非常不错。他爱民如子，为官清廉，深受百姓爱戴。1753年，潍县出现饥荒，作为知县郑板桥来不及请示上级，果断开仓放粮，结果因此被人诬告而撤职。

离开官场后，郑板桥回到扬州，开始了卖画生涯。郑板桥和金农、李方膺等八位以卖画为生的人组了个"扬州八怪"的组合。

郑板桥画画很有特色，他一生画得最多的是兰、竹、石，并自称"四时不谢之兰，百节长青之竹，万古不变之石，千秋不变之人"。

相传有一回，一个大户人家请郑板桥画竹子。酒足饭饱，郑板桥命人取来一大盆墨，不用笔，只把墨往墙上一泼，众人都不解其意。当天晚上，风雨大作。第二天一早，墙上出现了一幅墨竹图，栩栩如生。几只麻雀还以为是真的竹林，飞了过去，结果撞昏在墙下。

晚年的时候，郑板桥画了一幅《竹石图》，并作了一首题画诗，就是鼎鼎有名的《竹石》。郑板桥画竹四十多年，曾写诗这样总结自己的画竹生涯："四十年来画竹枝，日间挥写夜间思。冗繁削尽留清瘦，画到生时是熟时。"

竹石❶

清·郑燮

咬定青山不放松，
立根原在破岩中。
千磨万击还坚劲，
任❷尔❸东西南北风。

【注释】

❶竹石：长在石缝中的竹子。
❷任：任凭，无论。
❸尔：你。

译文赏析

竹子抓住青山一点儿也不肯放松，把根牢牢地扎在岩石的缝隙当中。经历无数次磨难和打击仍然坚韧有力，任凭东西南北风都吹不倒。

这是一首咏物诗，也是一首题画诗，着力表现竹子的顽强和执着。

前两句"咬定"二字把竹子拟人化，展现出竹子顽强的生命力。后两句写竹子的品格，"千磨万击"和"东西南北风"越发体现其顽强不屈。一个"任"字，写出了竹子无所畏惧和积极乐观的精神。

全诗语言铿锵有力，生动描述了在恶劣环境中生长的竹子。同时诗人借竹子的性情品格，表达了自己不畏惧艰难、不害怕打击的高贵品质。

直击考点

2021年湖南省长沙市小升初考试

"咬定青山不放松，＿＿＿＿＿＿＿。＿＿＿＿＿＿＿，任尔东西南北风。"这首诗赋予＿＿＿以人的品格和志向，这种品格和志向是＿＿＿＿。请写两句类似的诗句：＿＿＿＿＿＿＿，＿＿＿＿＿＿＿。

07 所见

诗词有故事 / 富豪诗人的乡村生活

清康熙五十五年（1716年）三月，浙江钱塘，袁枚出生了。袁枚从小聪慧异常，七岁跟着老师史玉瓒学习《论语》《大学》，十二岁时，竟然和老师一同考上秀才。乾隆三年（1738年）秋，袁枚考中举人。第二年，二十四岁的袁枚考中进士，二甲第五名，算上状元、榜眼和探花，袁枚考了个全国第八。

袁枚被选为翰林院的庶吉士，这是个给皇帝讲书、起草诏书的活儿，很有前途。但是袁枚不用心学满文，加上年少得志，有些看不起人，和同事的关系不太好。结果，三年后的"散馆考试"上，袁枚因为满文不及格而被外放做官。

袁枚辗转沭阳、江宁、上元、溧水等地做知县。无论在哪儿，他一直是肯为百姓办实事的好官。什么赈灾济民呀、减免赋税呀、治水修路呀，他统统都做过，很是受百姓的拥戴。

然而，一直处于七品芝麻官的位置，让袁枚有种壮志难酬的悲哀。父亲去世后，袁枚决定辞掉官职照顾母亲。他将南京城郊小仓山隋姓江宁织造的私家园林买了下来，还给园子起名叫"随园"。这园子本来是曹家的旧宅，也就是《红楼梦》中大观园的原型。

袁枚晚年自称随园老人，生活得十分惬意。随园里有一百余亩田产与养殖场，杂役农夫三十余人。袁枚每天的主要任务就是到处巡游，吟诗题字，还写了一本"吃货"笔记——《随园食单》。

这一天，袁枚闲来无事，又出去溜达了。他正在田野间漫步，忽然听到一阵清脆的歌声,由远及近。不一会儿,从林中出来一个骑着牛的小牧童。小牧童长得甚是可爱,歌声嘹亮动听,让袁枚不由得停下脚步。袁枚本想好好地听牧童唱完,没想到,他突然不唱了,而且跳下牛背,静静地站到一棵树下。待袁枚仔细一看,原来是树上有一只蝉,看样子,小牧童正准备捉住它。袁枚看在眼里,觉得有趣,就以"所见"为题,写了一首诗。

所见

清·袁枚

牧童骑黄牛,
歌声振❶林樾❷。
意欲捕鸣蝉,
忽然闭口立。

【注释】

❶振:回荡。　　❷林樾(yuè):指成荫的树林。

牧童骑在黄牛上,歌声响彻林间。想要捕捉树上的鸣蝉,忽然闭住嘴,站在了原地。

这是一首田园诗,诗人以白描的手法抓住了牧童想捕蝉的场景。前两句描写了一个天真活泼、可爱的牧童,"振"字写出了牧童悠闲自在的愉快心情。三、四句写牧童见到鸣蝉的动作,一个"捕"点明牧童的内心活动,"闭"和"立"则把牧童的天真机智刻画得淋漓尽致。

这首诗对人物神态和动作的刻画,细致入微,形象生动,既体现了诗人高超的艺术表现能力,也展现了诗人悠然自得的田园生活。

直击考点

《所见》的作者是____代诗人_____。这首诗运用了_____的手法,一、二句是_____描写,三、四句是_____描写,把小牧童_____、_____的形象,刻画得活灵活现,同时也表达了诗人的_____。

08 己亥杂诗

诗词有故事 / 规模庞大的组诗

清乾隆五十七年（1792年），浙江杭州龚家，龚自珍出生了。龚家是"家住钱塘四百年"的大户，世代为官。在家庭环境的熏陶下，龚自珍受到了良好的教育。少年时期，龚自珍读到王安石的《上神宗书》，喜欢得不得了，连抄九遍，立志要像王安石那样，挽救大清王朝。然而，龚自珍的科考之路不大顺利，京漂多年的他一连考了多次，都没考上。

道光九年（1829年），三十八岁的龚自珍终于考上了进士，结果却因为字太难看不能进入翰林院，只得了个中书舍人，类似编辑的职务。当然不只是字的原因，龚自珍曾学王安石的样子写了一篇《上大学士书》，建议朝廷改革。然而，皇帝只喜欢应声虫和马屁精，不仅没听龚自珍的意见，还很反感他。

混迹官场整整十年的龚自珍，始终改不掉言辞犀利、直言进谏的老毛病。上司终于忍受不了他，扣了他一年的俸禄。失去经济来源的龚自珍对官场彻底失望，决定辞官回乡。

1839年春的一天，夕阳西下，龚自珍一人一马，一剑一箫，离开京城。暮春时节，落花缤纷，他看到路边有人把花瓣聚拢起来，埋到花田里，忍不住写诗道："浩荡离愁白日斜，吟鞭东指即天涯。落红不是无情物，化作春泥更护花。"他从衰败中看到新生。他虽已辞官，却还是一心想要做点儿实事。

龚自珍一路走，一路写，一来灵感，就用鸡毛笔把诗写在账簿纸上，再投入竹筐里。在回乡的路上，龚自珍彻底放飞自我，灵感不断，手都要写抽筋了。这一路写的诗，他统统命名为《己亥杂诗》。

路过镇江的时候，百姓正在求雨、做法事。他们对龚自珍的诗名早有耳闻，大家请求龚自珍写一首祝词，好献给上天，祈求老天爷普降甘霖。龚自珍也不客气，拿起纸笔，写下了第一百二十五首《己亥杂诗》，借着祭祀鬼神的当口，一抒胸中的积愤。

己亥杂诗（其一百二十五）

清·龚自珍

九州❶生气❷恃❸风雷，
万马齐喑❹究可哀。
我劝天公❺重抖擞❻，
不拘一格降人材。

【注释】

❶九州：中国。
❷生气：生气勃勃的局面。
❸恃（shì）：依靠，依赖。
❹喑（yīn）：沉默，不说话。
❺天公：上天。
❻抖擞（sǒu）：奋发，振作。

译文赏析

中国大地的勃勃生机要靠风雷激荡的力量，整个社会政局就像万马无声一样是一种悲哀。我奉劝上天重新振作精神，打破陈规降下更多的人才。

这是一首政治诗，是《己亥杂诗》的第一百二十五首。诗人忧虑国计民生，关心国家政治，全诗洋溢着浓浓的爱国情怀和对社会进行巨大变革的期望。

前两句运用比喻的修辞手法，"风雷"比喻诗人急切期盼到来的革命风暴，"万马齐喑"引用苏轼《三马图赞引》里的典故，象征当时死气沉沉的社会氛围。后两句表达出诗人期待杰出人物的出现，渴望打破当时的黑暗统治，用一场变革再造一个新社会的愿望。"不拘一格"展现出诗人开阔的胸怀、远大的抱负和前瞻性的战略眼光。

直击考点

《己亥杂诗》的作者是____代诗人_____，该组诗共_____首。《己亥杂诗（其一百二十五）》选用_____、_____、_____、_____等具有雄伟特征的主观意象，寓意深刻，气势磅礴。其中"九州生气恃风雷"的"恃"的意思是_____，"万马齐喑究可哀"的"究"的意思是_____。

09 村居

诗词有故事 / 战乱中的春天

清道光八年（1828年），杭州城内，一个叫高鼎的小孩出生了。高鼎的父亲曾在镇江给人家做盐务司的会计，后来因病卧床在家；母亲孙氏的身体也不好，没什么经济来源，因此一家人的日子过得紧巴巴的。家里没钱供高鼎去私塾读书，他的启蒙教育主要靠父亲的家教和自学。另外，高鼎的外祖父孙麟是方圆百里小有名气的诗人，他在学业上也给了外孙不少帮助。

高鼎生活的时期，清朝已处于内忧外患之中，外有鸦片战争，内有太平天国起义。咸丰十年（1860年），太平军的忠王李秀成为解天京被围之困，攻打杭州。杭州城破，高鼎和家人纷纷逃难而去。逃难的过程中，高鼎被迫剪掉发辫，而他的妹妹和妻子林氏双双殒命。发辫被人截去，此后"不得为全人"，再加上妻子和妹妹的离世，高鼎内心的悲愤可想而知。

同治二年（1863年）的春天，三十六岁的高鼎避乱于宁波乡间，以教书为生。战火并没有波及宁波乡间，这个世外桃源一样的地方暂时安抚了高鼎的心。这个春天里他写了一组以《村居》为题的诗。

刚刚下了一场春雨，花草疯长，杜鹃啼鸣，面对着盎然春意，高鼎忍不住想写诗。于是，第一首诗有了："草花历乱菜花黄，新涨如云绿满塘。鹧鸪数声微雨过，无人知道是春光。"这一天，高鼎看向门外，桃花也开了，一个牵牛人在呼唤孩童，而远处的乌云暗示着一场雨又要来了，于是第二首诗成了："夭桃一树护篱门，牵得黄牛唤子孙。山外泾云吹不去，满犁烟雨过前村。"

草长莺飞的日子里，高鼎实在不忍心孩子们困于学堂之中，于是早早让孩子们放学回家玩耍。听到放学的消息，孩子们高兴地跑出教室，从书包里掏出风筝，边放边朝家跑去。高鼎忍不住，又作了一首《村居》。正是这首诗成就了他这个乡村教书先生，让他得以留名后世。

村居

清·高鼎

草长莺飞二月天，
拂❶堤杨柳醉春烟❷。
儿童散学归来早，
忙趁东风放纸鸢❸。

【注释】

❶拂：轻轻地擦过。
❷春烟：春天空气中像烟雾一样弥漫的水汽。
❸纸鸢（yuān）：风筝。鸢，老鹰。

译文赏析

初春二月，青草渐长，黄莺乱飞，杨柳的枝条随风摆动，好像在抚摸着堤岸。儿童早早放学回来，连忙趁着大好东风去放风筝。

这是一首描写春天风光的即景之作。前两句侧重写景，草长莺飞、杨柳拂堤写出了乡村春天的特点，一个"醉"字将春柳的妩媚刻画得惟妙惟肖。后两句主要写孩子们的童真生活。"忙趁"二字既写出了孩子们迫不及待、活泼好动的天性，又写出了春天的生机盎然，甚至还包含了春光易逝、切莫辜负的意味。

全诗前半部分写春景，后半部分写人的活动，人和景相互映衬，动静相结合，完美和谐。

直击考点

《村居》的作者是____代诗人_____。诗的前两句描写_____，"拂堤杨柳醉春烟"一句运用了_____的修辞手法，主要体现在"_____"字上。后两句描写_____，"忙趁东风放纸鸢"的"忙"突出了儿童_____心情。这里的"纸鸢"是_____。

附 录

答案

《书湖阴先生壁》 宋 王安石 介甫 半山 干净、清雅 高洁 拟人 对湖阴先生的喜爱和赞美

《卜算子·送鲍浩然之浙东》 若到江南赶上春 千万和春住

《六月二十七日望湖楼醉书》 西湖 云翻 雨跳 风卷 天晴

《饮湖上初晴后雨》 宋 苏轼 西湖 水光潋滟晴方好 山色空蒙雨亦奇 拟人 西湖 西子（西施）

《浣溪沙》 映日荷花别样红 千树万树梨花开 千磨万击还坚劲 谁道人生无再少 休将白发唱黄鸡

《题西林壁》 题写 正面 侧面 远 近 高 低 不识庐山真面目 只缘身在此山中

《惠崇春江晚景》 宋 苏轼 子瞻 东坡居士 豪放派 初春 桃花 鸭 蒌蒿 芦芽 河豚

《赠刘景文》 C 第二句讲的并不是品格和志向，而是禅理。

《清平乐》 宋 黄庭坚 词 拟人 美好春光的珍惜与热爱

《三衢道中》 宋 曾几 陆游 夏季 梅子黄 绿阴 黄鹂 愉悦

《夏日绝句》 宋 李清照 易安居士 婉约 借古讽今 人要讲求气节，活着要干一番轰轰烈烈的事业，死了也要气壮山河

《题临安邸》 讽喻诗 宋 林升 青山 楼台 既指自然界的春风，又指社会上的淫靡之风 既指一般的游客，更指苟且偷安、寻欢作乐的南宋统治者

《秋夜将晓出篱门迎凉有感》 宋 陆游 放翁 天将要亮了 祖国雄伟壮丽的山河景象 对中原人民深受压迫的无限关切，盼望祖国统一

《示儿》 陆游 临终 通"原"，原本 只是 但悲不见九州同 王师北定中原日 家祭无忘告乃翁

《四时田园杂兴二首》 宋 范成大 杏子肥 麦花白 菜花稀 夏季 热爱田园生活

略

《小池》 C

《稚子弄冰》 "以稚为老" 幼小的 铜盆 动作 天真快乐

《晓出净慈寺送林子方》杨万里　夏日　红　对比　对西湖六月美好风光由衷的赞叹和喜爱

《宿新市徐公店》杨万里　诚斋　白描　扑蝶　新绿未成阴　菜花

《观书有感二首》南宋　朱熹　朱子　从书中不断汲取新的知识　要使自己的学识越来越丰富，就要不断地学习新的知识

　　　　　　　　哲理　艰难的工作　灵感或前人的经验、知识　学习或工作中要善于积累和借助外物的帮助

《春日》宋　朱熹　理学　写景　哲理　求圣人之道　孔门　教化　于乱世中追求圣人之道

《清平乐·村居》白描　锄豆溪东　正织鸡笼　溪头卧剥莲蓬

《西江月·夜行黄沙道中》宋　豪放　辛弃疾　夏季　蝉鸣　鹊啼　蛙叫　谈论丰收时欢快、喜悦

《乡村四月》宋　翁卷　白描　江南农村　初夏　景　人　乡村风光　劳动人民

《夜书所见》宋　叶绍翁　夜里书写见到的事物　秋　用细长的东西拨动　蟋蟀　夜深篱落一灯明　知有儿童挑促织

《游园不值》草色遥看近却无　润物细无声　春城无处不飞花　春色满园关不住　万紫千红总是春

《雪梅》宋　卢钺　梅花　雪　白　香　拟人　争　人各有所长，也各有所短，要对自己有清醒的认知，取人之长，补己之短

《村晚》宋　雷震　恬静优美、富有情趣的乡村晚景　池塘　落日　动　近　远　田园生活的赞美和向往

《墨梅》C　应该是梅花。

《石灰吟》粉骨碎身浑不怕

《画鸡》明　唐寅　伯虎　头上红冠　满身雪白　平生不敢轻言语　一叫千门万户开

《舟夜书所见》清　查慎行　江上　夜晚　微微风　满河星　书写

《长相思》清　纳兰性德　容若　路途的艰辛遥远　雨雪交加的恶劣环境　孤寂凄凉、思念家乡

《竹石》立根原在破岩中　千磨万击还坚劲，竹子　刚正不阿，铁骨铮铮　粉骨碎身浑不怕，要留清白在人间

《所见》清　袁枚　白描　动态　静态　天真活泼　率真　真性情

《己亥杂诗》清　龚自珍　315　九州　风雷　万马　天公　依靠　终究、毕竟

《村居》清　高鼎　景物　拟人　醉　人物活动　急于放风筝的迫切　风筝

诗歌知识链接

三苏
北宋文学家苏洵和他的儿子苏轼、苏辙的合称。

苏门四学士
苏轼的四个学生，即黄庭坚、秦观、晁补之、张耒。

南宋四大家
又称中兴四大诗人、中兴四大家，是南宋四位爱国诗人陆游、杨万里、范成大、尤袤的合称。

永嘉四灵
指南宋的徐照、徐玑、翁卷、赵师秀四位诗人，属于中国南宋中叶的诗歌流派。因为他们都是永嘉郡（今浙江温州）人，且字号中都带有"灵"字，故而得名。

国朝六家
指清初的六位诗人，即施闰章、宋琬、朱彝尊、王士禛、查慎行、赵执信。"国朝六家"并不是一个流派，而是一个代表清朝诗歌最高成就的诗人群体。

扬州八怪
也叫扬州画派，指清康熙中期至乾隆末年活跃于扬州地区风格相近的八位书画家，具体指金农、郑燮、黄慎、李鱓、李方膺、汪士慎、罗聘、高翔。他们的书画风格异于常人，不落俗套，有时含贬义，因此称作"八怪"。

豪放派
形成于中国宋代的词学流派之一，与婉约派相对照。苏轼是第一个用"豪放"评词的人，也是豪放派的先驱。豪放词的主要特点是创作视野较为广阔，气象恢宏雄放，语词宏博，不

121

拘守音律。豪放派词人的代表有苏轼、辛弃疾。

婉约派
中国宋词流派之一，与豪放派相对。婉约，即婉转含蓄。婉约词的主要特点是内容侧重儿女风情，结构深细缜密，重视音律谐婉，语言圆润，清新绮丽，具有一种柔婉之美。婉约派词人的代表有李清照、柳永等。

清平乐
词牌名，是取用汉乐府的"清乐"和"平乐"两个乐调而命名的。

讽刺诗
也叫"讽喻诗"，是以嘲讽或劝喻的手法，揭露社会黑暗、世态炎凉，表达正义呼声的诗歌。讽刺诗最早出现在《诗经》中，如《硕鼠》《伐檀》等，后来又有唐代罗隐的《蜂》和南宋林升的《题临安邸》等作品出现。

哲理诗
一种通过对具体事物的描述、议论，来寄寓或阐发某种哲理的诗歌。有的点明主题，有的含而不露，引人思考。比较具有代表性的哲理诗有苏轼的《题西林壁》《琴诗》，朱熹的《观书有感》《春日》等。

《饮水词》
指清代著名词人纳兰性德的词作合集，内容涉及爱情友谊、边塞江南、咏物咏史及杂感等方面。词风清新隽秀、哀感顽艳。《饮水词》不仅在清代词坛享有很高声誉，在整个中国文学史上也占有一席之地。纳兰性德更是被誉为"清代第一词人""第一学人"。